"浙学大家"丛书

浙江省习近平新时代中国特色社会主义思想研究中心课题成果

慎独为宗
刘宗周

吴 光 主编

张宏敏 李青云 著

浙江人民出版社

图书在版编目（CIP）数据

慎独为宗 ：刘宗周 / 张宏敏，李青云著 ；吴光主
编 . -- 杭州 ：浙江人民出版社，2025. 6. -- ISBN 978-
7-213-11954-5

Ⅰ. B248.99

中国国家版本馆CIP数据核字第2025HM5065号

慎独为宗：刘宗周

张宏敏　李青云　著　吴　光　主编

出版发行：浙江人民出版社(杭州市环城北路177号　邮编　310006)
　　　　　市场部电话：(0571)85061682　85176516

责任编辑：王易天晓　　　　　　　责任校对：杨　帆
责任印务：程　琳　　　　　　　　封面设计：厉　琳
电脑制版：杭州天一图文制作有限公司
印　　刷：杭州钱江彩色印务有限公司
开　　本：880毫米×1230毫米　1/32　　印　　张：9.75
字　　数：192千字　　　　　　　　插　　页：2
版　　次：2025年6月第1版　　　　印　　次：2025年6月第1次印刷
书　　号：ISBN 978-7-213-11954-5
定　　价：68.00元

如发现印装质量问题，影响阅读，请与市场部联系调换。

"浙江文化研究工程成果文库"总序

　　有人将文化比作一条来自老祖宗而又流向未来的河，这是说文化的传统，通过纵向传承和横向传递，生生不息地影响和引领着人们的生存与发展；有人说文化是人类的思想、智慧、信仰、情感和生活的载体、方式和方法，这是将文化作为人们代代相传的生活方式的整体。我们说，文化为群体生活提供规范、方式与环境，文化通过传承为社会进步发挥基础作用，文化会促进或制约经济乃至整个社会的发展。文化的力量，已经深深熔铸在民族的生命力、创造力和凝聚力之中。

　　在人类文化演化的进程中，各种文化都在其内部生成众多的元素、层次与类型，由此决定了文化的多样性与复杂性。

　　中国文化的博大精深，来源于其内部生成的多姿多彩；中国文化的历久弥新，取决于其变迁过程中各种元素、层次、类型在内容和结构上通过碰撞、解构、融合而产生的革故鼎新的强大动力。

中国土地广袤、疆域辽阔，不同区域间因自然环境、经济环境、社会环境等诸多方面的差异，建构了不同的区域文化。区域文化如同百川归海，共同汇聚成中国文化的大传统，这种大传统如同春风化雨，渗透于各种区域文化之中。在这个过程中，区域文化如同清溪山泉潺潺不息，在中国文化的共同价值取向下，以自己的独特个性支撑着、引领着本地经济社会的发展。

从区域文化入手，对一地文化的历史与现状展开全面、系统、扎实、有序的研究，一方面可以借此梳理和弘扬当地的历史传统和文化资源，繁荣和丰富当代的先进文化建设活动，规划和指导未来的文化发展蓝图，增强文化软实力，为全面建设小康社会、加快推进社会主义现代化提供思想保证、精神动力、智力支持和舆论力量；另一方面，这也是深入了解中国文化、研究中国文化、发展中国文化、创新中国文化的重要途径之一。如今，区域文化研究日益受到各地重视，成为我国文化研究走向深入的一个重要标志。我们今天实施浙江文化研究工程，其目的和意义也在于此。

千百年来，浙江人民积淀和传承了一个底蕴深厚的文化传统。这种文化传统的独特性，正在于它令人惊叹的富于创造力的智慧和力量。

浙江文化中富于创造力的基因，早早地出现在其历史的源头。在浙江新石器时代最为著名的跨湖桥、河姆渡、马家浜和良渚的考古文化中，浙江先民们都以不同凡响的作为，在中华民族的文明之源留下了创造和进步的印记。

浙江人民在与时俱进的历史轨迹上一路走来，秉承富于创造力的文化传统，这深深地融汇在一代代浙江人民的血液中，体现在浙江人民的行为上，也在浙江历史上众多杰出人物身上得到充分展示。从大禹的因势利导、敬业治水，到勾践的卧薪尝胆、励精图治；从钱氏的保境安民、纳土归宋，到胡则的为官一任、造福一方；从岳飞、于谦的精忠报国、清白一生，到方孝孺、张苍水的刚正不阿、以身殉国；从沈括的博学多识、精研深究，到竺可桢的科学救国、求是一生；无论是陈亮、叶适的经世致用，还是黄宗羲的工商皆本；无论是王充、王阳明的批判、自觉，还是龚自珍、蔡元培的开明、开放，等等，都展示了浙江深厚的文化底蕴，凝聚了浙江人民求真务实的创造精神。

代代相传的文化创造的作为和精神，从观念、态度、行为方式和价值取向上，孕育、形成和发展了渊源有自的浙江地域文化传统和与时俱进的浙江文化精神，她滋育着浙江的生命力、催生着浙江的凝聚力、激发着浙江的创造力、培植着浙江的竞争力，激励着浙江人民永不自满、永不停息，在各个不同的历史时期不断地超越自我、创业奋进。

悠久深厚、意韵丰富的浙江文化传统，是历史赐予我们的宝贵财富，也是我们开拓未来的丰富资源和不竭动力。党的十六大以来推进浙江新发展的实践，使我们越来越深刻地认识到，与国家实施改革开放大政方针相伴随的浙江经济社会持续快速健康发展的深层原因，就在于浙江深厚的文化底蕴和文化传统与当今时代精神的有机结合，就在于发展先进生产力与发展先进文化的有机结合。今后一个时期浙江能否在全面建设小康社会、加快社会主义现代化建设进程中继续走在前列，很大程度上取决于我们对文化力量的深刻认识、对发展先进文化的高度自觉和对加快建设文化大省的工作力度。我们应该看到，文化的力量最终可以转化为物质的力量，文化的软实力最终可以转化为经济的硬实力。文化要素是综合竞争力的核心要素，文化资源是经济社会发展的重要资源，文化素质是领导者和劳动者的首要素质。因此，研究浙江文化的历史与现状，增强文化软实力，为浙江的现代化建设服务，是浙江人民的共同事业，也是浙江各级党委、政府的重要使命和责任。

2005 年 7 月召开的中共浙江省委十一届八次全会，作出《关于加快建设文化大省的决定》，提出要从增强先进文化凝聚力、解放和发展生产力、增强社会公共服务能力入手，大力实施文明素质工程、文化精品工程、文化研究工程、文化保护工程、文化产业促进工程、文化阵地工程、文化传播工程、文化人才工程等"八项工程"，实施科教兴国和人才强国战略，加快建设教育、科技、卫生、体育等"四个强省"。作为文化建设"八项工程"之一的文化研究工程，其任务就是系统研究浙江文化的历史成就和当代发展，深入挖掘浙江文化底蕴、研究浙江现象、总结浙江经验、指导浙江未来的发展。

浙江文化研究工程将重点研究"今、古、人、文"四个方面，即围绕浙江当代发展问题研究、浙江历史文化专题研究、浙江名人研究、浙江历史文献整理四大板块，开展系统研究，出版系列丛书。在研究内容上，深入挖掘浙江文化底蕴，系统梳理和分析浙江历史文化的内部结构、变化规律和地域特色，坚持和发展浙江精神；研究浙江文化与其他地域文化的异同，厘清浙江文化在中国文化中的地位和相互影响的关系；围绕浙江生动的当代实践，深入解读浙江现象，总结浙江经验，指导浙江发展。在研究力量上，通过课题组织、出版资助、重点研究基地建设、加强省内外大院名校合作、整合各地各部门力量等途径，形成上下联动、学界互动的整体合力。在成果运用上，注重研究成果的学术价值和应用价值，充分发挥其认识世界、传承文明、创新理论、咨政育人、服务社会的重要作用。

我们希望通过实施浙江文化研究工程，努力用浙江历史教育浙江人民、用浙江文化熏陶浙江人民、用浙江精神鼓舞浙江人民、用浙江经验引领浙江人民，进一步激发浙江人民的无穷智慧和伟大创造能力，推动浙江实现又快又好发展。

今天，我们踏着来自历史的河流，受着一方百姓的期许，理应负起使命，至诚奉献，让我们的文化绵延不绝，让我们的创造生生不息。

2006 年 5 月 30 日于杭州

"浙学大家"丛书总论

吴　光

一、引言

　　浙学概念的正式提出虽然始于南宋，但作为一种富有地域特色的学术文化形态则可以追溯到更远，大致萌芽于古越国而成形于秦汉时期的会稽郡时期。习近平同志在浙江工作期间，就很重视对浙学与浙江文化的研究，他曾多次到南孔圣地衢州调研考察，在2005年9月6日第五次到衢州调研时，曾指示："衢州历史悠久，是南孔圣地，孔子文化值得很好挖掘、大力弘扬，这一'子'要重重地落下去。"2004年10月27日，习近平同志在致陈亮国际学术研讨会组委会的贺信中说："陈亮是我国著名的爱国主义者，杰出的思想家、文学家。他创立的永康学派，强调务实经世，为'浙江精神'提供了重要的历史文化内涵。研究陈亮学说，就是要探寻浙江优秀文化传统，在研究浙江现象、总结浙江经验、提炼'浙江精神'方面取得创造性成果，为我省经济发展、社会进步、文化繁荣，提供重要的精神动力。"2006 年 3 月 28 日，习近平同志在致黄宗羲民本思想国际学术研讨会组委会的贺信中说："黄宗羲是我国明清之际杰出的思想家、史学家、文学家和教育家，是浙江历史上的文化伟人。他所具有的民主启蒙性质的民本思想，在中国思想文化史上产生了很大影响。"这些重要的贺信、讲话与指示，对于我们今天深入发掘浙学基本精神、开展"浙学大家"系列研究是有指导性意义的。

2023 年春，浙江省文史研究馆领导委托我主持编写《浙学与治国理政》一书，主要作者是我与张宏敏研究员。该书出版后，在政界、学界和企业界颇受关注。省委宣传部领导赞同浙学的理念，并积极支持省文史馆组织写作团队策划名为"浙学大家"丛书的项目。于是，文史馆领导召集了多次有馆员与工作人员参加的会议，并组成了汇合馆内外专家参与的项目团队。大家推举我任丛书主编，并遴选了王充、吕祖谦、陈亮、叶适、王阳明、刘宗周、黄宗羲、章学诚、章太炎、马一浮等十大浙学名家作为"浙学大家"丛书第一辑立传对象，各卷作者则分别选定由白效咏、徐儒宗、董平（兼陈亮、王阳明二卷）、何俊、张宏敏、吴光、钱茂伟、宫云维、邓新文等九位专家担任。之所以选这十大浙学名家，是因为王充是浙学史上第一个有系统哲学思想和政治思想的思想家，可视为"浙学开山祖"。吕祖谦、陈亮、叶适分别是南宋浙学鼎盛时期的主要代表，王阳明、刘宗周是明代浙学的领袖，黄宗羲、章学诚则是清代浙东经史学派的创立者和理论代表，章太炎可谓集大成的浙学宗师，马一浮则是富有中华文化自信的杰出代表，被誉为"现代新儒家三圣之一"。总之，这些思想家既是浙学的代表，又各具独立的思想体系。这个项目经文史馆申报后很快获得浙江文化研究工程领导小组评审通过，被列为省重大社科研究项目。后续还将进一步推进"浙学大家"丛书编写工作。

二、"浙学"的文化渊源与思想内涵

既然叫"浙学大家"丛书，不能不就浙学的内涵、外延及其发展脉络、基本精神、当代价值等问题作出较为系统的论述。先从浙学的文化渊源谈起。

浙学之名，虽然始于南宋朱熹，但浙学之实源远流长，甚至可以追溯到史前浙江距今约7000年的"河姆渡文化"与距今约5000年的"良渚文化"等文物遗存。

首先需要强调的是，浙学并不是孤立的存在，而是华夏文化，也即大中华文化中一个具有鲜明地域特色的重要分支。作为地域文化的重要分支，她从古越国时代就已发端，在汉唐时期已具雏形，而在北宋时期形成学派，在南宋时期走向鼎盛，历经元明清以至近现代，绵延不断。总之，浙学在宋元明清时代蓬勃发展，逐渐从文化的边缘走向中心，在中华文化发展史上起到了重要作用。在习近平新时代中国特色社会主义思想的指引下，随着浙江经济社会的长足发展和学术文化的日益繁荣，人们对隐藏在蓬勃发展背后的文化动力日益关注并进行了深层次的探讨。

从地域文化的历史看，浙江在古代属于吴越文化地区。吴、越地区包括现在的苏南、上海和浙江全境，自古以来就有着密不可分的文化联系。据历史文献记载，"吴""越"的称谓始于殷周之际。据《史记·吴太伯世家》《吴越春秋》《越绝书》等书记载，3100多年前，周太王古公亶父的长子泰伯、次子仲雍，为了避让王位而东奔"荆蛮"，"自号勾吴"，"荆蛮义之，从而归之者千有余家，共立以为勾吴"①。后来，周武王伐纣胜利后，"追封太伯于吴"。到吴王阖闾时，国势强盛。其子夫差，一度称霸诸侯，国土及于今之江、浙、鲁、皖数省，后被越王勾践所灭，其地为越吞并。至于"越"之缘起，据史书所载，因夏禹死后葬于会稽②，夏后帝少康封其庶子于此，传二十余世而至允常、勾践父子，自立为越王，号"於越"（"於"读作"乌"）。其时吴越争霸，先是吴胜越败，后来越强灭吴，勾践称霸，再传六世而为楚所灭。

然而，作为诸侯国的吴、越虽然灭亡，但其所开辟的疆土名称及其文化习俗却一直传承发展至今。从地理而言，吴越分

---

① 《吴太伯传》，见赵晔撰、薛耀天译注：《吴越春秋译注》，天津古籍出版社1992年版，第4页。勾（句）吴，在今江苏无锡境内。

② 相传夏朝始祖大禹卒后葬于会稽山麓。今浙江绍兴东南郊的会稽山麓有"大禹陵"建筑群，由禹陵、禹祠、禹庙三大建筑组成。大禹陵始建于明嘉靖年间，清康熙年间重修，20世纪90年代又经绍兴市政府整修，现为全国重点文物保护单位。自1995年以来，当地政府每年都要举行公祭大会祭奠大禹。

属两地却有许多重叠，如"吴会"，或指会稽一郡，又指吴与会稽二郡；如"三吴"，既含吴地，又含越地，跨越今之江、浙、沪二省一市；如"吴山"，却不在吴都（今属苏州）而在越地（今属杭州）。正如《越绝书·纪策考》所记伍子胥言"吴越为邻，同俗并土"，以及同书《范伯》篇所记范蠡言"吴越二邦，同气共俗"。这说明吴、越地区的文化联系历来非常密切，其习俗也相当接近。这也是人们经常合称"吴越文化"的历史原因。

但严格地说，"吴越文化"是有吴文化与越文化的各自特色的。"吴文化"主要指苏南、上海地区的文化传承，"越文化"则主要是指今浙江地区的文化传承。考古发掘的材料已经确证：距今1万年左右的上山文化遗址①，距今8000年以上的跨湖桥文化（在今浙江杭州市萧山区境内）、距今7000年的河姆渡文化（在今浙江余姚市境内），以及稍后兴起的、距今4000—5000年的良渚文化（在今浙江余杭境内），以其在当时堪称先进的制陶、制玉工艺和打制、磨制、编制的石器、骨器、木器、竹器等生产工具、生活用具以及干栏式建筑，向全世界宣告了长江三角洲地区特别是浙江地区史前文明历史的悠久与发达。而在上古文明史上，浙江以其古越国、汉会稽郡、五代吴越国的辉煌历史著称于世。这一切，为浙江人文精神传统的形成及代表这个传统的"浙学"的形成提供了丰富厚重的历史依据。然而，

---

①上山文化遗址最早发现于浙江金华市浦江县上山村，属于新石器时代文化类型，距今8500—11000年。

从学术发展的脉络而言，作为一种具有地域文化特色的"浙学"的思想源头，可以追溯到东汉会稽郡上虞县的杰出思想家王充那里。我研究王充思想历有年所，于1983年6月发表的文章中概括了王充思想的根本特点是"实事疾妄"[①]，又于1993年10月在"全国首届陈亮学术研讨会"上明确提出"王充为浙学开山祖"[②]的观点。2004年，我在《简论浙学的内涵及其基本精神》一文中首次提出浙学内涵的狭义、中义、广义之别，拙文指出：

> 关于"浙学"的内涵，应该作狭义、中义与广义的区分。狭义的"浙学"（或称"小浙学"）概念是指发端于北宋、形成于南宋永嘉、永康地区以陈傅良、叶适、陈亮为代表的浙东事功之学；中义的"浙学"概念是指渊源于东汉、酝酿形成于两宋、转型于明代、发扬光大于清代的浙东经史之学，包括东汉会稽王充的"实事疾妄"之学、南宋金华之学、永嘉之学、永康之学、四明之学以及明代王阳明心学、刘宗周慎独之学和清代以黄宗羲、万斯同、全祖望为代表的浙东经史之学；广义的"浙学"概念即"大

[①] 吴光：《王充学说的根本特点——"实事疾妄"》，载《学术月刊》1983年第6期。

[②] 萧文在《全国首届陈亮学术讨论会综述》中指出，"对陈亮思想的渊源，前人无甚论说。吴光认为，首先是荀子，在先秦儒家中，他的富国强兵，关注现实的态度得到了陈亮充分的回应。其次是王充，作为浙学的开山祖，应该是陈亮思想的一个源头"。参见永康市陈亮研究会编：《陈亮研究论文集》，杭州大学出版社1994年版，第212页。

浙学"概念，指的是渊源于古越、兴盛于宋元明清而绵延于当代的浙江学术思想传统与人文精神传统。这个"大浙学"，是狭义"浙学"与中义"浙学"概念的外延，既包括浙东之学，也包括浙西之学；既包括浙江的儒学与经学传统，也包括浙江的佛学、道学、文学、史学、方志学等人文社会科学传统，甚至在一定意义上涵盖了有浙江特色的自然科学传统。当然，"大浙学"的主流，仍然是南宋以来的浙东经史之学。①

我之所以将王充判定为"浙学开山祖"和中义浙学的源头，首先是因为王充是浙江思想文化史上第一个建立了系统的哲学理论、形成了思想体系的思想家。他的"实事疾妄"的学术宗旨代表了务实、批判的实学精神，"先富后教"②的治理主张代表了民生为重的民本精神，"文为世用"③的主张则体现了经世致用的实学精神，"德力具足"的"治国之道"④体现了一种儒

---

① 吴光：《简论"浙学"的内涵及其基本精神》，载《浙江社会科学》2004年第6期。
② "先富而后教"的思想，见《论衡·问孔篇》中引用孔子答学生冉求之语。尽管王充认为此语与孔子答子贡"去食存信"的思想有矛盾，但显然王充是主张"富而后教"观点的。
③ 《论衡·自纪篇》曰："（文）为世用者百篇无害，不为用者一章无补。"这句话强调文章须为世用，正是一种"经世致用"的观念。
④ 《论衡·非韩篇》曰："治国之道，所养有二：一曰养德，二曰养力。养德者，养名高之人，以示能敬贤；养力者，养气力之士，以明能用兵。此所谓文武张设，德力具足者也。"显然这是儒法兼治的政治思想。

法兼容的多元包容精神。而这些正是宋元明清乃至近现代薪火相传的"浙学"基本精神。其次，王充的《论衡》及其"实事疾妄"思想极大地影响了后世学者、思想家，尤其是浙学家。我曾系统检索《四库全书》电子版等工具书，竟有重大发现可以佐证"王充是浙学开山祖"观点：非浙籍名家中，有范晔、韩愈、王夫之、顾炎武、方以智、惠栋等数十人引用了《论衡》。浙籍名家中，则有高似孙、毛晃、吕祖谦、王应麟、黄震、方孝孺、黄宗羲、万斯同、陆陇其、朱彝尊、胡渭等名家引用了《论衡》。比如，南宋文献大师、鄞县人王应麟引《论衡》十一条，其《玉海》卷五十八《越纽录》云："王充《论衡》，吴君高之《越纽录》，周长生之《洞历》，刘子政、杨子云不能过也。"黄宗羲的高足、鄞县万斯同著《儒林宗派》，卷三将"王充，班彪门人"列为"诸儒兼通五经"者。清初浙西名儒如萧山人毛奇龄、德清人胡渭、平湖人陆陇其、嘉兴人朱彝尊等都多处征引王充《论衡》以伸其说。上述《四库全书》著者引用《论衡》的史料足以证明，王充及其《论衡》在中国学术思想史和浙江思想文化史上确有巨大影响，因此，我们誉之为"浙学开山祖"并不为过。

虽然王充本人影响较大，但王充时代并没有形成人才济济的"浙学"学派。"浙学"的直接源头还是北宋初期在湖州府因讲学闻名而被延请至太学讲学的安定先生胡瑗。诚如全祖望《宋元学案·士刘诸儒学案》叙录中所言："庆历之际，学统四起"，其中浙东、浙西之学"皆与安定湖学相应"，说明湖学是浙学的直接源头。但浙学的兴盛还是在永嘉、永康、金华、四明之学异军突起的南宋。到了明代中后期,以王阳明为宗主的姚江学派不仅遍及两浙,而且风靡全国,确立了良知心学。而在明清之际,刘宗周的慎独之学独树一帜,形成了涵盖两浙的蕺山学派;其高足弟子黄宗羲接踵而起,力倡重视经世实践的"力行"实学,开创了具有民主启蒙性质和实学特征的浙东经史学派,从而使"浙学"升华到深刻影响中国思想潮流的地位,成为推动近代思想解放和民主革命运动的思想大旗。

三、"浙学"的演变与学派分合

(一)"浙学"内涵的延伸与扩展

过去,在论及浙江学术文化时,谈得较多的是"浙东学派"与"浙东史学",而忽略了起源更早的"浙学"之说。究其原委,盖因清代浙东史学家章学诚写了一篇题名《浙东学术》的文章,近代学术大师梁启超在 20 世纪初撰写了《清代学术概论》与《中国近三百年学术史》这两部名著,极力推崇"浙东学派"和"浙东史学"。

其实,"浙学"比"浙东学派"的概念要早出现 400 多年。最早是由南宋理学家朱熹(1130—1200)提出,而"浙东学派"的概念则始见于清初大儒黄宗羲(1610—1695)的著作。

朱熹论"浙学",一见于《晦庵集》卷五十《答程正思书》,曰:"浙学尤更丑陋,如潘叔昌、吕子约之徒,皆已深陷其中。不知当时传授师说，何故乖讹便至于此，深可痛恨！"再见于门人黎靖德编《朱子语类》，曰："江西之学（指陆九渊心学）只是禅，浙学（指永嘉、永康之说）却专是功利。禅学，后来学者摸索一上，无可摸索，自会转去。若功利，则学者习之便可见效，此意甚可忧。"①可见朱熹论浙学相当偏颇。然其论虽偏，但他最早提出"浙学"名称之功是不可抹杀的。

明代中期以后，阳明心学风靡两浙，"浙学"获得正面评价。时任浙江提学副使的福建晋江人刘鳞长编著《浙学宗传》一书，共立案44人，其中浙籍学者39人，非浙籍5人。其长在于涵盖了"两浙诸儒"，并将王阳明心学人物入传，已粗具"大浙学"的框架。然失之于简略，有以偏概全之弊。

"浙东学派"的概念首见于黄宗羲。黄宗羲在《移史馆论不宜立理学传书》一文中首次使用了"浙东学派"一词，他在该文批评当时明史馆修史诸公所传《修史条约·理学四款》之失，驳斥其所谓"浙东学派，最多流弊"之言说："有明学术，白沙（陈献章）开其端，至姚江（王阳明）而始大明。……逮及先师蕺山（刘宗周），学术流弊，救正殆尽。向无姚江，则学脉中绝；向无蕺山，则流弊充塞。凡海内之知学者，要皆东浙之所衣被也。今忘其衣被之功，徒訾其流弊之失，无乃刻乎！"②在

---

① 《陈君举》，见黎靖德编、王星贤点校：《朱子语类》第八册，中华书局1994年版，第2967页。

② 黄宗羲：《南雷诗文集·移史馆论不宜立理学传书》，见沈善洪主编、吴光执行主编：《黄宗羲全集》第十册，浙江古籍出版社2005年版，第221页。

这里，黄宗羲明确说明史馆诸臣已经批评了"浙东学派"的"流弊"（可见"浙东学派"一词的最早提出者应早于黄宗羲），并把王阳明心学和刘蕺山慎独之学归入浙东学派，等于建立了明清浙学的学术统系。据考证，黄氏还在明崇祯年间汇编过一部集数十名浙东学者著作于一编的《东浙文统》若干卷。但黄宗羲所谓学派，指的是学术脉络，并非现代意义的学派，他对"浙东学派"的理论内涵也未作出界定。

黄宗羲之后，首先是作为"梨洲私淑"的全祖望在所撰《宋元学案》中对"浙学"的内涵作了外延，并对浙学作了肯定性评价。如他在《宋元学案·士刘诸儒学案》叙录中称：

> 庆历之际，学统四起，齐、鲁则有士建中、刘颜夹辅泰山而兴；浙东则有明州杨、杜五子、永嘉之儒志、经行二子，浙西则有杭之吴存仁，皆与安定（胡瑗）湖学相应。[1]

此外，全氏在《周许诸儒学案》叙录中称"浙学之盛，实始于此（指永嘉九先生）"，在《北山四先生学案》叙录中称赞金华四先生（何基、王柏、金履祥、许谦）为"浙学之中兴"，在《东发学案》叙录中将四明朱学传人黄震归入"浙学"之列，

---

[1]全祖望：《宋元学案·士刘诸儒学案》，见沈善洪主编、吴光执行主编：《黄宗羲全集》第三册，浙江古籍出版社2005年版，第316页。

赞其"足以报先正拳拳浙学之意"。全祖望的"叙录"说明了三点：第一，他所说的"浙学"主要是指"浙东之学"，但也包括了"浙西之学"（如杭之吴存仁属浙西），其内部各派的学术渊源和为学宗旨不尽一致，但有共同特色；第二，他认为"浙东之学"与"浙西之学"的学术渊源，都与宋初大儒胡安定（瑗）在湖州讲学时形成的"湖学"相呼应。显然，在全祖望看来，安定"湖学"也属于"浙学"范围，而胡瑗湖学的根本宗旨就是"明体达用"；第三，"浙学"在当时的地位，堪与齐鲁之学、闽学、关学、蜀学相媲美，而且蔚为一大学统，对于宋、元学风有开创、启迪之功。

全祖望之后，乾嘉时代的浙东学者章学诚在《文史通义·浙东学术》中论述了"浙东之学"与"浙西之学"的异同，并分析了各自的学术渊源。他说：

> 浙东之学，虽出婺源，然自三袁之流，多宗江西陆氏，而通经服古，绝不空言德性，故不悖于朱子之教。至阳明王子，揭孟子之良知，复与朱子抵牾。蕺山刘氏，本良知而发明慎独，与朱子不合，亦不相诋也。梨洲黄氏，出蕺山刘氏之门，而开万氏弟兄经史之学；以至全氏祖望辈尚存其意，宗陆而不悖于朱者也。……世推顾亭林氏为开国儒宗，然自是浙西之学。不知同时有黄梨洲氏，出于浙东，虽与顾氏并峙，而上宗王、刘，下开二万，较之顾氏，源远而流长矣。顾氏宗朱，而黄氏宗陆。盖非讲学专家，各

持门户之见者,故互相推服,而不相非诋。学者不可无宗主,而必不可有门户;故浙东、浙西,道并行而不悖也。浙东贵专家,浙西尚博雅,各因其习而习也。……浙东之学,言性命者必究于史,此其所以卓也。

在章学诚看来,"浙东之学"与"浙西之学"的学术渊源及其学风虽有所不同,但都是儒家之学,其根本之道是可以并行不悖、互相兼容的。

如果说宋元学者眼中的"浙学"仅限于金华、温州地区的"婺学"与"永嘉、永康之学"的话,那么明末清初的黄宗羲、全祖望已经将"浙学"的地域延伸到宁波、绍兴等大浙东地区,而且所包含的学术流派也不限于"婺学"与"永嘉、永康之学",而是包括了"庆历五先生"、"甬上四先生"(即所谓"明州学派")以及姚江学派与蕺山学派。及至章学诚,他在《浙东学术》中强调"浙东、浙西,道并行而不悖"的特色,这实际上已是"大浙学"的观念了。

自章学诚以后,近现代以至当代的许多学者,从章炳麟、梁启超、钱穆、何炳松、陈训慈到陈荣捷、金毓黻、杜维运、何冠彪、詹海云,以及当代浙江籍的众多学者(如北京的方立天、陈来、张义德,上海的冯契、谭其骧、潘富恩、罗义俊、杨国荣,南京的洪焕椿,杭州的仓修良、王凤贤、吴光、董平、何俊,宁波的管敏义,金华的黄灵庚,温州的周梦江,等等),都发表过有影响的学术论著,从各个角度研讨、评论"浙学"

"浙东学派""浙东学术"的理论内涵、历史沿革、学术脉络、思想特色、根本精神、研究成果等问题，从而把对"浙学"的研究推向了一个"百花齐放，推陈出新"的新阶段。

那么，我们在当代应该如何定位"浙学"的思想内涵？我在上述《简论"浙学"的内涵及其基本精神》等文中，已经明确区分了"浙学"内涵的狭义、中义与广义之不同。

我认为，我们在总结浙江学术思想发展史时，必须对狭义、中义与广义的"浙学"分别加以系统的研究与整理，但站在当今建设浙江文化大省的立场上，则应采取广义的"浙学"概念，不但要对两浙经史之学作系统的研究，也要对浙江文学、艺术、科学、宗教等作系统的全方位的研究，而不应仅仅局限于"浙东学派"或"浙东史学"的视野。

如果从广义的"大浙学"视野观察与反思浙江的学术文化传统，那么显而易见的是，所谓"浙学"，是多个学派"和齐斟酌，多元互补，互相融通"而形成的一种地域性学术格局与学术传统，这个学术格局虽然异见纷呈，但也培养了共通的文化精神。

事实上，浙江这块土地虽有浙东、浙西之分，但仅仅一江之隔，从人文传统上无法将其截然分开或将两者对立起来。在浙江学术史上，浙东、浙西往往是你中有我、我中有你、关系密切、互相影响的。因此，我们在当代应当坚持"广义浙学"的研究方向。

（二）浙学的学派与人物

浙江在北宋以前，虽有名家（如王充、虞翻），但无学派。而自北宋以至民国，浙江大地名家辈出，学派林立，可谓盛矣。

1.北宋浙学

北宋浙学首推胡瑗与湖学。北宋初年，号称"宋初三先生"之一的安定先生胡瑗在湖州讲学，创立了"湖学"。

据《宋史·胡瑗传》记载，胡瑗以经术教授吴中（苏州），受到范仲淹的推荐，后教授湖州，教人有法，严守师弟子之礼。庆历中，兴太学，朝廷下湖州取其教学法树为典范。他在太学讲学，学舍至不能容。礼部所得士，瑗弟子十常居四五。《宋元学案·安定学案》"胡瑗"小传记载，胡瑗"以明体达用之学教诸生"，"始于苏、湖，终于太学。出其门者无虑数千余人"，其佼佼者如程颐、刘彝、范纯仁、钱公辅等，皆其太学弟子也。①

次推明州"庆历五先生"。杨适、杜醇、王致、王说、楼郁五子，以经史、实学为圭臬，传承发展儒学。

此外，二程弟子游酢在萧山，杨时在余杭、萧山从政期间也有讲学活动，故程颢有"吾道南矣"之叹。于是，以二程洛学为主的理学分别在浙西（杭州）、浙东（明州、永嘉）都有

---

① 黄宗羲等：《宋元学案·安定学案》"胡瑗"小传，见沈善洪主编、吴光执行主编：《黄宗羲全集》第三册，浙江古籍出版社2005年版，第55—57页。

传播。

2.南宋浙学

以陈傅良、叶适为代表的永嘉学派，以陈亮为代表的永康学派，以吕祖谦为代表的金华婺学，以北山四先生何基、王柏、金履祥、许谦为代表的金华朱学，以浙东甬上四先生杨简、袁燮、舒璘、沈焕为代表的四明心学，形成南宋浙学之盛。

3.明代浙学——王阳明与姚江学派

王阳明一生活动足迹几乎遍及中国，其讲学活动也遍布大江南北，形成了姚江学派。姚江学派共有王门八派，其中浙中王门包括徐爱、钱德洪、王畿、季本、黄绾、董澐、陆澄等约20人。

4.明末刘宗周与蕺山学派

以明末大儒刘宗周为领袖的蕺山学派，其著名弟子有祁彪佳、张应鳌、刘汋、董瑒、黄宗羲、邵廷采、陈确、张履祥等35人。

5.黄宗羲与清代浙东经史学派

清代浙东经史学派的领袖人物是黄宗羲，其代表人物包括：以经学为主兼治史学的黄宗炎、万斯大，以史学为主兼治经学的万斯同、邵廷采、全祖望、章学诚，经史兼治而偏重文学的李邺嗣、郑梁、郑性，偏重历算的黄百家、陈訏、黄炳垕，偏重考据的邵晋涵、王梓材。

6.张履祥与清初浙西朱学

张履祥是刘宗周弟子，也是从蕺山学派分化而来的清初浙西朱学的领袖人物,其代表人物有吕留良、陆陇其等。

7.乾嘉考据学在浙江的展开

乾嘉考据学在浙江的代表主要是胡渭、姚际恒、杭世骏、严可均等,他们在文献辑佚、学术考辨方面各有贡献。

8.近现代浙学

近现代浙学名家辈出,有龚自珍、黄式三、黄以周、俞樾、孙诒让、章太炎、王国维、马一浮等经学家,他们在传承浙学人文传统、经典诠释与古籍整理方面各自作出了重要贡献。

四、浙学的基本精神与当代启示

在经历千百年的磨合过程中,浙学各派逐渐形成了一些共通的人文精神传统。这种人文精神是从王充到陈亮、叶适、吕祖谦、王阳明、黄宗羲、全祖望、章学诚以至近现代的龚自珍、章太炎、蔡元培、马一浮等著名浙江思想家都一致认同的文化精神。

那么,浙学的基本精神是什么呢?我曾在《简论"浙学"的内涵及其基本精神》一文中将它概括为"民本、求实、批判、兼容、创新"五个词、十个字,又在《论浙江的人文精神传统及其在现代化中的作用》一文中从五个方面概述了浙学人文精神的主要内容,即"一、'天人合一,万物一体'的整体和谐精神;二、'实事求是,破除迷信'的求实批判精神;三、'经世致用,以民为本'的实学精神;四、'四民同道,工商皆本'的人文精神;五、'教育优先、人才第一'的文化精神"。

我认为，在历代浙学家中，最能代表浙学基本精神的有五大家的五大名言。

一是王充的"实事疾妄"名言。"浙学开山祖"王充在回应人们对其写作《论衡》宗旨的疑问时说："《论衡》实事疾妄，无诽谤之辞"（见《论衡·对作篇》）。这充分体现了浙学坚持实事求是、反对各种虚妄迷信的务实批判精神。

二是叶适的"崇义养利"名言。叶适针对董仲舒名言"仁人者正其谊不谋其利，明其道不计其功"批判说："'仁人正谊不谋利，明道不计功'，此语初看极好，细看全疏阔。古人以利与人而不自居其功，故道义光明。后世儒者行仲舒之论，既无功利，则道义者乃无用之虚语尔。"①因此，叶适究心历史，称古圣人唐、虞、夏、商之世，能够"崇义以养利，隆礼以致力"②，是真正的"治道"。

三是王阳明的"知行合一"名言。王阳明说："知之真切笃实处即是行，行之明觉精察处即是知，知行工夫本不可离。……真知即所以为行，不行不足谓之知。"③这是王阳明"知行合一"说的基本论述。

四是黄宗羲的"经世应务"名言。黄宗羲主张"学必原本

---

① 叶适：《习学记言》卷二十三，上海古籍出版社1992年版，第201页。

② 杨士奇编：《历代名臣奏议》卷五十五引叶适《士学上》语。

③ 王阳明：《传习录中》，见王守仁撰、吴光等编校：《王阳明全集》上册，上海古籍出版社2012年版，第37页。

于经术而后不为蹈虚，必证明于史籍而后足以应务"①、"经术所以经世"②。在著名的《明夷待访录》中，黄宗羲明确提出了"天下为主，君为客"的命题，从而使其民本思想提升到了"主权在民"的民主启蒙高度，并影响到清末民初的民主启蒙运动。

五是蔡元培的"兼容并包"名言。浙学传统从王充以来，就有一种多元包容、兼收并蓄的思想特色。蔡元培从小就受到浙学传统的熏陶，在其思想深处就有一种多元包容的思想倾向。因此，他在辛亥革命后接掌北京大学校长时，提出了"思想自由，兼容并包"的办校方针，从而使北京大学成为包容多元、引领近现代思想解放潮流的新型教育阵地。

以上总结的五个词、十个字、五大精神、五大名言，就是我对浙学人文精神和历代"浙学大家"基本精神的概括性总结。在这一认识的基础上，我们进一步深入探讨浙学的当代价值与启示，也有五点值得借鉴发扬。

第一，浙学中"天人合一，万物一体"的整体和谐精神，启示我们要实现的中国式现代化必须是低碳、绿色、人与自然和谐相处的，而非将人与自然置于对立斗争地位的物本主义的

---

① 全祖望：《甬上证人书院记》，见全祖望原著、黄云眉选注：《鲒埼亭文集选注》，齐鲁书社1982年版，第347页。
② 全祖望：《梨洲先生神道碑文》，见全祖望原著、黄云眉选注：《鲒埼亭文集选注》，齐鲁书社1982年版，第105页。

二元对抗境地。所以，我们必须避免陷入"征服自然"式的斗争哲学思维。近年来，气候日益变暖，甚至出现40度以上的连续高温天气，使我们深切感受到气候变暖趋势的可怕与危害，也更促使我们要努力设法保持人与自然和谐相处的必要性与紧迫性。

第二，"以人为本，人民至上"的民本精神。这是以人民利益为最高利益的民本主义论述，是古越国"十年生聚，十年教训"从而由弱变强战胜强吴的法宝，也是在中国式现代化实践中经历40年艰苦奋斗，使资源贫乏的浙江成为经济大省的一大政策法宝，更是今后几十年建设共同富裕示范区的战略法宝，值得我们继承发扬光大。

第三，"自强自立，开拓创新"的创业精神。这尤其体现在温州人"敢为天下先"的创业精神以及义乌人建设小商品市场的创业开拓精神上。这一点一直是温州、义乌、宁波、龙游、湖州等地浙商的优良传统，值得发扬光大。

第四，"实事疾妄"的求实批判精神，这是浙学家留给我们的科学思维方法。浙学传统中，从王充到陈亮、叶适、王阳明、黄宗羲以至章太炎、马一浮，都是富有求实批判精神的大家。我们在实现新时代的中国式现代化、实现中华民族伟大复兴的实践中，尤其需要坚持实事求是、反对弄虚作假、批判各种不切实际的虚妄迷信。

第五，"多元和谐，兼容并包"的精神。改革开放以来的实践证明，坚持改革开放的基本国策，能让我们的社会主义现代化事业实现长足发展。可以说,"改革开放,多元包容",是我们不断从胜利走向新胜利的政策法宝。

上述五个方面构成一个有机的思想整体,在这个思想整体中,"万物一体"是我们的宇宙观,"以人为本"是制定政策的根本前提,是一切工作的出发点;"实事疾妄"是必须坚持的思想路线,是民族精神的脊梁;"开拓创新,多元包容"既是科学的思维方式,也是创业者必备的人文素质,是建设现代化新浙江的政策法宝。近40年来,我在多家报纸杂志和各种学术讲座中发表了多篇文章,论浙学文化观与科学发展观的关系。我认为,科学发展观的根本精神包含着三大要素:一是"以人为本"的人文精神,人是最重要的,一切为人民的根本利益着想,这是中国共产党人的根本出发点;二是"实事求是"的务实精神,在任何工作中都必须坚持"实事求是"的思想路线,才能做到无往不胜;三是"多元包容"的和谐精神,这是一种全面开放、深化改革、包容多元、追求和谐的精神,而不是一元的封闭主义。这也算是我论浙学的一得之见吧。

上述五点启示在根本上体现了浙学的人文精神传统。这个精神传统落实到社会实践中,就转化为"改天换地、建功立业"的巨大物质力量。浙江人民在现代化建设中之所以能取得伟大成就,与浙江的历史文化、思想传统是密不可分的。现在的社会主义现代化是一项前人未曾从事过的伟大事业,不仅吸收了中华优秀传统文化的精华,也吸收了全人类优秀文化的精华。我们在建设人文浙江、和谐浙江、现代浙江的过程中,必须充分发掘浙江人文思想的深厚资源，同时面向全世界，坚持多元和谐发展，真正提供服务于中华民族伟大复兴的文化软实力。

综上所述，浙学作为一种富有特色、充满活力的地域文化形态，是中华文化大厦的重要组成部分，她不但在历史上促进了社会文明进步，而且在当代中国现代化的实践中，仍然具有强大的精神感召力和实践推动力。我们应当倍加珍惜这份资源，并使之发扬光大，日臻完善。

2024 年 9 月 3 日草成于杭州

目　录

前　言

刘宗周（1578—1645），字起东，号念台，学者称念台先生，又称蕺山先生，明末浙江绍兴府山阴县人，理学家、政治家、教育家，著有《人谱》《人谱杂记》《论语学案》《大学古文参疑》《大学古记》《大学古记约义》《大学杂言》《读易图说》《周易古文钞》《原旨》《孔孟合璧》《五子连珠》《圣学吃紧三关》《圣学宗要》《阳明先生传信录》《中兴金鉴录》等，后人汇编有《刘子全书》《刘子全书遗编》，今人编校整理成《刘宗周全集》。

刘宗周一生"通籍四十五年，立朝仅四年"。赋闲居家之时，以读书、讲学、著书为事，其学远宗孔孟，又对宋明理学有所融摄，从而形成了以"慎独""诚意"为宗旨的学术思想体系。清代学者称刘宗周"其理学似周元公，死节似江古心，论谏似胡澹庵，钩党似李元礼，绝俗似范史云"[1]，并有"入为纯儒，出为荩臣，明季一人而已"[2]"一代完人，忠臣正士""彪

---

[1] 吴光主编：《黄宗羲全集》第1册，浙江古籍出版社2005年版，第259页。以下引用《黄宗羲全集》均据此本，不另注作者信息及版本出处。

[2] 吴光主编：《刘宗周全集》第6册，浙江古籍出版社2007年版，第728页。以下引用《刘宗周全集》均据此本，不另注作者信息及版本出处。

炳宇宙，照耀古今"①"有明第一流人，亦道学中之第一流人"等评价。当代学者誉之为"宋明儒学最后之大师"②"宋明儒学最后之殿军"③"明末大儒，蕺山学派的创立者"④"中国17世纪最具原创性的思想家之一"⑤"中国17世纪颇具批判性头脑和创造性的哲学家"⑥。总之，刘宗周是明代最后一位儒学大师，也是宋明理学（心学）的殿军。他开创的蕺山学派，在中国思想史特别是儒学史上影响巨大，其思想学说具有承先启后的作用。

宋明时期是中国传统文化的大发展时期。随着时代的变革，经学发展遇到瓶颈，在佛、道的双重冲击下，儒家进行内部整合。面对宇宙论、本体论、心性论不完善的困局，儒家博采他家之长，逐渐显现出儒、释、道合一的局面，涌现了一大批儒学大家，其代表人物为程（程颢、程颐）、朱（朱熹）、陆（陆九渊）、王（王阳明），分为程朱理学与陆王心学两大派别。晚明政治动荡，明朝由强有力的封建王朝走向颓败，宦官专权，吏治腐败，社会矛盾尖锐，农民起义此起彼伏。在社会现实面

---

①《刘宗周全集》第6册，第723页。

②唐君毅：《中国哲学原论·原教篇》，中国社会科学出版社2006年版，第320页。

③牟宗三：《心体与性体》第3册，正中书局1969年版，第511页。

④《刘宗周全集》第1册，第1页。

⑤杜维明：《道、学、政：论儒家知识分子》，钱文忠、盛勤译，上海人民出版社2000年版，第94页。

⑥李振纲：《证人之境：刘宗周哲学的宗旨》，人民出版社2000年版，第158页。

前，无法经世致用的陆王心学遭到以东林学派为首的士子批判，社会上刮起一股批判之风。于乱世之中，坚持圣王之道的刘宗周承此流弊而起，开创蕺山学派，提出并践行"慎独以行王道"的儒家政治主张。

　　王门后学中，良知现成论由"二王"（王畿、王艮）所倡导，后经颜钧、罗汝芳、李贽等人继承发展，其理论意蕴已被阐发无余。至"异端思想家"李贽，良知现成论已成为人之私心的理论基础，掏空乃至否定了道德规范（"天理"）的理论基础，已经超出道德心性理论的范围，走到传统名教的对立面。李贽的思想有其两面性，除了体现在传统观念压抑下的人们要求回归本真自我、追求个性解放、肯定人的物质追求的时代洪流这一积极方面，同时具有一定的负面作用：在否定纲常名教的同时又否定了一切道德规范，在肯定个性解放和利己主义的同时也否定了人应该承担的社会责任。这与王阳明提出"致良知"学说"灭心中贼"的初衷背道而驰。这实际上体现了"王学"作为一种儒家伦理学说，在其流传的过程中不仅没能指导人的现实道德实践，反而在发展过程中逐渐破坏了这种道德规范，良知现成论的发展就在不断地破坏和否定着这种伦理实践。因此，晚明思想史的一个主要论题，就是对良知现成论的批评与反思以及重建作为普遍道德法则的"心体"。在这一过程中，刘宗周乘"王学"流弊而起，为之全力救正。他深研宋明诸儒学说，在对整个新儒学①进行批判总结的基础上重建了作为普遍道德法则的"心体"，将"王学"乃至新儒学的心性学说发展到极致，从而在理论上终结了"王学"，开清代经世实学之先河。

刘宗周创立蕺山学派，广纳门徒，其中最为著名者有三：张履祥、陈确、黄宗羲。蕺山学派学术思想的主要特点是主张把学术研究与解决社会实际问题结合起来。追求社会变革的经世致用思潮，与蕺山学派的学术主张有着密切的内在联系。张履祥、陈确、黄宗羲将蕺山学派的经世致用精神广泛传播，促进了清代实学的形成。

从学术上看，自晚明时期起，世人读书就存有功利心态，读书皆为"利"（高官厚禄），蕺山学派严厉抨击这股风气，提倡联系实际做好学问。蕺山学派主张学风民主和自由，反对专制习气。在把学术看成天下普遍的道理还是一家独有的私言问题上，蕺山学派认为学术是客观真理，是人们对事物本质的认识，是对自然、社会和思维知识的总结，因此，不存在一个学派或一个人垄断的真理。这种认识也涉及学术是造福社会和广大群众，还是成为少数人用于思想专制的工具问题。

蕺山学派主张"学求自得"和"学贵适用"。反对在学术上依门傍户，剿袭成说，要求独立思考，提出新见，应用于解决社会实际问题。持什么治学态度，关系到学术是向前发展还是停滞甚至倒退，也关系到"学"是否实用。蕺山学派针对明末

---

① 此处指宋明理学，而非20世纪的"现当代新儒家"。

学术的空疏和堕落，强调"学求自得"，包括"存疑""不依傍""去陈言"等。蕺山学派主张学贵行、贵用，实开清初经世致用思潮的先声。

从学统上看，黄宗羲作为刘宗周的学术传人，在政治思想上继承了刘宗周的学术自由精神，并将之运用到政治理论建构中，如在《明夷待访录》中提出反对君主专制的思想。他还承继刘宗周"力行"哲学，将其运用到学术实践中，促成了清初经世之实学的转变。所以说，刘宗周与蕺山学派对于清朝的学术思想有着重大影响。

基于上述原因，我们把明季大儒刘宗周作为"浙学十大家"之一来研究，希望通过对刘宗周生平及其学术思想的研究，得出一些启发性论断。

本书行文思路可以概括为"一个中心，四个方面"。

所谓"一个中心"是指本书布局谋篇的中心主线——"慎独可以行王道"。刘宗周所讲的"慎独"与儒家传统意义上的"慎独"有着不同的含义，刘宗周赋予其新的含义——"持守本心"，使其不单单是个人道德修养的要求，也成为个人政治实践的行动准则，从而将人的内在精神与外在行为统一于一体。其目的是实现理想中的王道政治，即"上古三代"的政治模式和制度安排，但刘宗周生活的时代并不存在其理想政治模式的施行条件。因此，当现实与理想发生矛盾和激烈碰撞时，刘宗周的理想必然要屈服于残酷的社会现实。刘宗周通籍四十五年，在朝仅四年有余，因直言进谏被罢黜而转向讲学的个人经历，就很好地诠释了这一点。因此,"慎独可以行王道"是本书的中心主线。

所谓"四个方面"是指刘宗周生活的时代背景、个人经历与学术传承、学术思想(以哲学思想、政治思想为中心)的主要内容和对其思想的评价四个方面。时代背景、个人经历、学术思想三者之间是相互关联的。时代背景决定个人生活的客观条件,是其学术思想产生的前提,正如在奴隶社会无法产生资本主义的平等、自由理念,社会现实告诉人们一部分人统治、占有另一部分人才是合乎社会现实的。因此,了解一位学者的思想先要了解他所生活的时代背景。刘宗周生活在晚明时期,历经四朝五帝(崇祯皇帝于1644年殉国后,明朝拥立福王朱由崧继位,1645年为弘光元年),当时的社会状况可以用"天崩地裂"来概括。从社会经济状况来说,西方科技由传教士等逐步传入大明王朝,资本主义萌芽初步产生。从政治格局来看,明朝正处在内忧外患之中,具体表现为:在朝堂上东林党与阉党以及浙党、齐党、宣党、昆党的斗争不断,吏治腐败;由于灾荒旱涝频发,苛捐杂税多如牛毛,各地农民起义(以四川张献忠、陕西李自成为代表)风起云涌,关外清兵铁骑虎视中原,统治阶级内部矛盾、阶级矛盾、民族矛盾等多重矛盾不断加剧。从思想文化方面来看,对程朱理学、陆王心学的批判,西方天主教神学及科技的传入,使得儒家士大夫在抵御外来文化影响的同时,更注重实绩,儒学正由宋明理学向清代实学转型。在这样一个风云变幻的时代中,强制推行内圣外王的王道政治,显然行不通。

个人经历与学术思想相辅相成，一方面个人经历决定着学术成就，另一方面学术成就也会影响个人的社会实践。在个人经历方面，刘宗周虽历经五代皇帝，通籍四十五年，但在朝为官的时间并不长，前后相加仅四年有余。这与其个人的性格、经历都是分不开的。刘宗周因父早亡而由母亲辛苦带大并受到严格教导，自小将孝道铭刻于心；后寄居外祖父家，受外祖父章颖影响，为人正直、严谨。刘宗周受圣王学说之教，将三纲五常融入个人生活，于家尽孝，于国尽忠，将人伦规范融入治国之道，追慕上古"三王"，崇尚"圣王之治"。他为在有生之年实现王道式理想政治，向君王上疏谏言，毕生不辍。但晚明政治晦暗，社会动荡不安，其建言不被采纳，其志不可伸，不得已转而授徒讲学，终成一代大儒并开创蕺山学派。

刘宗周的政治思想部分承自先哲，部分为自身独创。其中针对社会实际问题提出的对策，则是建立在对晚明政局的深思之上。刘宗周认为明崇祯一朝政弊有四，"治术坏于刑名""人才消于党论""武功丧于文法""民命促于贿赂"。此外，刘宗周还对"边事""小人祸国""今日之祸"的由来作过深刻论述①，从而形成了一套完整的政治策论，也可以说是一整套的制度安排。这套制度包括为君、为臣的行为准则，治国、治吏、治民的对策方法，社会人才培养机制，以及边疆祸乱的治理，

---

① 参见《刘宗周全集》第3册，第138、147、167页。

涵盖社会生活的方方面面，内容十分翔实。这些对策的提出都建立在其内圣外王的治国思路之下，体现其"诚意""慎独"之哲学思想宗旨。本书认为，刘宗周的政治思想具有儒家德政思想的鲜明特色。

首先，刘宗周的政治思想体现了儒家家国同构的伦理政治。中国传统政治哲学以"家"的模式解释"国"，又以"国"的原则规范"家"，家国不分，孝忠一体，君臣、父子关系在齐家治国中得到规范。刘宗周奏疏之中多称皇帝为"君父"，就是以道德标准取代政治标准，以伦理规范取代政治规范。刘宗周对五伦的疏解，为其提供家国同构伦理政治观的法理学依据，家国同构的伦理政治观在保甲、乡约之中体现得淋漓尽致。

其次，刘宗周的政治思想具有学政合一的理论特色。刘宗周在《政本小序》中明确提出了"学政合一"的政治哲学理论："古之君子言学而政在其中。故曰：'政者正也。'又曰：'其身正，而天下归之。'"①刘宗周一生治学、从政，致力于学以致用，即追求道统与政统的结合、学术与政治的统一。刘宗周的学政合一论，突出表现在"圣学治世"与"经术经世"两个方面。

再次，刘宗周的政治思想具有批判意识并彰显了士大夫阶层的政治主体自觉性。刘宗周生活在"天崩地坼"的明季大环境之中，一生穿梭在学术与政治之间，努力践行着儒学家（思

---

① 《刘宗周全集》第4册，第47页。

想家）的学术批判精神和政治家的政治批判精神。刘宗周在构建自己的学术思想体系——"慎独、诚意之教"时，对程朱、陆王之学加以扬弃即批判性继承，对宋明理学家几乎皆有批评。正是儒家强烈的入世精神，使得刘宗周的政治参与性与政治批判性非常强，"无疑宗周具有自我批判意识，但他所体现的群体批判的自我意识却相当强，宗周在他那个时代里毫无疑问是最有影响力、最受尊重、最有引导能力的知识分子"①。

简言之，本书主要从中国学术思想发展史角度切入，力求全方位关注刘宗周以"诚意""慎独"为核心的儒学观念及由此而有的"慎独以行王道"的政治思想，即关注刘宗周生活的时代背景，人生经历，其哲学思想、政治思想及传承情况，并在对刘宗周的思想进行评议的同时，揭示其时代价值。

---

①杜维明、东方朔：《杜维明学术专题访谈录：宗周哲学之精神与儒家文化之未来》，复旦大学出版社2001年版，第37页。

第一章 | 刘宗周的人生经历

本章主要从晚明特殊的时代背景出发，以少年求学、仕途坎坷、削职为民、绝食殉国为叙事重点，初步考察作为晚明儒家士大夫的刘宗周的坎坷人生经历。

刘宗周生活在晚明时期，随着对外贸易的不断扩展，明朝商品经济进入了快速发展时期。城市和农村中的雇佣劳动现象不但标志着资本主义萌芽在中国的出现，还造成了贫富分化的不断扩大。与此同时，晚明政治统治日益腐朽。君主耽于享乐，大肆搜刮民脂民膏，昏聩无能且宠信宦官，使得朝廷成为各大党派争权夺利的场所，民生问题被朝臣弃之不顾。随着土地兼并日益加剧以及苛捐杂税逐年增加，农民失去栖身之所，大量流民的形成成为农民起义的导火线，社会矛盾日趋尖锐。在晚明动荡的社会环境中，各种社会思潮不断涌现，民族爱国观念、反封建思潮、经世致用实学思想对明清之际的学术转型产生了不可忽视的影响。

一、晚明的社会环境

明朝社会自万历年间（1573—1620）起步入晚明时期，此后七十多年间，社会环境发生了巨大的变化。一方面，随着地理大发现和东西方交流日益增多，明朝与世界的联系越来越密切。东方的丝绸、布匹、茶叶、瓷器等商品不断流向欧洲大陆，大量白银流向中国，明朝商品经济不断发展，社会分工越来越细致，新的生产方式出现，新的社会力量涌现，市镇功能不断完善，社会结构发生明显转变。另一方面，明朝社会内部矛盾重重。随着皇权的不断扩张，矿税、兵饷摊派使得民众负担沉重。过度的盘剥在全国各地激起民愤，再加上各地自然灾害频发，农民起义此起彼伏，从而形成了"增加摊派—民怨丛生—各地叛乱—派兵镇压—增加摊派"的恶性循环。同时，明朝周边不安，北方游牧民族扰边，倭寇屡犯海事，后金势力正在步步崛起，民族摩擦不断。大明王朝正如一棵巨树，虽有外在的新鲜养料提供养分，却仍然无法补足内部溃烂所需，只能一步步走向衰亡。面对种种社会问题，这一时期的思想家都在寻求阻止明朝走向衰败命运的方法，他们或者将目光转向新传入的欧洲文化，或者将视线聚焦于中国传统文化，刘宗周就是期望用儒家传统文化改变社会现实的一位儒家士大夫。

（一）商品经济快速发展

早在 15 世纪初期，中国就与东南亚开展了相对频繁的外交往来。永乐元年（1403），明成祖的使者到达马六甲苏丹国，永乐三年至五年马六甲苏丹国向明朝朝贡，从而开始了与明朝的经济文化交流。葡萄牙于 16 世纪初占领了马六甲。自此，该地就成为明朝和欧洲进行海上贸易的中转站，东西方世界共处于世界经济体系之下。与西方商贸的频繁交流，促使中国的社会结构发生转变。

晚明时期对外贸易快速发展，其主要原因是西方世界对明朝商品的大量需求。明朝初年，明太祖曾下禁海令，废除市舶司等海外贸易部门，一度断绝中国与其他国家来往。虽然明成祖于永乐年间（1403—1424）颁布了可以通过朝贡方式与明朝进行商业交流的政令，但是这种交流仅限于官方层面，并不能满足日益扩大的民间贸易需求。为了生存需求并获得更大的利润，走私逐渐成为主要的民间对外贸易手段，更有一些罪犯逃往海外，占领海岛成为海寇，在海上抢夺来往商船。16世纪初，葡萄牙通过马六甲海峡到达中国之后，希望与中国建立稳定的贸易关系。由于禁海令的限制，这一要求最初并未被接受，葡萄牙为了高额利润开始在东南沿海进行走私甚至抢劫活动。因此，巨大的贸易需求就成为明朝倭寇和沿海边患问题无法根除的根本原因。隆庆年间（1567—1572），禁海令废除，明王朝与西欧国家的贸易往来更加频繁。

明朝出口的商品主要有生丝、丝绸、棉布、瓷器、药材、重金属等，商品需求促使社会分工不断细化，雇佣劳动出现，新型市镇功能不断完善。

由于商品需求不断增长，东南沿海地区出现了许多蓬勃发展的商品集散地，比如杭州、嘉兴、湖州、松江、苏州等。在这些城市中，十分紧凑的商业街市上分布着丝行、绸行、花行、布行等商行，以及茶楼、酒肆、饭店、钱庄等服务点，还有机坊、染坊、练坊等加工制造作坊。①不难看出，这些城市功能区划十分清楚。同时，原料供给和商品生产亦分工十分细化。在这些手工作坊内，作坊主拥有资金、生产工具和生产资料，雇用雇工进行生产。这些作坊主称为"机户"，为"机户"干活的人则是"机工"。"机户出资，机工出力"，"计时授值"，即按时间计算工资。"机工"一无所有，靠出卖劳动力为生。"机户"是出资的雇主，"机工"就是出力的雇工；两者之间的雇佣与被雇佣关系就是封建社会中资本主义生产方式萌芽的标志。不单在手工业生产过程中社会分工更加细化，在原材料生产过程中，社会分工也在进一步细化。例如，随着丝绸需求量的增加，蚕丝供应量也大幅增长，利益驱使农家经营参与商品经济。在湖州地区，许多农家都大量种植桑树并养蚕，重视桑园管理，形成了蚕桑为主、水稻为辅的多种经营农业经济。除了农户自家种植之外，农业领域也出现雇用雇工的生产方式。②与新的生产方式出现相对应的是新的社会力量的出现。在雇佣劳动中，雇主作为出资方开始具有"资本家"的性质，而雇工则成为最早的"工人"代表。在这里需要说明的是，雇主与雇工之间已非主仆关系，雇佣期限一过，雇佣关系就会解除，这与封建社会中旧有的人身买卖是截然不同的。这些能够自由出卖劳动力的雇工，有着相同的利益诉求，因此当利益受到侵害时，他们

---

① 樊树志：《晚明史：1573—1644》（上），复旦大学出版社2016年版，第89页。

② 樊树志：《晚明史：1573—1644》（上），复旦大学出版社2016年版，第93—97页。

更能团结一致，组织抗争。

《明神宗实录》卷三百六十一"万历二十九年七月丁未"条记载以葛贤为首的八名苏州纺织业工人（织工）因反抗税监而有罢税之举，是为"苏州民变"；时巡抚应天右佥御史曹时聘对如何处置此次"苏州民变"有建言之奏疏，其中对苏州纺织业领域出现的"机户出资，织工出力，相依为命久矣""得业则生，失业则死""染坊罢而染工散者数千人，机户罢而织工散者又数千人"之时况进行了描述。曹时聘奏疏中"机户""织工"之间的雇佣与被雇佣劳动关系，不单是明代中后期东南沿海已经出现资本主义萌芽的一个例证，也是明代社会出现新的利益阶层的标志。这个新的阶层就是随着商业城市的发展而不断壮大，由手工业者、中小商人等以商业利益诉求而联合组成的特殊阶层——"市民阶层"。

随着市民阶层的崛起，这个阶层也初步具有了所谓"市民意识"，比如天启年间（1621—1627）爆发的反对矿税、阉党黑暗统治的斗争就是在市民意识鼓动下出现的。天启六年（1626），权阉魏忠贤派缇骑爪牙到苏州逮捕东林党人士周顺昌（天启后六君子之一），激起民愤。苏州市民在马杰、杨念如、沈扬、周文元、颜佩韦五义士的带领之下奋起反抗，殴杀缇骑一人，致其余党溃散。①从此，逆阉缇骑不敢肆无忌惮地抓捕东林诸君子。尽管五义士被捕就义，但是这种抗争、追求正义的

①部分中学（高中）语文教科书中，选有张溥《五人墓碑记》一文，即同此事相关。

精神也标志着市民意识的产生。

综上所述，商品经济促使明王朝内部出现新的生产方式，促进社会分工更加细致，城市功能区分更为明显，城市内部新的利益阶层产生，中国传统的自给自足的小农经济模式在一定程度上受到冲击。

（二）政治统治愈加腐朽

万历朝中后期神宗的长期怠政，使得明王朝呈现一片黑暗的末世景象。统治阶级内部矛盾重重、朝政混乱，宫廷斗争、阉党专权、朋党之争牵连纠缠，局势错综复杂，明王朝已现"由盛转衰"之势。

万历朝的宫廷斗争十分激烈，其突出表现在册立皇长子朱常洛、福王朱常洵何者为太子问题的"国本之争"（"立储之争"）和万历三十一年（1603）的"妖书案"。明神宗因个人好恶，欲立福王朱常洵为太子，朝中官员对此颇为不满。王朝能否长久传承下去，与王朝继承人的选择和培养密切相关。明朝承嗣者的选择方式为"有嫡立嫡，无嫡立长"，神宗不按标准来选择继承人势必会遭到拥护正统官员的反对。刘宗周就是其中一员。而神宗对继承人选择的犹豫不定，使得万历朝"国本之争"持续时间长达十五年之久，朝政动荡不安。刘宗周一度参与"妖书案"，比如在万历三十二年曾草疏弹劾把持朝政的首辅沈一贯，"当庆元（沈一贯）枋国，方兴楚宗妖书之狱，以陷君子。先生（刘宗周）草疏劾庆元。同年生见之曰：'君亦曾为老亲计乎？'先生默然，深念者数日，遂请终养"①。刘宗周在万历四十一年四月也有"条陈宗藩"之奏疏，内容涉及"国本之争"②，还指责时任阁臣叶向高"不能力赞福藩启行"，亦涉及"国本之争"。天启二年（1622），刘宗周还曾代邹元标草疏，请恤万历年间建言"国本"诸贤。③刘宗周亦在《明国是以正人心疏》中以为"自神庙（万历）数十年来，朝士异同之局"实起于"国本"④。

晚明政治斗争最有名的是牵涉明神宗万历、明光宗朱常洛、明熹宗朱由校三代皇帝的"明宫三案"——"梃击案"（梃击东宫太子朱常洛事件）、"红丸案"（朱常洛继位后服食红丸致死事件）、"移宫案"（朱常洛宠妃不肯移出乾清宫事件）。⑤明代政局的"顽疾"之一宦官专权、中官用事在"明宫三案"中就有迹可寻。天启年间（1621—1627）宦官魏忠贤专权就是利用"明宫三案"大做文章，迷惑天启帝，把持朝政，致使朝纲败坏。《明史纪事本末》有载："魏忠贤杀人则借'三案'，群小求富贵则借'三案'。"刘宗周更是在《明国是以正人心疏》中

---

① 《刘宗周全集》第6册，第2页。

② 《刘宗周全集》第6册，第68页。

③ 《刘宗周全集》第6册，第77页。

④ 《刘宗周全集》第3册，第263页。

⑤ 限于篇幅，本文不对"明宫三案"来龙去脉进行详述，读者诸君可以参阅"人民网"于2007年12月14日刊载的阎崇年先生大作《明末宫廷三大奇案：梃击案、红丸案和移宫案》。

指出："此三案者，其初本不甚相远，而其后浸成水火之不相下。途径一开，戈矛愈竞，于是逆珰魏忠贤用事，小人遂起而乘之，不难借三案以杀天下正人君子，又勒《三朝要典》一书以示中外，识者寒心！"[1]

"明宫三案"还是晚明党争不断的导火索。晚明党争是在东林党与阉党、浙党、齐党、楚党、昆党、宣党等之间展开的。万历三十二年（1604），时任吏部郎中的顾宪成因触怒明神宗而遭革职，遂与高攀龙等士人在无锡东林书院开展讲学活动，时常讽议朝政、褒贬人物，在朝廷之外形成了一股清流势力，世人称之为东林党。万历朝后期，明神宗时常不上朝，重用阉宦，致使宦官集团遍布朝野，世人称之为阉党。权相沈一贯把持朝政，纠集在京师任职的浙江籍官员，形成了浙党，与东林党对立，又与阉党时相唱和。再有以官应震、吴亮嗣等为首的楚党，以山东籍官员为主的齐党，楚党、齐党依附于浙党，合称"齐楚浙党"。另有同以地缘关系结成的宣党和昆党。总之，在万历朝末年，诸党之间围绕"国本之争""妖书案""梃击案""红丸案""移宫案"，相互攻讦，均不相让，致使门户之争兴起，如万历"乙巳、辛亥、丁巳京察之争"时浙党借机打击陷害东林党，天启"癸亥京察"之时东林党又借机大力反击，驱逐齐、楚、浙党。党争之惨烈，尤其以发生在天启五年至六年（1625—1626）的"天启前、后六君子"被逮、罹难事件最甚，

[1]《刘宗周全集》第3册，第263—264页。

东林党亦自此失势。

刘宗周在万历末年即参与党争，其实也间接参与了"明宫三案"的争论。《明史·刘宗周传》云："时有昆党、宣党与东林为难。宗周上言：'东林，顾宪成讲学处。高攀龙、刘永澄、姜士昌、刘元珍皆贤人，于玉立、丁元荐较然不欺其志，有国士风。诸臣摘流品可也，争意见不可；攻东林可也，党昆、宣不可。'"①

皇权、君权绝对至上的君主专制，依旧是明晚政局的一大特征。东厂、锦衣卫等特务机构活动猖獗，下诏狱、廷杖等残酷刑法对儒家士大夫独立人格的完整造成了极大的冲击。刘宗周对于诏狱、廷杖这些摧残人性的制度颇为不满，时常向崇祯帝建言取消相关制度，为此数次得罪皇帝，数次"革职为民"。

总之，明末党争绵延数十年，天启、崇祯乃至南明之时，亦未曾间断。

（三）社会矛盾不断加剧

传统封建社会以农立国，历代帝王对于农业社会的基本生产资料——土地的控制都十分重视，但土地兼并问题从未得到彻底解决，地主阶级与农民阶级之间的矛盾主要集中在土地问题上。土地兼并的不断发展会导致大量农民失去土地，从而破坏封建社会的根基——自给自足的小农经济。

---

① 《刘宗周全集》第6册，第500页。

明代土地按所有权分为两种，即官田和民田。官田包括皇庄、王公、勋戚、大臣、宦官的庄田。明朝自英宗正统年间到神宗万历年间的一百多年间，主导封建社会发展循环的不稳定因素逐渐形成。像中国历史上战国、东汉末年、西晋、南朝、唐末、南宋末年一样，明朝中后期大面积的土地兼并现象开始"大成气候"，"为民厉者，莫如皇庄及诸王、勋戚、中官庄田为甚"①。

权臣、王族包括宦官占地者比比皆是。据史料记载，明弘治之时，皇亲张延龄一次请乞田地近一万七千顷；正德时，庆阳伯夏臣一次投献田地近一万四千顷。嘉靖时，严嵩父子在家乡霸占良田，袁州一府四县百分之七十的土地是严家的；徐阶父子在松江占田二十多万亩，佃奴过万。至万历年间，明神宗的弟弟潞王在湖广占地四万顷，神宗之子福王在山东、河南、湖广占田两万顷。明中晚期之时，自上而下的土地兼并狂潮使全国百分之九十以上的土地集中在以皇亲国戚、宦官权臣为代表的地主阶级（实为统治阶级）手中；与之相对立的是百分之九十以上的人口沦为佃农和一无所有的流民，"有田者十分之一，为人佃者十分之九"，就是明朝中后期土地兼并的现状。

明中期之后，中央财政严重不足，只得加大对农民的赋税盘剥，造成农民生存环境的急剧恶化，直接后果就是明朝中后期人口的剧减。据文献记载，明洪武二十六年（1393），天下人

---

① 《明史·食货志一》。

口达六千余万；英宗正统年间，黄河上下、长江南北，无业流民已经增至六百多万，有些地方逃亡人口过半；孝宗弘治时仅存五千零二十万；到崇祯时，全国人口只剩下四千万，其中"流民"竟达千万。

此外，明朝末年天灾人祸不断，灾荒旱涝频发。以陕西为例，万历四十四年（1616），陕西西部地区普遍发生特大干旱。崇祯元年至二年（1628—1629），陕西半数以上地区出现特大旱灾。崇祯二年至七年，全国各地的旱情更是连绵不断。崇祯八年，西安、延安、榆林和临洮四府出现特大旱灾。崇祯九年，波及平凉、巩昌二府。崇祯十年至十二年，每年约有半数的府县遭受特大旱灾。崇祯十三年，陕西再次发生全省性的特大旱灾。崇祯十四年，旱情持续。大批无立锥之地的贫民，在背井离乡的同时，只能铤而走险，"揭竿而起"，成为"流寇"，与朝廷官府作对。这就为朱明王朝的覆灭埋下了"定时炸弹"。

土地兼并、天灾人祸导致农村地区大量劳动力流失，大量土地无人耕种，继而产生明末中央政府赋税不足的问题。封建统治者为了维持自身统治，增加赋税，大搞摊派，致使苛捐杂税多如牛毛。万历朝，苛捐杂税，尤以矿税①为重。矿监税吏也

---

① 矿税是明朝的一个税种，指专门对一些种类的有色金属征收的特别税，自明初起即存在。现在一般意义上讲的矿税则是明朝万历年间开矿、榷税二者的合称，应当与原有的矿税区分开来。万历二十四年（1596），明神宗万历为了增加官中的收入以应付日益庞大的内廷开支，开始派遣太监采矿。一开始只是在直隶开采，很快就遍及河南、山东、山西、浙江、陕西等处。榷税开始的具体日期已不可考，但当在开矿之后。

趁机横征暴敛，"矿税之祸"使得民间怨声载道，"民变"时有发生。万历、崇祯年间"三饷"（"辽饷""剿饷""练饷"三项赋税）征派，则影响最为恶劣。

万历四十六年至四十八年（1618—1620）间，为应对辽东战事，即借口抵抗后金入侵，万历帝应户部之请，连续三年增加田赋征银额，起初亩征银三厘五毫，不久增至九厘。据统计，仅此一项每年便搜刮百姓银两九百万两。不久，另再加关税、盐课及杂项，是为"辽饷"，又称"新饷"。崇祯十年（1637），兵部为镇压李自成、张献忠农民起义军，奏请增兵，加征"剿饷"。据统计，每年勒索百姓银两三百三十万两。崇祯十一年，为应对清军骚扰入侵，兵部提议征派"练饷"，每年敲诈民众七百三十余万两。

对此，御史郝晋有云："万历末年，合九边饷止二百八十万。今加派辽饷至九百万。剿饷三百三十万，业已停罢，旋加练饷七百三十余万。自古有一年而括二千万以输京师，又括京师二千万以输边者乎？"①"三饷"的加派，使得本就生活在水深火热之中的老百姓更为痛苦不堪，"怨声载道"，本已激化的社会矛盾日趋尖锐。

刘宗周任顺天府府尹之时，其《敬陈祈天永命之要以回厄运以巩皇图疏》对"辽饷"的加派颇为不满："法天之大者，莫过于厚民生，则赋敛宜缓宜轻。而陛下自即位以来，军兴告匮，

---

① 《明史·食货志二》。

不免以重敛责小民。宿逋既诛，见征必尽，已足为天下病矣……臣愿陛下体上天好生之心，首除新饷。"①在刘宗周看来，"辽东一镇原设之兵，尽足以固圉；辽东一镇原设之饷，尽足以养兵。新兵新饷，安所用之乎？……即不能尽废新饷，又何取于五百余万之多？臣近于顺天一府赋役，清出冗员、冗役、冗费等项，约至一万六千余金，已足准续派杂项一万二千三百而有余。推之天下，亦犹是也"。无奈，崇祯帝听不进刘宗周的建言，继续加派赋税。

明朝末年，苛税繁多、经济崩溃、民不聊生，农民阶级与地主阶级之间的矛盾不可调解，终于爆发了以四川张献忠、陕西李自成为代表的各地农民起义。刘宗周在《面恩陈谢预矢责难之义以致君尧舜疏》中这样写道："（崇祯帝）以司农告匮，一时所讲求者，皆掊克聚敛之政。正项之不足，继以杂派；科罚之不足，加以火耗。又三四年并征，水旱灾伤一切不问。其他条例纷纷，大抵辗转得之民手，为病甚于加赋。敲扑日峻，道路吞声，小民至卖妻鬻子女以应势，且驱而为盗、转而沦于死亡。"②

在明朝逐渐走向衰落之时，北方少数民族政权正在兴起。努尔哈赤统一女真各部之后建立后金，进而兴兵下抚顺、清河；萨尔浒大战之后，又连下开原、铁岭。努尔哈赤看准了明朝的

---

① 《刘宗周全集》第3册，第87—88页。

② 《刘宗周全集》第3册，第54页。

衰败之势，继续向明辽东重镇沈阳与辽东首府辽阳发动进攻。①明王朝与周边少数民族政权之间的矛盾急速加剧，使得明王朝陷于外侵内寇的困境之中。

刘宗周在《敬循使职谘陈王政之要恳祈圣明端本教家推恩起化以裨宗藩以保万世治安疏》中对明季面临"内忧外患、民族存亡"之时的政局有这样的描述："臣观今日之势，盖已岌岌乎尽蹈汉、唐季世之辙矣。爵滥而轻，禄侈而匮，官不惟贤，制不尽利，庶而不富且教，其能久而不乱乎？……今天下吏治之污，民生之困，士习之窳，边防之弛，纪纲风俗之败坏，何者不出于后人之沿习，而顾重诬祖宗乎？"②他在《修举中兴第一要义疏》中表达了同样的意思："今天下世道交丧矣。士大夫容容苟苟，不知忠孝节义为何事。平居以富贵为垄断，临难以叛逃为捷径。至于国是日嚣，人心日竞，纪纲日坏，刑政日弛，封疆日蹙，寇盗日迤，祖宗金瓯无缺之天下，不日拱手而授之他人。"③

简言之，"盖明氏自神宗以来，奸凶（魏忠贤、温体仁之流）握朝权，流贼（李自成、张献忠）满于天下，鞑虏乘衅而起，天下之事，败坏已极。至思宗之时，亦无可支柱之势"④。

农民起义、清兵入侵，战火绵延数十年，日益加剧的社会

---

①参见阎崇年：《明亡清兴六十年（上）》，中华书局2006年版，第43—84页。
②《刘宗周全集》第3册，第15页。
③《刘宗周全集》第3册，第36页。
④《刘宗周全集》第6册，第718页。

矛盾不但加速了明朝的灭亡，更促成了刘宗周忧患、批判意识的形成。

二、晚明学术转型

清代学者王士禛《池北偶谈》卷二《谈故二·从祀疏》转引康熙朝都察院佥都御史张吉午上疏之言，论及明季学术景象："至万历、启、祯间，圣道式微，异端益炽，赖有光禄少卿顾宪成、都察院左都御史高攀龙倡正学于东林，都察院副都御史冯从吾倡正学于关右，都察院左都御史刘宗周倡正学于浙东，皆能羽翼圣经，发挥贤传，有功于理学名教。"[1]

"圣道式微，异端益炽"一语，一方面道出了传统儒学即宋明理学在明季的惨淡景象，刘宗周亦言当时"儒门淡薄，收拾不住"[2]；另一方面则说明传统儒学正由哲理化研究转型为清初经史、经世实学，明清之际也确实存在着一种强调经世致用的学术思潮。

（一）经世致用的学术思潮

"圣道式微，异端益炽"，究其缘由，主要是绵延数百年的宋明理学发展至晚明，儒学"解构"的学术现象十分突出，既有东林朱学的余光返照，也有阳明后学尤其左派王学（泰州学

---

① 王士禛撰，勒斯仁点校：《池北偶谈》，中华书局1982年版，第38页。
② 《刘宗周全集》第3册，第349页。

派、浙中学派）流弊的发展。刘宗周《证学杂解》有云："今天下争言良知矣，及其弊也，猖狂者参之以情识，而一是皆良；超洁者荡之以玄虚，而夷良于贼，亦用知者之过也。"①

刘宗周在中晚年提出的"慎独""诚意"之说就是对阳明后学、东林朱学的理论修正。慎独、诚意讲求水磨功夫。因此，刘宗周在讲学过程中要求门下弟子注重实践。对此，梁启超说："王学在万历、天启间，几已与禅宗打成一片。东林领袖顾泾阳宪成、高景逸攀龙提倡格物，以救空谈之弊，算是第一次修正。刘蕺山宗周晚出，提倡慎独，以救放纵之弊，算是第二次修正。明清嬗代之际，王门下唯蕺山一派独盛，学风已渐趋健实。"②

此外，罗钦顺提倡"经世宰物"之学并主张"变法致治"，张居正等变革派主张制定有利于国计民生的务实政策，东林人士高攀龙主张读书在于治国安民等，均是经世致用思潮的体现。

（二）民族意识与爱国情怀

明末思想家大都有强烈的民族意识，这与明朝的外部环境密切相关。北方有后金与蒙古，南方有倭寇海患，边疆战争是明朝人面临的残酷现实，也造就了他们的民族观念和爱国情怀。这些思想家有的参加和组织武装斗争，如刘宗周的学生叶润苍参加榆园义军的事迹在乾隆《曹州府志》中就有记载；有的终

---

① 《刘宗周全集》第 2 册，第 278 页。
② 梁启超：《中国近三百年学术史》，天津古籍出版社 2003 年版，第 44 页。

身隐居且不食清粟，如黄宗羲虽多次被清廷征召但从未至朝中为官；有的以死抗拒征召，如刘宗周在南明弘光朝廷覆灭后，绝食而死，宁死不为"贰臣"。

在清王朝政权稳固即反清复明的武装斗争失败后，这些遗民思想家就改变战斗形式，用笔进行理论斗争，探讨民族复兴途径，他们的民族思想具有爱国主义与反专制的特点。例如顾炎武在《日知录·正始》中提出"天下兴亡，匹夫有责"的观点："有亡国，有亡天下，亡国与亡天下奚辨？曰：易姓改号，谓之亡国；仁义充塞，而至于率兽食人，人将相食，谓之亡天下……保国者，其君其臣肉食者谋之；保天下者，匹夫之贱与有责焉耳矣。"[1]他认为"国"是"一姓王朝"，而"天下"是"匹夫"的天下、民族的天下。"亡国"不过是改朝换代，"亡天下"则是民族风俗和文化的沦丧。天下大事的兴盛、灭亡，每一个老百姓都有义不容辞的责任。顾炎武将民族利益置于一姓王朝之上，蕴含着反专制的思想。此外，王夫之、黄宗羲也是著名的反专制启蒙思想家。

（三）西学东渐

万历年间，意大利人利玛窦（Matteo Ricci，1552—1610）、德国人汤若望（Johann Adam Schall Von Bell，1591—1666）等西

---

[1] 顾炎武著，黄汝成集释，栾保群、吕宗力校点：《日知录集释》，上海古籍出版社2014年版，第297—298页。

方传教士来到中国，与天主教神学相伴的西方科技、历法、火器、算学，开始在古老的东方世界生根发芽，学术界称之为"西学东渐"。意大利人利玛窦是著名的天主教耶稣会传教士，也是一位学者。1578年受命赴远东传教，当时正是明万历年间。在中国生活期间，他学习汉语，研读并翻译中国典籍，广交士绅，长期浸染在中国文化中，俨然一位地道的中国文人，被称为"泰西儒士"。在西学东渐史上，利玛窦是一个标志性的人物，他不仅用汉语编写《天主实义》，阐述基督教神学思想，而且和徐光启译出《几何原本》前6卷，传授欧洲天文学知识，不仅如此，他还是西方音乐、绘画和钟表制作技术最早的推介人。利玛窦为中国带来了欧洲先进的数学、天文、地理等科学知识和哲学思想。利玛窦易儒服，按士大夫礼节行事，逐渐融入中国主流社会，从此在华教士得以跻身士林。[①]

几乎与利玛窦同时的另一位来华传教士汤若望，在崇祯七年（1634），协助明朝官员徐光启、李天经编纂《崇祯历书》。受崇祯帝之命，汤若望曾以当时西方先进的科学技术督造火炮，并口述过有关大炮冶铸、制造、保管、运输、演放以及火药配制、炮弹制造等原理和技术[②]。

刘宗周由于社会时代、价值观念的局限，拒斥西学。从儒

---

①参见沈定平：《明清之际中西文化交流史——明季：趋同与辨异》，商务印书馆2012年版，第238—403页。

②徐海松：《清初汤若望的"通天"角色与西学东渐》，载《杭州师范学院学报》1998年第1期。

臣"格君心"的角度出发,他在朝堂之上公开指责利玛窦"天主之说"为"异端",认为汤若望的"西洋火器"等是以"奇巧惑君心":"汤若望,西番外夷,向来唱邪说以鼓动人心,已不容于圣世。今又创为奇技淫巧以惑君心,其罪愈不可挽。乞皇上放还彼国,以永绝异端,以永遵吾中国礼教冠裳之极。"[1]

总之,刘宗周就是一位"在最没有条件进行深刻的哲学反思的那种氛围中成长出来的一个大思想家"[2]。刘宗周作为思想家,即便是处在"最动乱、最悲愤、忧患意识最强的"境况之下,也没有一刻放弃自己反省、思考和实践的义务与权利,即"未尝一日废思";"即是在人最阴暗、最无可奈何、最糟糕的环境里","发现并且借此来证明人性的光辉"[3]。

---

[1]《刘宗周全集》第3册,第235页。

[2]杜维明、东方朔:《杜维明学术专题访谈录:宗周哲学之精神与儒家文化之未来》,复旦大学出版社2001年版,第16页。

[3]杜维明、东方朔:《杜维明学术专题访谈录:宗周哲学之精神与儒家文化之未来》,复旦大学出版社2001年版,第18页。

刘
宗
周
坎
坷
的
人
生
经
历

　　刘宗周，字起东，号念台，学者称念台先生，浙江省绍兴府山阴县水澄里人。水澄刘氏系汉长沙定王刘发之后。宋代退翁先生刘礼，迁徙至江西庐陵定居。其四传为扬州别驾刘廷玉。刘廷玉生文质（1282—1331），刘文质以才辟浙江山阴县幕官，始迁居山阴水澄里，成为山阴县人，是为"始迁山阴之祖"①。刘文质生瑞吉（1302—1339），瑞吉生子芳（1335—1408），子芳生谨（1369—1433），谨生玘（1403—1482），玘生铎（1427—1472），铎生济（1447—1533）。刘济生刘概（1499—1576），刘概为刘宗周曾祖父，因曾孙刘宗周而获赠都察院左都御史加太子太保。刘概生刘埻（1525—1605），字仲厚，号兼峰，是为刘宗周祖父，以妻陈氏早卒，鳏居，秉义终身，因刘宗周而被加封为都察院左都御史加太子太保。刘埻生三子，长

子刘坡（1548—1577），即刘宗周父亲，字汝峻，号秦台[1]，年三十而亡，先封通议大夫顺天府府尹，后又封资善大夫都察院左都御史，进阶荣禄大夫加太子太保；刘宗周母即刘坡妻章氏（章为淑），因守节而被表彰。

刘宗周是遗腹子，生于明神宗万历六年（1578）春正月二十六日卯时[2]。刘宗周初名宪章，字宗周，因其在应童子试时，纳卷者误以字为名，此后便以宗周为名，更字起东（一作"启东"），号蕺山长[3]、蕺山长者、读易小子、克念子[4]、秦望、望中山人、还山主人、山阴废士等，后学尊称为蕺山先生、蕺山刘子、子刘子等。

据刘汋《蕺山刘子年谱》记载，万历十二年（1584），刘宗周始就塾读书，师从赵公某。万历十三年，从季叔秦屏公习《论语》。万历十四年，从学于族舅章公某。万历十五年，母章氏因家贫不能为刘宗周具束脩，便命刘宗周师从外祖父南洲公章颖。万历十七年，因章颖仲子萃台公任教于寿昌[5]，章颖携刘

---

[1] 刘宗周别号"念台"，即是思念、怀念未曾谋面的父亲"秦台"而有。刘汋《蕺山刘子年谱》云："先生长而念秦台公之不及见也，别号'念台'以志痛。学者称念台先生。"（《刘宗周全集》第6册，第53页）

[2] 刘宗周卒于南明福王弘光元年即清顺治二年闰六月初八（1645年7月30日），年六十八。

[3] 刘宗周外祖家于蕺山之麓，刘宗周本人曾在蕺山书院讲学，故称"蕺山长"。

[4] 刘汋《蕺山刘子年谱》云："（刘宗周）晚年更号克念子，励学也。"（《刘宗周全集》第6册，第53页）

[5] 寿昌，位于今浙江省杭州市建德市西南部。

宗周至寿昌从舅氏读书。

万历二十二年至二十三年（1594—1595），刘宗周在师从章颖的同时，读书于章又玄家，还一度师从鲁念彬，习举子业。万历二十四年，刘宗周移馆于章稷峰家，师从族舅章斗山。是年秋八月，刘宗周奉命完婚，迎娶母族子女章氏①。万历二十五年春，刘宗周补绍兴府学生；八月参加浙江乡试，中第四十二名，为举人。

万历二十九年（1601）春，刘宗周中会试三甲一百二十九名，赐同进士出身。然而放榜后，听闻家母章氏不幸病逝，刘宗周遂回乡丁忧。万历三十一年，刘宗周经浙江仁和学者陈植槐介绍②，赴德清寻访"一代名儒"许孚远并师从之，而后"致力于主敬"。

万历三十二年（1604）六月，刘宗周入京任行人司行人。万历三十三年三月，因祖父兼峰公刘焞年老，辞官回乡为祖父养老。③同年，祖父、外祖父相继病逝，因父母已亡，刘宗周代父母丁忧。

---

① 《刘宗周全集》第6册，第58页。

② 陈植槐对刘宗周母亲的"贞节"亦赞叹有加，作有《刘母贞节歌（有序）》（《刘宗周全集》第6册，第625—626页）。其序文对陈植槐介绍刘宗周与许孚远结识，有这样的说明："余不佞，获于越太守刘公所接，起东君（刘宗周）时乞恩旌节，一字一泪，凄凄然哀动四筵也。已而辱与交，且为介绍，谒德清左司马许敬庵先生。先生为作传，备载笔之。"

③ 《明神宗实录》卷四百七"万历三十三年三月壬寅条"载："行人刘宗周疏乞终养，下吏部复议。许之。"

对于刘宗周在万历三十三年（1605）致仕告归的缘由，黄宗羲《子刘子行状》文有云："当庆元（沈一贯）枋国，方兴楚宗妖书之狱，以陷君子。先生草疏劾庆元。同年生见之曰：'君亦曾为老亲计乎？'先生默然，深念者数日，遂请终养。寻丁兼峰忧，毁瘠而病，病愈亦不出，居家七年。"①据此可知，刘宗周万历三十三年致仕之因，除了奉养祖父一事外，还在于看不惯以辅臣沈一贯为首的浙党陷害君子（东林学人），草拟奏疏时，念及家中亲人。

万历三十九年（1611）八月，阁臣叶向高、吏部尚书孙丕扬、浙江巡抚高举和巡按王弘基交相推荐刘宗周。刘氏起复原官，补任行人司行人。

万历四十年（1612）三月，刘宗周至京师任职。万历四十二年正月，他以群小在位，告病归。此次任职行人司，刘宗周最主要的一件差事就是于万历四十年四月至四十一年三月间，奉命充副使前往江西册封益藩。万历四十一年四月还京师复命，拜《敬循使职谘陈王政之要恳祈圣明端本教家推恩起化以裨宗藩以保万世治安疏》，并言及皇太子朱常洛"储位未定"一事，涉及"国本之争"。②万历四十一年十月，刘宗周拜疏《修正学以淑人心以培国家元气疏》，为东林党鸣冤正名。③

至于万历四十二年（1614）刘宗周"告病归"之因，刘士

---

① 《刘宗周全集》第 6 册，第 2 页。
② 参见《刘宗周全集》第 3 册，第 4—17 页。
③ 参见《刘宗周全集》第 3 册，第 18—20 页。

林《蕺山历任始末》有云，先前"顾端文宪成、高忠宪攀龙等讲学东林书院，以名教是非为己任。适淮抚李三才罹墨榜，谗邪之言辐辏，指摘东林，欲立奸党碑。先生（刘宗周）大为国是忧，上书陈本末，群小畏恶之，遂飞章攻先生，先生告病归"①。总之，因群小在位，党争事起，志不得申，刘宗周告假归乡，阖门读书。恢复学者身份的刘宗周，自此七年未入朝堂。在此期间，刘宗周完成了《论语学案》和《曾子章句》的撰写。

天启元年（1621）三月，因邹元标、给谏惠世扬、御史方震孺、张慎言举荐，刘宗周升任礼部仪制清吏司添注主事。十月十六日，至京师任职。任职礼部第九日，刘宗周就拜《感激天恩敬修官守恳乞圣天子躬礼教以端法宫之则以化天下疏》，弹劾宦官魏进忠、保姆客氏"出干朝政"②。十一月，刘宗周再拜《参正孔庙祀典以尊万古师道疏》③。因御史董翼请启圣祠，增祀孔子皇祖防叔、王父伯夏，刘宗周不同意此举，乃有是疏之拜。天启二年春二月，刘宗周拜疏《亟申讨罪之法以遏敌氛以扶国运疏》，请诛辽阳、广宁失律诸臣。④五月，奉命焚《会试录》于南京明孝陵。

刘宗周在任职礼部的五个月时间里，数上书言国是，"直声

---

① 《刘宗周全集》第6册，第541—542页。
② 《刘宗周全集》第3册，第21页。
③ 参见《刘宗周全集》第3册，第25—27页。
④ 参见《刘宗周全集》第3册，第28—30页。

震中外"①。这既为日后刘宗周屡次获得崇祯帝、福王的赏识作好了铺垫，也为日后三次被革职为民埋下了伏笔。

从天启二年（1622）六月到天启三年九月，刘宗周"一岁三迁"。尤其是天启三年五月至九月间，刘宗周连续两次升迁，即升尚宝司少卿、太仆寺添注少卿。刘宗周以不合乎道义为由，拜疏力辞。因朝中宦官魏忠贤、保姆客氏把持大权，专权乱政日益严重，士大夫又忙于竞进，不知国之根本所在，刘宗周便在天启三年九、十月间，连续三次拜疏，以病为由辞官。十一月，朝廷同意刘宗周告病回籍。

天启四年（1624）九月，因吏部尚书赵侪鹤举荐，刘宗周被起用为通政使司右通政。部檄至时，刘宗周仍居家养病，并未赴京上任通政使司右通政一职。

当时，杨涟以二十四大罪上疏弹劾逆阉魏忠贤，魏忠贤怒。尽管未就职，刘宗周仍于十一月连上三疏：一疏力辞右通政一职②；一疏申理东林诸君子，发明忠邪之介；一疏参劾魏忠贤、客氏误国大罪。③由此，刘宗周开罪了逆阉。天启五年（1625）二月，刘宗周被阉党构陷，革职为民，并追夺诰命。

因党祸大起，东林诸君子被害，刘宗周将精力置于治学之上，开始在韩山草堂读书，并作《孔孟合璧》。在经历挚友黄尊素被捕事件后，刘宗周学术思想发生了重大转变，开始深受王

---

① 《刘宗周全集》第6册，第77页。
② 参见《刘宗周全集》第3册，第45—46页。
③ 后二疏，被人扣下，未上报天启帝。

阳明良知学说的影响。

明熹宗于天启七年（1627）驾崩后，其弟信王朱由检即位，改次年为崇祯元年（1628）。朱由检即位后，阉党尽诛，党禁解除，复还被削夺诸臣（东林诸君子）的官诰，其中包括于天启五年被"革职为民，追夺诰命"的刘宗周。

崇祯元年（1628）十一月，给谏黄承昊、南铨曹臧照如举荐刘宗周复官，旋奉旨起用，升任顺天府府尹。

崇祯二年（1629）正月，因高攀龙等东林诸君子受难而自己不但存活且"身叼新命"，刘宗周觉得愧对友朋，故而前后拜《恭承新命久病不能赴任恳乞圣恩俯容以原官致任以全晚节疏》《臣病万难赴任再恳天恩俯容在籍调理以图后效疏》请辞[1]，崇祯帝不允。九月，至京师任职。

顺天府府尹（当时亦称为京兆尹）为京师的最高地方行政官员，系正三品。按照常理，管理京畿事务的府尹之职系重要职务，然而明朝在设立顺天府府尹一职时，取法前朝（元），"重之以抚按，分隶之以五城御史"。也就是说，顺天府府尹一职在明朝是优游养尊的闲职。信奉儒家入世理念的刘宗周在上任后，决意恢复古京兆职之功效，即"大者击断贵戚，小者翦戮豪强"，便拜疏请修京兆职掌，以重事权，要之以久任。[2]但是，该奏疏并未获崇祯帝批复。

---

[1]《刘宗周全集》第3册，第49—52页。
[2]《刘宗周全集》第6册，第87页。

尽管如此，刘宗周还是打算在京兆尹一职上有所作为，上任伊始就拜谒文庙，并与儒者会面，以探讨学问，鞭策其言行。同时，向基层官员咨询地方利弊，按律处置大兴、宛平奸吏贪腐之案，"下令禁勋戚家人不法及巨滑舞文触禁、横行长安（京师）者"。上述诸事，足以说明刘宗周治世之决心。

崇祯二年（1629）冬，后金军入关，围攻京城，京畿混乱，人心惶惶。"作为地方官"的刘宗周，"以民生为急、内忧为先"，抱着"义当与城共存亡"的决心，采取立保甲法、设粥赈济难民、恤军、安士心等一系列措施，以维持京城社会秩序。正如论者所言："（刘宗周）在围城中，一以忠贞謇谔之风感动上下，地方赖以无恐。"①京师解围后，先生又拜疏善陈地方善后事宜。

崇祯三年（1630）九月，刘宗周请告归籍。归乡后，刘宗周与陶石梁成立证人社，主持讲学。由于刘宗周（重功夫）与陶石梁（识本体）学术路径的差别，证人社后来出现了分裂。刘宗周的"慎独"学说是其讲学的主要内容，《第一义说》《圣学宗要》《人谱》《五子连珠》等在其讲学时先后完成。

崇祯八年（1635）七月，刘宗周再获起用，十月，至京师。崇祯九年正月，因召对不甚合上意，任工部左侍郎（少司空）。时首辅温体仁倾侧事上，乱政错出，复修党人之隙，将启门户之争。六月，刘宗周请告回籍。在途中上疏陈时事，弹劾温体

---

① 《刘宗周全集》第6册，第92页。

仁。九月初八，被革职为民。这是刘宗周政治生涯中第二次被革职为民。

在此之后的几年里，刘宗周开始以"诚意"为学术思想的主旨，对《中庸》《大学》《太极图》等著作表现出极大的关注，"慎独""诚意"学说达到成熟阶段。《阳明传信录》《古小学通记》等，是刘宗周在这一时期的主要著作。

崇祯十四年（1641）九月，刘宗周获特旨起用，改任吏部左侍郎（少宰）。

先前，刘宗周于崇祯九年（1636）遭罢官、革职，而此次特旨起用主要与崇祯帝对刘宗周官德、人品的认可有关。黄宗羲《子刘子行状》载："十四年，起吏部左侍郎。上（崇祯）知先生而温体仁害之。体仁去后，薛国观传其衣钵。国观以罪死。上念先生者久之。适会推少宰，上意不属，临朝而叹，谓大臣如刘宗周清正敢言，廷臣莫能及也。罢朝，遣文书官传谕吏部而用之。"①然而，刘宗周实未上任吏部。

崇祯十五年（1642）五月，刘宗周启程赴京。八月，升任都察院左都御史（总宪）。十月，至京师上任。

闰十一月，给事中姜埰、行人司熊开元上疏，论列首辅周延儒奸邪贪黩，获罪下诏狱。刘宗周因召对力救姜、熊二人，并当面弹劾周延儒，触怒崇祯帝。崇祯责其偏党，传旨下法司治罪。时辅臣蒋德璟奏刘宗周年老，请上宽宥，遂改为革职归

---

① 《刘宗周全集》第 6 册，第 20 页。

里。这是刘宗周政治生涯中第三次被革职为民。

崇祯十七年（1644）三月，李自成攻破京城，崇祯帝投缳殉社稷，史称"甲申之变"。五月，福王监国南京，改元弘光，诏起刘宗周复原官即都察院左都御史，晋荣禄大夫加太子太保。

八月初六，刘宗周上任。当时，四大藩镇高杰、刘泽清、黄得功、刘良佐狡黠跋扈、拥兵自重；勋臣刘孔昭、柳昌祚，阁臣马士英，逆案阮大铖朋党误国乱政，对国难君难竟置之不理。刘宗周拜疏弹劾之，群奸各以奏疏攻击刘宗周。刘宗周以国势日促不可挽回、忝列大臣、义难受辱为由，拜疏请辞。

从八月初六上任到九月十一日固辞，刘宗周在南明弘光朝出仕仅月余。

福王弘光元年即清顺治二年（1645）五月，清兵攻陷南都，福王被杀，诸大帅尽散。六月，潞王投降。闰六月初八，刘宗周绝食而亡。

顺治二年（1645）六月二十五日，清朝曾下旨召刘宗周为官。刘汋将征书讯息告知绝食经旬的刘宗周，刘宗周曰："吾所以隐忍至今者，以熊汝霖诸君不忘明室故。今已矣，吾止尽今日之事。"与此同时，口授答书如下：

　　遗民刘宗周顿首启：国破君亡，为人臣子，惟有一死。七十余生，业已绝食经旬，正在弥留之际。其敢尚事迁延，遗玷名教，取讥将来？宗周虽不肖，窃尝奉教于君子矣。若遂与之死，某之幸也。或加之以铁钺焉而死，尤某之所甘心也。谨守正以俟。口授荒迷，终言不再。①

翌日，刘汋奉父命，录书交付使者，并将未启封的征书原件奉还。在明确、坚决拒绝清廷征召以示不做"贰臣"之后，刘宗周加速了自己"绝粒"的进程，"自此勺水不入口"。

闰六月初八，刘宗周卒。前后绝食二十日，勺水不入口十三日，卒犹不瞑。

---

① 《刘宗周全集》第6册，第482—483页。

第二章

刘宗周的哲学思想

刘宗周有着儒家学者不屈的傲骨，坚定践行儒家政治理念，有着为国献身的高尚节操，传统儒家的学术思想指导着他的言行。当朝中宦官专权、党争不断之时，他敢于抨击朝中乱象，从不因遭到贬谪而止步不前，这是由坚定的政治理念所指引的。同时，在他身上，可以看到古代文人的清高。无法认同王朝政权之时，坚定地选择辞官归隐，以保持己身清白，这印证了文人道不同不相为谋的气节，也证明刘宗周秉持并践行儒家的出世入世观。刘宗周的志节品行源于其对儒家求仁证性之道的追寻，其最终形成了"慎独""诚意"之学。他一生不停地倡导慎独之学，还坚定地践行慎独之学，最终的殉节就是其对孔孟仁义之道的坚定践行。

刘汋《蕺山刘子年谱》是这样记载刘宗周学术思想的演变过程的："先君子（刘宗周）学圣人之诚者也。始致力于主敬，中操功于慎独，而晚归本于诚意。诚由敬入，诚之者人之道也。"循此思路，刘宗周师从许孚远而有"致力于主敬"，在与东林党人切磋学问的过程中"从事治心之功"，在创办证人书院后则以"慎独""诚意"为"千圣学脉"。"慎独""诚意"是刘宗周儒家哲学体系的核心范畴，"慎独""诚意"包括"主敬"，这三者之间是有"一以贯之"之"道"统摄并贯穿始终的。

一、师从许孚远："致力于主敬"

据《蕺山刘子年谱》记载，万历三十一年（1603）三月，刘宗周奉旨表彰母亲章氏贞节。八月，刘宗周为母章氏请写传记，经陈植槐介绍赴德清恳请许孚远撰写《贞妇传》。《贞妇传》文末，许孚远以"敬身之孝"鼓励刘宗周："使念念不忘母氏艰苦，谨身节欲，一切世味不入于心，即胸次洒落光明，古人德业不难成。传所谓求忠臣于孝子之门，乃刘子所以报母氏于无穷也。"①刘宗周对此亦终身不忘。

与此同时，刘宗周开始受业于"学宗紫阳"的"敦笃真儒"——许孚远②。刘宗周问"为学之要"，许孚远告之以"存天理，遏人欲"。自德清归家之后，刘宗周开始深研圣贤之学，终日端坐读书。其认为儒学之道在于"敬"，而要实现"敬"，应该从整齐严肃开始。从容貌言语到行为处事，思虑之间，一切细心谨慎，以期实现"存理遏欲"。在日常起居之中，每有私心起，刘宗周必定自省克制，直到明白欲为何而起，以及此后又该如何行事。刘宗周有言："吾心于理欲之介非不恍然，古人复从而指之曰此若何而理，彼若何而欲，则其存之遏之也，不亦恢恢有余地乎？"③据此可知，此时的青年刘宗周对理欲之辨也是有深刻体悟的。

万历三十二年（1604）三月，刘宗周守孝完毕，自绍兴赴京谒选，途经德清，请见许孚远。此时，许孚远与刘宗周论"为学不在虚知，要归实践，因追溯平生酒色财气分数消长，以自考功力之进退"④。刘宗周亦将其牢记于心，时时、事事检讨并省察自身。黄宗羲编、刘宗周著的《师说》最后一条即"许孚远"，其云："余尝亲受业许师，见师端凝敦大，言动兢兢，

① 《刘宗周全集》第6册，第61—62页。

② 《刘宗周全集》第6册，第61页。

③ 《刘宗周全集》第6册，第62页。

④ 《刘宗周全集》第6册，第62—63页。

俨然儒矩。其密缮身心，纤悉不肯放过，于天理人欲之辨，三致意焉。尝深夜与门人子弟辈宵然静坐，辄追数平生酒色财气、分数消长以自证，其所学笃实如此。"①据此可知，许孚远在刘宗周心目中的崇高地位与不朽形象。

万历三十三年（1605）夏，刘宗周疏请终养，由京师返归绍兴途中得知业师许孚远去世的音讯②，旋往德清哭奠尽哀。许、刘之间的师生情谊之深，于此可见。

对于刘宗周师事许孚远的经过，董玚《刘子全书抄述》这样记述：

> （万历）二十六年癸卯三月，（刘子）师事许敬庵先生，于德清同门者为长孺丁氏、恭定冯氏，而次年甲辰三月赴京，又明年五月至自京，而先生已卒。计三年中，止二十六月，又去家十五月，而"存理遏欲，求忠臣于孝子之门"语，终身守之。③

黄宗羲《子刘子学言》录有刘宗周万历四十八年（1620）前的一条为学语录，其中即以"主敬"一语为"千圣相传心法"：

---

① 《黄宗羲全集》第7册，第22页。
② 许孚远卒于万历三十二年（1604）七月，时刘宗周在京师，交通音讯不便，故而刘宗周得知许孚远卒讯是在致仕归家路经德清之时。
③ 《刘宗周全集》第6册，第688页。

吾人有生以后，此心随物而逐，一向放失在外，不知主人翁在何处。一旦反求，欲从腔子内觅归根，又是将心觅心，惟有一敬为操存之法，随处流行，随处静定，无有动静显微前后巨细之歧，是千圣相传心法也。学者由洒扫应对而入，至于无众寡、无大小，只是一个工夫。①

由此可以推定，万历庚申年前，在刘宗周的思想世界中，"主敬"是其为学之圭臬。

许孚远对刘宗周的影响是终身的。福王弘光元年（1645）刘宗周绝食殉国前，仍以"主敬"工夫语门人，曰："为学之要，一诚尽之矣，而主敬其功也。敬则诚，诚则天。若良知之说，鲜有不流于禅者。"②无怪乎，刘士林有"（刘宗周）生平以学业推服者，许恭简公一人而已"③的论断。

二、与东林党人切磋："从事治心之功"

刘汋《蕺山刘子年谱》载："（刘宗周）生平为道交者，惟周宁宇（周应中）、高景逸（高攀龙）、丁长孺（丁元荐）、刘静之（刘永澄）、魏廓园（魏大中）五人而已。"④黄宗羲《子刘

① 《黄宗羲全集》第1册，第264页。
② 《刘宗周全集》第6册，第37页。
③ 《刘宗周全集》第6册，第607页。
④ 《刘宗周全集》第6册，第67页。

子行状》称："先生（刘宗周）不妄交，其平生希声慕义于先生者满天下。所称性命之友，则周宁宇、高忠宪（高攀龙）、丁长孺、刘静之、魏忠节（魏大中），先忠端公（黄尊素）六人而已。"①

对于东林诸人，刘宗周在《修正学以淑人心以培国家元气疏》中有言："夫东林云者，先臣顾宪成倡道于其乡，以淑四方之学者也。从之游者，不乏气节耿介之士，而真切学问如高攀龙、刘永澄，其最贤者。"②

万历三十九年（1611）夏，刘永澄乞归省亲，经过杭州时邀请刘宗周于西湖论道。刘宗周应约，自绍兴渡江来会，二人有六年未见，便以各自近年力学所得相与切磋、体证。此时，朝中党派论争初起，刘永澄对此多有怨言。已归隐家居多年的刘宗周见状，曰："此进而有位之事也，吾辈身在山林，请退言其藏者。"这一言辞表明了刘宗周对于党争的看法。他认为，在其位则谋其政，既然已经退居山林，其关注点便应该放在其他方面。因此，刘宗周与刘永澄论证孔孟求仁之旨，析主静之说，辨修悟之异同，三日不断。刘宗周自万历三十六年夏起，便因染病而卧床三年，遂专事习静，故而多以存养之功与刘永澄交流。刘永澄听罢，一时爽然自失，曰："予学犹未乎！"后又对刘宗周之论提出质疑："子所论说，第险耳！如蹑悬崖，几难试

---

① 《黄宗羲全集》第1册，第257—258页。
② 《刘宗周全集》第3册，第18页。

一武。"刘宗周听后，开始对自己的学术观点进行反省。①

从刘宗周与刘永澄的这次会面中，可以看出刘宗周此时仍旧沿袭许孚远所传授的"存理遏欲"之说。因长期卧病在床，其将克己之道转变为主静之说以提高自身修养，期冀成就圣王之学。由此可见，刘宗周的学术思想在不断地发生转变。刘永澄对其学说的质疑，是之后促成其思想转变的一个因素。

刘永澄在这次西湖之会上，还与刘宗周提到当时倡道东南、讲学东林的顾宪成、高攀龙，这也为次年刘宗周往京师复职途中转道梁溪拜会高攀龙埋下了伏笔。

万历四十年（1612）正月，刘宗周从绍兴赴京师复任行人司行人，途经无锡梁溪。因刘永澄、丁元荐的引荐，访高攀龙于东林书院，相与切磋学问。高攀龙"学宗程朱"，刘宗周此时亦不喜象山、阳明之心学。因此，二人相互论证、相谈甚欢，遂结为"莫逆之交"。稍后，刘宗周有《问学三书》与高攀龙，第一书论"居方寸"，第二书论"穷理"，第三书论"儒释异同"与"主敬之功"。

令人奇怪的是，与"学宗程朱"的高攀龙相会之后，刘宗周的为学路向发生了变化：不但未能沿着程朱之学路数向外穷理，却自此"益反躬近里，从事治心之功"②。这可能与过去三年刘宗周在病榻之上以存养之功"习静"有关。刘宗周此次途

---

①参见《刘宗周全集》第6册，第65—66页。

②《刘宗周全集》第6册，第67页。

经无锡，本打算由高攀龙介绍与另一位东林巨擘顾宪成见面，但是因顾宪成病逝而未能达成所愿。

刘宗周起复后，因神宗不理朝政，朝中宦官弄权，政治理念无法实现，便奏请归乡，自此闭门读书。万历四十二年（1614），刘宗周悟"天下无心外之理，无心外之学"，遂作《心论》，进而提出"只此一心，散为万化，万化复归一心"的心学论纲。[1]

由此可见，刘宗周的学术思想在万历四十二年（1614）发生了巨大转变，开始由理学转向心学。刘宗周所在的江浙地区是受阳明学影响最大的地区之一，当地学者无论是否信奉阳明学说，在治学过程中都会受其影响，刘宗周也不例外。这由其作《心论》一书就可见一斑。正是在与程朱学派学者的论辩中，刘宗周对程朱理学认识得越加清楚，更能够发觉其理论缺陷，因而将目光转向阳明心学，以寻求更为可靠地实现圣王之道的途径。在与高攀龙的学术论辩中，刘宗周一步步找到自己寻求的"道"在于"心"，愈加坚定了去除程朱理论弊端的学术信念。

至熹宗继位后，高攀龙、邹元标等复出任职。刘宗周经邹元标等举荐，出任礼部仪制司添注主事。[2]此时，刘宗周、高攀龙同在京师任职，故而二人在公事之余，就学问事时有切磋与

---

① 参见《刘宗周全集》第4册，第333页。
② 《刘宗周全集》第6册，第73—74页。

交流。刘汋《蕺山刘子年谱》有"暇日必过高（攀龙）先生论道，欣然移日"①之语。

天启四年（1624），杨涟以二十四大罪上疏弹劾逆阉魏忠贤，导致钩党之祸蔓延天下，东林诸君子或被诛杀，或被罢官。刘宗周曾遗书高攀龙，言及《吊六君子赋》之事。高攀龙晓得刘宗周之举后，答书曰："此何异公子无忌约宾客入秦军乎？杜门谢客，此是正当道理。彼欲杀我，岂杜门所能免？然即死，是尽道而死，非立岩墙而死也。大抵道理极平常，有一毫逃死之心固害道，有一毫求死之心亦害道。想公于极痛愤时，未之思也。"②刘宗周接受了高攀龙的建言，一意韬光养晦，即"辍讲（解吟轩会讲）遁迹"。

天启六年（1626），魏忠贤矫旨再次追捕高攀龙、周起元、缪昌期、周顺昌、周宗建、李应升、黄尊素等东林学人。闻讯，高攀龙自沉水而亡。缇骑至姑苏逮捕周顺昌之时，士民激愤，殴杀缇骑一人，余党鼠窜。

惠世扬被逮后，因其曾在天启元年（1621）举荐刘宗周复出任职礼部，刘宗周亦被波及。因此，当逆阉缇骑至浙江抓黄尊素之时，一时误传要抓刘宗周，刘氏家人闻讯后惶恐不安。已将生死置之度外的刘宗周安慰家人："毋恐。第安坐待之。"③第二日，才知缇骑要抓的是黄尊素。事后，刘宗周告诫

---

① 《刘宗周全集》第6册，第77页。

② 《刘宗周全集》第6册，第6页。

③ 《刘宗周全集》第6册，第82页。

弟子："吾生平自谓于生死观打得过，今利害当前，觉此中怦怦欲动，始知事心之功未可以依傍承当也。"①

其实，天启六年（1626）刘宗周本人曾自料难逃此劫，在相传欲逮文震孟、姚希孟、刘宗周三人之时，也作出了最坏的打算：以子刘汋托之门人陈尧年（尧年携之武林），又以生平著述分赠友人。"自天佑之，吉无不利"，先是惠世扬"辞连案"，同乡御史王业浩力救化解，后因吴中市民杀校事件，京师复有王恭厂火药之变，逆阉亦惧怕"民变"，自此缇骑不敢南下。结果刘宗周化险为夷，逃过"逆阉之劫"。

在此番与高攀龙的交流中，可以看出刘宗周的生死观。他看淡生死之事，践行了儒家学者为道而死的崇高理念。但当自己真正面对生死之时，刘宗周亦惴惴不安，这使他认识到了"事心之功"的不足之处，并开始进一步的学术探索。

崇祯元年（1628），魏忠贤伏法，"党禁"解除。九月，刘宗周裹粮渡江，遍吊蒙难诸君子之丧。在无锡高攀龙府中，高攀龙之子将其父《遗表》及《别友人书》交给刘宗周。后者有"仆得从李元礼、范孟博游矣。一生学力到此亦得少力。心如太虚，本无生死，何幻质之足恋乎"之语。刘宗周《书先生贴后》，有对高氏生死观的阐述：

　　　　阅先生遗表及别友人书，见先生到头学力。顾其言，

---

① 《刘宗周全集》第6册，第82页。

各有攸当，弗得草草看过。告君曰"愿效屈平遗则"，不忘君也。告友人曰"得从李范、游"，不负友也。盖以数子之义，自审其所处则然，而非果以数子自况也。至云"心如太虚，本无生死"，先生心与道一，尽其道而生，尽其道而死，是谓无生死，非佛氏所谓无生死也。往岁尝遗余书曰："吾辈有一毫逃死之心固害道，有一毫求死之心亦害道。"此金针见血语，求先生于死生之际者，当以此为正。又先生处化时，端立水中，北向倚池畔，左手奉心，右手垂下，带口不濡勺水，人多异之。先生平日学力坚定，故临化时做得主张，亦吾儒常事。若以佛氏临终显幻之法求之，则惑矣。余惧后之学先生者浅求之东汉人物，又或过求之二氏，孤负先生临岐苦心，特表而出之。①

刘宗周绝粒易箦之时，张应鳌侍侧而问曰："今日先生与高先生丙寅事相类。高先生曰：'心如太虚，本无生死。'先生印合何如？"刘宗周曰："微不同。非本无生死，君亲之念重耳。"②

对于刘宗周与高攀龙之间的学术分歧，黄宗羲以为还是在"儒佛之辨"上。《明儒学案·蕺山学案》"案语"有这样的记载：

---

① 《高子遗书》卷十二《附录》，文渊阁《四库全书》本。
② 《刘宗周全集》第 6 册，第 38 页。

今日知学者，大概以高、刘二先生并称为大儒，可以无疑矣。然当《高子遗书》初出之时，羲（黄宗羲）侍先师于舟中，自禾水至省下，尽日翻阅，先师时摘其阑入释氏者以示羲。后读先师《论学书》，有《答韩位》云："古之有朱子，今之有忠宪先生，皆半杂禅门。"又读忠宪《三时记》，谓："释典与圣人所争毫发，其精微处，吾儒俱有之，总不出'无极'二字；弊病处，先儒具言之，总不出'无理'二字。"其意似主于无，此释氏之所以为释氏也。即如忠宪正命之语，本无生死，亦是佛语，故先师救正之，曰："先生心与道一，尽其道而生，尽其道而死，是谓无生死，非佛氏所谓无生死也。"忠宪固非佛学，然不能不出入其间，所谓大醇而小疵者。若吾先师，则醇乎其醇矣，后世必有能辨之者。[1]

刘宗周、黄宗羲师徒二人以为高攀龙之朱子学已经杂入禅学，非儒门圣学之"醇"者。这也是刘宗周对高攀龙"生死之说"不尽认同的缘由之所在。

"君子和而不同"，尽管刘宗周在学术上与东林学者有切磋，还与高攀龙并称为"明季二大儒"，但是刘宗周本人并非完

①王维和、张宏敏编校：《〈明儒学案〉〈宋元学案〉之黄宗羲案语汇辑》，杭州出版社2012年版，第207页。

全认同东林学人的学术主张，曾有"顾宪成之学，朱子也，善善恶恶，其弊也必为申、韩，惨刻而不情"①之论。故而有学者称"先生之学，切磋于东林而别启津梁"②，这一论断也是合乎事实的。

"切磋于东林"是指刘宗周师法许孚远之"主敬"工夫，以之同"学朱子者"的东林学人相交流。"而别启津梁"之语，是指在天启五年（1625）之后，刘宗周的学术宗旨已经逐步脱离理学、转向心学而有"慎独"之旨，进而对东林之学亦渐有批判。

刘宗周自始至终对顾宪成的"朱子学统"持有一种批判的学术态度。其在万历四十一年（1613）所拜《修正学以淑人心以培国家元气疏》中明论："顾宪成之学，朱子也，善善恶恶，其弊也必为申、韩，惨刻而不情。佛、老之害，自宪成而救，臣惧一变复为申、韩，自今日始……虞廷之授受曰'中'，而孔门得之，以为传心之要法，万世学者准之。斯则有进于东林者矣。"③可见，刘宗周对东林朱学的弊端与理论缺陷有着清楚的认识，也正是在与东林学人的切磋之中，刘宗周在天启五年（1625）之后正式提出了"慎独"的为学宗旨。

---

① 《刘宗周全集》第3册，第20页。
② 《刘宗周全集》第6册，第725页。
③ 《刘宗周全集》第3册，第20页。

三、创办证人书院：以"慎独""诚意"为"千圣学脉"

《子刘子行状》云："忠宪、忠介、恭定既没，讲学中绝，先生始有证人社之会。"在东林学人讲学中坚高攀龙、邹元标、冯从吾卒世后，即继东林书院、首善书院之后，刘宗周于崇祯四年（1631）与浙中王门三传陶奭龄合创证人社，招募门人，联合开展会讲活动。对于刘宗周与陶奭龄合办的证人社，《明史》《四库全书总目提要》等皆有记载。

史书云："越中自王守仁后，一传为王畿，再传为周汝登、陶望龄，三传为陶奭龄，皆杂于禅。奭龄讲学白马山，为因果说，去守仁益远。宗周忧之，筑证人书院，集同志讲肄。且死，语门人曰：'学之要，诚而已，主敬其功。敬则诚，诚则天。良知之说，鲜有不流于禅者。'"①

《四库全书总目·圣学宗要、学言》云："宗周生于山阴，守其乡先生之传，故讲学大旨，多渊源于王守仁。盖目染耳濡，其来有渐。然明以来讲姚江之学者，如王畿、周汝登、陶望龄、陶奭龄诸人，大抵高明之过，纯涉禅机。奭龄讲学白马山，至全以佛氏因果为说，去守仁本旨益远。宗周独深鉴狂禅之弊，筑证人书院，集同志讲肄，务以诚意为主，而归功于慎独。其临没时，犹语门人曰：'为学之要，一诚尽之，而主敬其功'也

---

① 《刘宗周全集》第6册，第517页。

云云。盖为良知末流深砭痼疾，故其平生造诣，能尽得王学所长，而去其所短。"①

崇祯五年（1632），因在"本体工夫之辨""儒佛之辨"的学术观点上有异，刘宗周、陶奭龄合办的证人社会讲出现了分歧。黄宗羲《子刘子行状》云："证人之会，石梁与先生分席而讲，而又为会于白马山，杂以因果僻经妄说，而新建之传扫地矣。石梁言'识得本体，不用工夫'，先生曰：'工夫愈精密，则本体愈昭荧。今谓既识后遂一无事事，可以纵横自如，六通无碍，势必至为无忌惮之归而已。'其徒甚不然之，曰：'识认即工夫，恶得少之？'先生曰：'识认终属想象边事，即偶有所得，亦一时恍惚之见，不可据以为了彻也。其本体只在日用常行之中，若舍日用常行，以为别有一物可以两相凑泊，无乃索吾道于虚无影响之间乎？'"②

总之，崇祯五年（1632），证人社内部出现分歧。拥护陶奭龄者，以"识得本体，不用工夫"为主旨，在白马山房开展会讲。刘宗周则建言官府，在尹和靖祠堂原址，重建绍兴古小学，开办证人书院，继续宣讲"慎独"之学、"诚意"之教。

---

①四库全书研究所整理：《钦定四库全书总目》（整理本），中华书局1997年版，第1230页。

②《刘宗周全集》第6册，第42—43页。

"慎独"与"诚意"分别代表着刘宗周中年、晚年的学术宗旨。天启五年（1625），在解吟轩与诸生会讲之时，刘宗周正式提出了自己的"慎独"学说。崇祯九年（1636）后，刘宗周在中年所主"慎独"之说的基础上，专举"立诚"（"诚意"）之旨，将"慎独"放在第二位。其实，"慎独"与"诚意"是不可分的，"慎独"更注重本体，"诚意"则更注重本体之意向，二者是一隐一显的关系。如果能做到"慎独"，则自然"诚意"；如能做到"诚意"，则"慎独"自在其中。①为了正确理解刘宗周的"慎独""诚意"学说，首先便要探讨一下"慎独"与"诚意"的内涵。

一、"慎独"之旨

"慎独"一词一般认为源自《大学》《中庸》。汉唐宋明诸

---

① 何俊、尹晓宁：《刘宗周与蕺山学派》，中国人民大学出版社2009年版，第34页。

大儒对此多有发挥，比如朱熹的"独知"、王阳明的"良知独知"等。刘宗周在《大学古记约义》中更是明确地指出："《大学》言'慎独'，《中庸》亦言'慎独'，慎独之外，别无学矣。"①

对于刘宗周的"慎独"之说，黄宗羲指出："先生之学，以慎独为宗。儒者人人言慎独，唯先生始得其真……慎之工夫，只在主宰上。"②汤斌有论："（刘）先生生文成（王阳明）之乡，而与忠宪、端文游，其学以慎独为宗，于天人理气、静存动察，辨之不厌其详，而终以静存为要。尝曰：'姚江之后流于老、庄，东林之后渐入申、韩。'故择取《中庸》以复先儒之旧，平生于寂寞凝一中，发其聪明智虑。"③依黄宗羲、汤斌所言，笔者试以刘宗周著作为主要文本，于本节分析刘宗周对"慎独"的理解。

（一）作为修身方法的"慎独"

从本源上说，作为《大学》《中庸》的重要概念，"慎独"首先是一种修身方法。《礼记·大学》在"释诚意"之时，两次提到"君子必慎其独也"：

> 所谓诚其意者，毋自欺也。如恶恶臭，如好好色，此

①《刘宗周全集》第1册，第650页。

②《黄宗羲全集》第8册，第890页。

③范志亭等辑校：《汤斌集》，中州古籍出版社2003年版，第93页。

之谓自谦。故君子必慎其独也！小人闲居为不善，无所不至，见君子而后厌然，掩其不善，而著其善。人之视己，如见其肺肝然，则何益矣。此谓诚于中，形于外。故君子必慎其独也。曾子曰："十目所视，十手所指，其严乎！"富润屋，德润身，心广体胖。故君子必诚其意。[①]

《礼记·中庸》开篇亦有"君子慎其独也"的命题：

　　　天命之谓性，率性之谓道，修道之谓教。道也者，不可须臾离也，可离非道也。是故君子戒慎乎其所不睹，恐惧乎其所不闻。莫见乎隐，莫显乎微。故君子慎其独也。[②]

在《中庸》中，"诚"是"道"的本体，"诚者，天之道"，而君子成就"诚"之本体的修养工夫也应在于"慎独"。为了强调"慎独"时君子修德的具体工夫，《中庸》末章又援引《诗经》之文与之呼应："《诗》云：'潜虽伏矣，亦孔之昭！'故君子内省不疚，无恶于志。君子之所不可及者，其唯人之所不见乎！《诗》云：'相在尔室，尚不愧于屋漏。'故君子不动而敬，不言而信。"[③]这里，《中庸》先引《正月》之诗以论证君子修养德性重在"慎独"，又引《抑》之诗以说明君子的"慎独"

---

①杨天宇撰：《礼记译注》，上海古籍出版社2004年版，第801—802页。

②杨天宇撰：《礼记译注》，上海古籍出版社2004年版，第691页。

③朱熹撰，张茂泽整理：《四书集注》，三秦出版社1998年版，第55—56页。

工夫即使在外人不易察觉之处，也不应该疏忽荒废。总之，"君子之诚谨恐惧，无时不然"①。

一般而言，"独"即生命个体"独处之地"。朱熹《大学章句集注》有云：

> 独者，人所不知而己所独知之地也。言欲自修者知为善以去其恶，则当实用其力，而禁止其自欺。使其恶恶则如恶恶臭，好善则如好好色，皆务决去，而求必得之，以自快足于己，不可徒苟且以殉外而为人也。然其实与不实，盖有他人所不及知而己独知之者，故必谨之于此以审其几焉。②

"慎独"即"谨慎于独处"，一个人在独处之时须小心谨慎，因为"慎独"是达至"诚意"之境的不二法门。值得注意的是，我们通常把"慎独"理解为"在独处无人注意时，自己的行为也要谨慎不苟"③或"在独处时能谨慎不苟"④。也就是说，"慎独"是指个人在独自居处的时候，能够自觉地严于律己、谨慎地对待自己的所思所行，"非礼勿视、非礼勿听、非礼勿言、非礼勿动"，时时刻刻注意自我、防备有悖道德的欲念和

① 朱熹撰，张茂泽整理：《四书集注》，三秦出版社1998年版，第56页。

② 朱熹撰，张茂泽整理：《四书集注》，三秦出版社1998年版，第11页。

③ 《辞源》（修订本），商务印书馆1988年版，第624页。

④ 《辞海》（缩印本），上海辞书出版社1999年版，第1201页。

行为发生，以求切实做到表里如一、言行一致。

与学界通行的解读不同，梁涛教授在其代表作《郭店竹简与思孟学派》第五章第三节"郭店竹简与'君子慎独'"中，根据《郭店竹简·五行》篇"能为一，然后能为君子，君子慎其独也"等出土文献材料，对"慎独"之意作了细致的分析、全面的考察。他提出"慎独"的本意应是"诚其意"，以往人们对"慎独"的理解有不准确、不到位的地方。[1]

根据学界一般观点，不妨将"慎独"一词定义为："内心的专注、专一状态，尤指在一人独处、无人监督时，仍能坚持不苟。"[2]这可视作刘宗周对"慎独"的第一层解读。

刘宗周所作文献著作中对"慎独"范畴的解读最早见于万历四十五年（1617，刘宗周时年40岁）所成之《论语学案》。

《论语学案》在疏解"子绝四：毋意，毋必，毋固，毋我"之时，有云："问：杨慈湖'不起意'如何？曰：是亦意也。慈湖说无意，正是硬捉住，安得毋？只是欲善恶双泯，绝去好意见，正要与他自起灭，只莫起拣择心，正阳明子所谓'又落无声无臭见解'是也。学者只从'慎独入'，斯得。"[3]在这里，慎独是一种摒除意念的方法。

《论语学案》在疏解"'克、伐、怨、欲不行焉，可以为仁

---

[1] 参见梁涛：《郭店竹简与思孟学派》，中国人民大学出版社2008年版，第292—300页。

[2] 梁涛：《郭店竹简与"君子慎独"》，载《光明日报》2000年9月15日。

[3]《刘宗周全集》第1册，第398页。

矣？'子曰：'可以为难矣，仁则吾不知也。'"之时，有云："为仁者不讳言克复也，惟慎独而早图之，其庶几矣。"①在此处，刘宗周提到"克复"二字，认为只有早行慎独之道才能实现"仁"道。可见，刘宗周将"慎独"与"克复"等同，将其解读为修身的方法。

但是在刘宗周看来，"慎独"不仅仅是一种向内而行的克制欲念、省察自身的修身方法，同时具有外在的工夫论意义。

（二）作为工夫论的"慎独"

在《论语学案》中，刘宗周关于"慎独"的解读，赋予其外在工夫论的意义，其论据如下。

《论语学案》在疏解"子曰：'为政以德，譬如北辰，居其所，而众星共之。'"之时，提出了"君子学以慎独"的论断："为政以德，只是笃恭而天下平气象。君子学以慎独，直从声臭外立根基。一切言动事为，庆赏刑威，无不日见于天下。"②此处，"君子学以慎独"主要是针对国君治理国家而言的。

《论语学案》在疏解"子曰：'朝闻道夕死可矣。'"之时，有云："真闻道者，尽性焉而止矣。尽性，则与天地合德，与日月合明，与四时合序，与鬼神合吉凶，先天而天弗违，后天而奉天时。天且弗违，而况于生死之故。然其要只是一念慎独来，

---

① 《刘宗周全集》第1册，第460页。
② 《刘宗周全集》第1册，第277页。

此一念圆满，决之一朝不为易，须之千古万世不为难。学者省之。"①刘宗周认为所谓"朝闻道夕死可矣"是指闻道者要将本性与道相合，而要使本性与道相合，则要践行"慎独"的工夫。

《论语学案》在疏解"子夏为莒父宰，问政。子曰：'无欲速，无见小利。欲速则不达，见小利则大事不成。'"时，有云："程子曰：'有天德者便可以语王道，其要只在慎独。'"②

《论语学案》在疏解"子路问君子。子曰：'修己以敬。'曰：'如斯而已乎？'曰：'修己以安人。'曰：'如斯而已乎？'曰：'修己以安百姓。修己以安百姓，尧、舜其犹病诸！'"时，有云："古来无偷惰放逸的学问，故下一'敬'字，摄入诸义。就中大题目，只是克己复礼、忠恕、一贯、择善固执、慎独、求放心便是。后儒将敬死看，转入注脚去，便是矜持把捉，反为道病。"③

《论语学案》在疏解"子游曰：'子夏之门人小子，当洒扫、应对、进退，则可矣。抑末也，本之则无，如之何？'……"时，有云："洒扫、应对、进退，须是诚心中流出方是道，慎独工夫便做在此处。"④

从上述论述中，不难发现刘宗周早年间对"慎独"之理解还不具备"独体"本体论意义上的内涵，只是一种君子道德修

---

① 《刘宗周全集》第1册，第310—311页。

② 《刘宗周全集》第1册，第452页。

③ 《刘宗周全集》第1册，第481页。

④ 《刘宗周全集》第1册，第543页。

养的"慎独工夫"而已。

刘宗周《中庸首章说》（语录，成文于1634年秋七月）一文对"慎独"之旨，也有集中阐释。《中庸》有数处吃紧语，比如"知行合一之说""诚明合一之说""隐见合一之说""显微合一之说"等，然其核心价值则可大略归为"慎独"二字。① "慎独"便是《中庸》宗旨性的"字眼"。

对于《中庸》的"慎独"，刘宗周还有论：

> 《中庸》是有源头学问。说本体，先说个"天命之性"，则"率性之道、修道之教"在其中矣；说工夫，只说个"慎独"，独即中体，识得"慎独"二字，则发皆中节，天地万物，在其中矣。②
>
> 或曰："慎独是第二义，学者须先识天命之性否？"曰："不慎独，如何识得天命之性。"③
>
> 问："中即独体否？"曰："然。一独耳，指其体，谓之中；指其用，谓之和。"④

这里，刘宗周把"慎独"一词所具有的"本体—工夫"意义统合，并进行了揭示：圣贤千言万语，说本体、说工夫，总

---

① 参见《黄宗羲全集》第1册，第283页。
② 《黄宗羲全集》第1册，第271页。
③ 《黄宗羲全集》第1册，第292页。
④ 《黄宗羲全集》第1册，第292页。

不离"慎独"二字。易言之，孔门之学（圣贤之学）的绝对要旨，体现在《中庸》一书中的也就是"慎独"二字而已。①此外，刘宗周把"慎独"之"独"视作"中庸"之"中"与"和"的同义词。如此，"慎独"便始具有本体论意义。

此外，"慎独"的发明乃刘宗周基于对《大学》的诠释与发挥而有："《大学》之道，一言以蔽之，曰慎独而已矣。"②"《大学》之道，诚意而已矣。诚意之功，慎独而已矣。"③

（三）"独体"兼具"心体"与"性体"

据刘汋《蕺山刘子年谱》，"慎独"一说是刘宗周在天启五年（1625）与诸生会讲于解吟轩时所提出的，天启六年刘宗周读书于韩山草堂之时即"专用慎独之功"。④此外，刘宗周在讲学于证人社之时，亦时时以"慎独"之说教诲门人。

关于刘宗周所言之"独"为何物，刘汋力主从"敬"字入手进行解读："先生从主敬入门，敬无内外，无动静，故自静存以至动察皆有事而不敢忽，即其中觅个主宰曰独，谓于此敬则无所不敬，于此肆则无所不肆，而省察于念虑皆其后者耳！"刘宗周由早年的"主敬"进入中年的"慎独"之说乃至晚年的"诚意"之教，是循序渐进并有工夫论依据的："故中年专用慎

①参见《刘宗周全集》第2册，第258页。
②《刘宗周全集》第1册，第650页。
③《黄宗羲全集》第8册，第982页。
④参见《刘宗周全集》第6册，第81—83页。

独工夫，谨凛如一念未起之先，自无夹杂，既无夹杂，自无虚假。慎则敬，敬则诚，工夫一步推一步，得手一层进一层。晚年愈精微，愈平实，绝无伸侗虚无之弊。"①

刘宗周笔下的"独"相当于现在所讲的"深度的主体性""人心中的一点灵明""一个人最内在的主体性"②。崇祯四年（1631），刘宗周创办证人社与门人会讲时，专揭"慎独"之旨以教学者，有门人问"慎独下手处"，刘宗周以"且静坐"答之。门人又问："静坐中愈觉妄念纷扰，奈何？"刘宗周便以周敦颐的"主静立人极"说教之："心不能静，只为有根在，故濂溪教人必先之以无欲，以此故也。"③于是，刘宗周作《独箴》以明圣学之要：

　　圣学本心，惟心本天。维玄维默，体乎太虚。因所不见，是名曰"独"。独本无知，因物有知。物体于知，好恶立焉。好恶一机，藏于至静。感物而动，七情著焉。自身而家，自家而国。国而天下，庆赏刑威。惟所措焉，是为心量。其大无外，故名曰天。天命所命，即吾独知。一气

①《刘宗周全集》第6册，第83页。

②参见杜维明、东方朔：《杜维明学术专题访谈录：宗周哲学之精神与儒家文化之未来》，复旦大学出版社2001年版，第61、70页。

③《刘宗周全集》第6册，第101页。《证人社语录》载，刘宗周与陶奭龄相互论道时，有"学问吃紧工夫全在慎独，人能慎独，便为天地间完人"云云（《刘宗周全集》第2册，第565页）。

流行，分阴分阳。运为四气，性体乃朕。率为五常，殊为万事。反乎独知，独知常知。全体俱知，本无明暗。常止则明，驱驰乃暗。故曰暗章，的然日亡。君子知之，凛乎渊冰。于所不睹，于所不闻。日夕兢兢，道念乃凝。万法归一，不盈此知。配天塞地，尽性至命。此知无始，是为原始。此知无终，是为反终。死生之说，昼夜之常。吾生与生，吾死与死。夷彼万形，非我得私。猥云不死，狂驰何异？①

刘宗周哲学语境中的"独体"兼具"心体"与"性体"，其"心体"之"慎独"由《大学》而来，其"性体"之"慎独"则源自《中庸》。对此，黄宗羲于《子刘子学言》中记道：

《大学》言心到极至处，便是尽性之功，故其要归之慎独；《中庸》言性到极至处，只是尽心之功，故其要亦归之慎独。独，一也，形而上者谓之性，形而下者谓之心。②

独是虚位，从性体看来，则曰"莫见莫显"，是思虑未起，鬼神莫知时也；从心体看来，则曰"十目十手"，思虑既起，吾心独知时也，然性体即在心体中看出。③

---

① 《刘宗周全集》第4册，第345页。
② 《黄宗羲全集》第1册，第278页。
③ 《黄宗羲全集》第1册，第279页。

牟宗三先生在《心体与性体》《从陆象山到刘蕺山》等书中以"以心著性""归显于密"来界说刘蕺山的"慎独诚意之教"。其中一个文本依据就是刘宗周《学言上》曰："《中庸》之慎独，与《大学》之慎独不同。《中庸》从不睹不闻说来，《大学》从意根上说来。"①析而言之，《中庸》是从"性宗"（"性体"）角度言说"慎独"，而《大学》则主要是从"心宗"（"心体"）处来言说"慎独"而有"诚意"之论。因此，笔者判定刘宗周晚年的"诚意"之教即是"心宗"之下"慎独"的翻版。

应该承认，刘宗周"慎独"体系之建构亦有对朱子"独知"与阳明"良知"内涵的继承与批判。笔者目前掌握的论据如下：

> 阳明先生言良知，即物以言知也。若早有格物义在，即止言致知亦得。朱子言独知，对睹闻以言独也。若早知有不睹不闻义在，即止言慎独亦得。②

> 朱子曰："人心之灵，莫不有知。"即所谓良知也。但朱子则欲自此而一一致之于外，阳明则欲自此而一一致之于中。不是知处异，乃是致处异。③

故而清代学者朱兰有云："（刘）先生学有渊源，始得力于

---

① 《刘宗周全集》第2册，第381页。

② 《黄宗羲全集》第8册，第898页。

③ 《黄宗羲全集》第8册，第910页。

姚江王子（阳明），终为朱子（熹）功臣。其揭'慎独''诚意'之旨，实与先儒相发明。"①

对于如何通过"慎独"的工夫而求证、获得"独体"，刘宗周有"读《诗》而知慎独之功"的论见："读'尚䌹'之诗而识独体之蕴焉，所谓'暗然日章'是也。""又读'潜伏'之诗，而知君子慎独之功焉。""又读'屋漏'之诗，而愈知慎独之功焉。""又读'不显'之诗，而愈知慎独之功焉。""又连咏'明德'之诗，而知君慎独之功之至焉。由人所不见处，一步推入一步，微之又微，曰'不大'，曰'如毛'，曰'无声无臭'。呜呼！至矣！无以复加矣！可见独体只是个微字，慎独之功，亦只于微处下一著子，故曰'道心惟微'以此。"②《诗》之诵读、吟咏，亦是求证"独体"的路数之一，这恐怕是刘宗周的独创。

在《明儒学案·蕺山学案》中，黄宗羲还从理气心性"一元论"层面，推演刘宗周的"慎独之学"：

先生之学，以慎独为宗。儒者人人言慎独，唯先生始得其真。盈天地间皆气也，其在人心，一气之流行，诚通诚复，自然分为喜怒哀乐。仁义礼智之名，因此而起者也，不待安排品节，自能不过其则，即中和也。此生而有之，

① 《刘宗周全集》第6册，第695—696页。
② 《黄宗羲全集》第1册，第284—285页。

人人如是，所以谓之性善，即不无过不及之差，而性体原自周流，不害其为中和之德。学者但证得性体分明，而以时保之，即是慎矣。慎之工夫，只在主宰上。觉有主，是曰意。离意根一步，便是妄，便非独矣。[1]

黄宗羲这段话也清晰地对刘宗周的"慎独"理论体系进行了阐释。在黄宗羲看来，刘宗周言"性"是就"气"而言的，自然周流变化，分为春夏秋冬之四季，即仁义礼智之四德（"性"）。同时，刘宗周"慎独"工夫之"独体"的证成是在"意"上用功，意是心之主宰。这样，"诚意"就可用来规定、疏读"慎独"。

"诚者，天之道也。诚之者，人之道也。"为了讲明"独体"与"慎独"之功[2]，刘宗周自崇祯九年（1636）始，又借用"诚"之字眼，提出了与"慎独"之功有异曲同工之妙的"诚意"之教。

二、"诚意"之教

《蕺山刘子年谱》"崇祯九年丙子（1636）"条载："始以《大学》诚意、《中庸》已未发之说示学者。"[3]是年，刘宗周在

---

[1]《黄宗羲全集》第8册，第890—891页。

[2]《子刘子学言》曰："诚者，天之道也，独之体也；诚之者，人之道也，慎独之功也。"（《黄宗羲全集》第1册，第316页）

[3]《刘宗周全集》第6册，第117页。

京师所任工部左侍郎系一闲职，故在闲暇之余，以读《大学》《中庸》为主，有所得辄次第记之，名之曰《独证编》。

关于读《大学》一书的心得体会，刘宗周认为"诚意"乃是《大学》一书之主旨，"格物、致知"系"诚意"的工夫，并且格致的工夫实践只有落实到"诚意"上才是真工夫。刘氏有云："《大学》之教，只要人知本。天下国家之本递在身，身之本在心，心之本在意。到意处已无可推矣，而工夫则从格致始，谓致其知止之知，而格其物有本末之物，要归止至善云耳。格致者，诚意之功。工夫结在主意中，方为真工夫。如离却意根一步，亦更无格致可言。故格致与诚意二而一，一而二者也。"①

"意为心之所存，非所发"，也是刘宗周读《大学》之后的立言与发明。黄宗羲称其为"发先儒之所未发者"之一种：

> 传曰："如恶恶臭，如好好色。"言自中之好恶，一于善而不二于恶。一于善而不二于恶，正见意之有善而无恶。所谓"几者动之微，吉之先见者也"，正指所存言也。如意为心之所发，将孰为所存者乎？如心为所存，意为所发，是所发先于所存，岂《大学》知本之旨乎？盖心无体，以意为体；意无体，以知为体；知无体，以物为体。物无用，以知为用；知无用，以意为用。工夫结在主意中，方为真

①《刘宗周全集》第 6 册，第 117 页。

工夫。如离却意根一步，亦更无格致可言。问："意为心之所存，好善恶恶，非以所发言乎？"曰："意之好恶，与念之好恶不同。意之好恶，一几而互见；念之好恶，两在而异情。以念为意，何啻千里！"①

总之，自崇祯九年（1636）后，刘宗周在其中年所主"慎独"之功的基础上，专举"立诚"（"诚意"）之旨，即"慎独"姑置第二义矣。②其实，晚年时期的刘宗周虽主"诚意"，但未放弃"慎独"之说，而是把《大学》《中庸》二书作"相为表里观"，特别强调"慎独之学即中和，即位育，此千圣学脉也"③。

刘宗周对于"诚意"之"意"之本体的彰显，迥异于朱熹与王阳明。其独特处有二。

第一，"诚意"统摄内外。刘宗周云："意诚，则心之主宰处止于至善而不迁矣。止善之量，虽通乎身、心、家、国、天下，而根据只在意上。"④

第二，"意为觉主"。刘宗周有云："人心径寸耳，而空中四达，有太虚之象。虚故灵，灵故觉，觉有主，是曰意，此天

---

① 《刘宗周全集》第6册，第40—41页。

② 参见《刘宗周全集》第6册，第118页。

③ 《刘宗周全集》第6册，第122页。

④ 《刘宗周全集》第6册，第40页。

命之体，而性、道、教所从出也。"①刘宗周赋予"意"以本体论意义，称之为"天命之体"，"性""道""教"等本体、工夫论命题的内涵借此得以发挥。

这里，还涉及宋明理学家"意念之辨"的命题。而其根源则在于《中庸》"已发未发"说："喜怒哀乐之未发，谓之中；发而皆中节，谓之和。"关于"已发、未发"的阐释与解读，宋明理学家各有不同见解。

（一）与程朱之"意"的比较

程颐云："凡言心者，皆指已发而言。"朱子云："意者，心之所发。"对于上述两种看法，刘宗周均不满意，并予以反驳，以为前者是"以念为心"，而后者是"以念为意"。②此外，朱子的疏漏还在于以独知偏属之动，是"以念为知"："朱子于独字下，补一知字，可谓扩前圣所未发。然专以属之动念边事，何耶？岂静中无知乎？使知有间于动静，则不得谓之知矣。"③

为了论说"意为心之所存非所发"，刘宗周从《大学》及周敦颐《太极图说》中寻找理论依据："程子心指已发之说，亦本之《大学》。《大学》言正心，以忿懥、恐惧、好乐、忧患证之，是指其所发言也。中以体言，正以用言。周子言中正，即

---

① 参见《黄宗羲全集》第1册，第307页。

② 《黄宗羲全集》第1册，第317页。

③ 《黄宗羲全集》第1册，第316页。

中和之别名。中和以性情言，中正以义理言也"①。如此，可知
"心以所发言"，则"意以所存言"，便明晰通透。

（二）对阳明之"意"的批驳

刘宗周认为阳明良知心学之流弊亦王阳明"择焉而不精、
语焉而不详有以启之也"。进而言之，刘宗周驳《天泉证道记》
曰："新建言：'无善无恶者心之体，有善有恶者意之动，知善
知恶是良知，为善去恶是格物。'如心体果是无善无恶，则有
善有恶之意又从何处来？知善知恶之知又从何处起？为善去恶之
功又从何处用？无乃语语绝流断港乎？"②

阳明"四句教"界定"意"是就善、恶的发动而言，反对
以"好善好恶"来讲求"意"之内涵。对此，《子刘子学言》中
有一处问答语：

> 或问："子以意为心之所存，好善好恶，非所以发言
> 乎？"曰："意之好恶，与起念之好恶不同。意之好恶，一
> 机而互见，起念之好恶，两在而异情，以念为意，何啻
> 千里！"③

刘宗周驳"良知说"而言："知善知恶，从有善有恶而言者

---

① 《黄宗羲全集》第 1 册，第 317 页。
② 《刘宗周全集》第 6 册，第 43 页。
③ 《黄宗羲全集》第 1 册，第 313 页。

也。因有善有恶，而后知善知恶是知为意奴也，良在何处？又反无善无恶而言者也，本无善无恶，而又知善知恶，是知为心崇也，良在何处？止因新建将意字认坏，故不得不进而求良于知，仍将知字认粗，故不得不进而求精于心，非《大学》之本旨明矣。"①

刘宗周反对王阳明把"意""念"混在一起的说法，认为"意"是心之所主，而"念"是心之所感而动。在刘宗周看来，前儒包括王阳明并未看明读透《大学》之意，只因"意"字而误解之，"非与格致事"。易言之，王阳明"以格去物欲为格物"，是"以念为物也"："文成之学以'致良知'为宗，而不言致中，专以念之起处求知善知恶之实地，无乃粗视良知乎！"②

同时，刘宗周对阳明的"四句教"进行了修正，提出了自己的"四句教"："有善有恶者心之动，好善恶恶者意之静。知善知恶者是良知，有善无恶者是物则。"

黄宗羲、董玚曾指出，刘宗周的"意"学与阳明后学泰州学派学者王栋所言之"意"，不谋而合。此详见本书第四章第一节"蕺山学派的开创与分化"，兹不赘言。

---

① 《刘宗周全集》第6册，第43页。
② 《黄宗羲全集》第1册，第320页。

（三）"诚意"即是"毋意"

宋儒杨简的心学以"不起意"即"无意"为宗，王阳明也对杨简的"无意"说有所关注。然在刘宗周看来，"无意"即是"有意"："慈湖言无意，阳明子谓不免著在无意上了，可知才言无意便是意也。"①在刘宗周这里，杨简的"无意"同王阳明、王龙溪心学的"以念为意"说相同："慈湖宗无意，亦以念为意也。"②

为了论说杨简、王阳明、王龙溪"无意"之"意"系"念"之一字，刘宗周引入了孔子的"毋意"说："夫意则何可无者，无意则无心矣。龙溪有'无心之心则体寂，无意之意则应圆'等语，此的传慈湖宗旨也。文成云'慈湖不免著在无意上'，则龙溪之说，非师门定本可知。若子之'毋意'，正可与诚意之说相发明，诚意乃所以'毋意'也，'毋意'者，毋自欺也。"③在刘宗周这里，"无意"之说是不成立的，因为"意"不可以"无"，"无意则无心"，王龙溪的"无意之意"亦非王阳明本意。

易言之，"无意"不等于"毋意"，而《大学》之"诚意"在本质上即是《论语》之"毋意"。刘宗周《论语学案》在疏解"子绝四：毋意，毋必，毋固，毋我"之时，有云："问：杨慈

---

① 《黄宗羲全集》第1册，第285页。
② 《黄宗羲全集》第1册，第320页。
③ 《黄宗羲全集》第1册，第320页。

湖'不起意'如何？曰：是亦意也。慈湖说无意，正是硬捉住，安得毋？只是欲善恶双泯，绝去好意见，正要与他自起灭，只莫起拣择心，正阳明子所谓'又落无声无臭见解'是也。学者只从'慎独'入，斯得。"①总之，在刘宗周看来，杨慈湖的"不起意"行为本身，即是一种"意"。

三、"主敬、慎独、诚意"三者的统一

尽管刘宗周早年的学问从"主敬"入手，中年倡导"慎独"之功，晚年以"诚意"立言，但其实这三者之间是有"一以贯之"之"道"的，而非截然分割的。还可以用"一而三，三而一"的关系描述之。

刘宗周在崇祯十二年（1639）作《读大学》文，即有这样的说法："慎独乃诚意之功。诚无为，敬则所以诚之也。诚由敬入，孔门心法也。"②易言之："《大学》之道，诚意而已矣。诚意之功，慎独而已矣。""诚意""慎独"二者在刘氏之学中实际上是合一的，没有先后之分，就连"格物致知"包括"慎独"工夫的落脚处亦是"诚意"。

至于"敬"与"慎独"之间的关联，刘宗周在《圣学吃紧三关》"敬肆关"末了有按语，云："敬之一字，自是千圣相传心法，至圣门只个慎独而已。"③如此一来，"敬"与"慎独"

---

① 《刘宗周全集》第 1 册，第 398 页。

② 《刘宗周全集》第 6 册，第 129 页。

③ 《刘宗周全集》第 2 册，第 213 页。

之"一而二、二而一"关系昭然若揭。

此外，刘宗周还有这样的说法："敬则诚，诚则天，而又以慎独为达天之要。"《子刘子学言》有云："诚者，天之道也，独之体也；诚之者，人之道也，慎独之功也。"①其易箦之时有云："为学之要，一诚尽之矣，而主敬其功也。敬则诚，诚则天。"②

刘宗周高足黄宗羲以"慎独"为业师学术宗旨，以为"先生宗旨为慎独。始从主敬入门，中年专用慎独工夫。慎则敬，敬则诚"。③"慎""敬""诚"三种为学之工夫不可做截然分割，即三者乃"一而三，三而一"之关系。"慎独""诚意"这两大范畴，本身即是"本体""工夫"合一的内涵与外延："独""意"指称"本体"，"慎""诚"则是"工夫"。总之，"本体只是些子，工夫只是些子。仍不分此为本体，彼为工夫。亦并无这些子可指，合于无声无臭之本然"。

刘宗周哲嗣刘汋力主从"敬""独""诚"三者逻辑关联处入手解读刘宗周一生为学"三部曲"："先生从主敬入门，敬无内外，无动静，故自静存以至动察皆有事而不敢忽，即其中觅个主宰曰独，谓于此敬则无所不敬，于此肆则无所不肆，而省察于念虑皆其后者耳。故中年专用慎独工夫，谨凛如一念未起之先，自无夹杂，既无夹杂，自无虚假。慎则敬，敬则诚，工

---

① 《黄宗羲全集》第1册，第316页。
② 《黄宗羲全集》第1册，第248页。
③ 《黄宗羲全集》第1册，第250页。

夫一步推一步，得手一层进一层。晚年愈精微，愈平实，绝无伸伺虚无之弊。"①可见，刘宗周由早年的"主敬"进入中年的"慎独"之说乃至晚年的"诚意"之教，是循序渐进并有工夫论依据的。

无论以"慎独"还是以"诚意"来指称刘宗周之学，就广义而言，其依旧属于"心学"的范围。《子刘子学言》就有刘宗周"本心之学，圣学也"②的讲学语录。简言之，刘宗周论心是"以慎独为宗而归于诚、敬"。

刘宗周研究专家黄敏浩的博士论文指出，刘宗周慎独哲学的内容主要由"主静立人极""未发之中与已发之和""理与气""心与性"等命题组成，"诚意说的确立"则标志着刘宗周慎独哲学的完成，而《人谱》则是刘宗周"慎独哲学"的实践。③这也间接指明，如果在考察刘宗周哲学体系的核心范畴"慎独""诚意"之时，以"慎独"归之于其"中年"、"诚意"置之于其"晚年"是不确切的。诚如前文所言，"慎独""诚意""主敬"，这三者之间是有"一以贯之"之"道"统摄而贯穿刘宗周之学问始终的。

---

① 《刘宗周全集》第6册，第83页。

② 《刘宗周全集》第2册，第462页。

③ 参见黄敏浩：《刘宗周及其慎独哲学》，台湾学生书局2001年版，第29—210页。

顺着上文的逻辑思路，可以判定刘宗周思想抑或说是哲学的落脚点就是"治心"与"治世"的统一。故而，完全可以称刘宗周的学术思想体系是一种"明体达用""经世致用"的"实学"，也是"一种功夫的力行哲学"。

一、"实学"渊源考述

"实学"一词出自东汉浙学①家王充的《论衡》："韩子非儒，谓之无益有损，盖谓俗儒无行操，举措不重礼，以儒名而

---

① 本书关于传统浙学内涵的理解，采用浙学研究著名学者吴光教授倡导的"浙学"概念"中义"说，即指渊源于东汉、形成于两宋、转型于明代、发扬光大于清代的浙东经史之学，包括东汉会稽王充的"实事疾妄"之学，两宋金华之学、永嘉之学、永康之学、四明之学，以及明代王阳明心学、刘蕺山慎独之学和清代以黄宗羲、万斯同、全祖望为代表的浙东经史之学。详见吴光《试论"浙学"的基本精神》（《中国文哲研究通讯》1994年第1期）、《简论"浙学"的内涵及其基本精神》（《浙江社会科学》2004年第6期）、《关于"浙学"研究若干问题的再思考》（《浙江社会科学》2014年第1期）、《浙学的时代价值》（《浙江日报》2017年2月13日）。

俗行，以实学而伪说。"①"实学"的称谓，名义上是借韩非子之口来批判战国时期一些"俗儒"沽名钓誉、追求名利的不良现象，实则是用"实学"来指称儒学，进而界定"儒者"职责——"儒者之操，重礼爱义"②。在王充这里，"实学"就是儒家礼义之学的代称。

王充首倡实学，也不是信口开河、凭空架构的。《论衡》的写作理念及王充治学的根本宗旨本就是"实事疾妄"，其"对作篇"云："《论衡》实事疾妄……无诽谤之辞。"③王充所处的时代，经书传文，荒唐失真；华文虚言，颠倒是非，迷乱世俗人心。有感于时乱心迷的无序社会，王充提倡"实事疾妄"的治学为政理念。"实事疾妄"有一破一立两个方面的含义："实事"是立的方面，也就是"定真是"；"疾妄"是破的方面，是"疾虚妄"。所谓"实事疾妄"，就是崇实黜虚，坚持实事求是、批判虚妄迷信，这是一种求实、批判的精神。

《论衡》的创作就有强烈的求实性与批判性，从"书虚"到"艺增"十二篇，王充称之为"九虚""三增"④，其写作宗旨是"疾虚妄""务实诚"。借此，当代浙学家吴光先生把王充的学术宗旨概括为"实事疾妄"。⑤谢无量也认为，王充之学"以务

---

① 王充撰，陈蒲清点校：《论衡》，岳麓书社2006年版，第122页。
② 王充撰，陈蒲清点校：《论衡》，岳麓书社2006年版，第122页。
③ 王充撰，陈蒲清点校：《论衡》，岳麓书社2006年版，第355页。
④ 王充撰，陈蒲清点校：《论衡》，岳麓书社2006年版，第251页。
⑤ 吴光：《王充学说的根本特点——实事疾妄》，载《学术月刊》1983年第6期。

实为主"，"论衡"之"论"意在"正古今得失，明辩世俗浮妄虚伪之事，使之反于诚实焉"①。如果采用当代中国实学倡议者葛荣晋先生对实学形态与内涵的界定，即"实学"有元气实体哲学、经世实学、实测实学、考据实学，经世实学包括以"气"为本的本体论、以"实践"为基础的认识论、以"实性"为基本内容的人性论等②，那么王充的"实事疾妄"之实学也是自成体系。

在宇宙本体论上，王充用"元气""气化"来解释天地万物及各种自然现象的产生："天地，含气之自然也。"③"万物自生，皆禀元气。"④"天地和气，万物自生……夫天覆于上，地偃于下，下气蒸上，上气降下，万物自生其间矣。"⑤王充的元气自然论既是元气实学，又是元气实体哲学，可谓"实体实学"。基于元气为本的宇宙观，王充也重视自然科学并提倡科学精神，进而对天文学、医学、物理学、冶金学等皆有涉猎。⑥比如关于潮汐产生的原因，他不同意潮汐现象是鬼神驱使而生的迷信，认为"涛之起也，随月盛衰，大小满损不齐同"⑦，把潮

---

①谢无量：《中国哲学史》，中国人民大学出版社2011年版，第254—255页。

②葛荣晋：《论中国实学》，载《中共宁波市委党校学报》2005年第5期。

③王充撰，陈蒲清点校：《论衡》，岳麓书社2006年版，第137页。

④王充撰，陈蒲清点校：《论衡》，岳麓书社2006年版，第280页。

⑤王充撰，陈蒲清点校：《论衡》，岳麓书社2006年版，第224页。

⑥参见周桂钿：《王充哲学思想新探》，福建教育出版社2015年版，第188—200页。

⑦王充撰，陈蒲清点校：《论衡》，岳麓书社2006年版，第49页。

汐涨落同月亮盈亏联系起来，这可视为"实测（质测）实学"。

王充的认识论体现在《论衡》"知实篇""实知篇"中。他以效验论驳斥先验论，认为所有人都是"学而知之"者，即圣人也非"神而先知"；"事有证验，以效实然"①，知识的真伪必须通过事实的检验。这就是典型的以"实践"为基础的实学认识论。在学术观上，王充强调"学以致用"："凡贵通者，贵其能用之也。"②这就是实用主义的学术观。

胡适对王充的科学精神极为推崇，认为王充治学的目的与精神，就是提倡实证的科学、反对虚妄的迷信；他的哲学方法论是一种以重视效验和实证为特征的科学方法。③李约瑟也承认，王充的自然主义立场是一种远比当时的欧洲科学思想先进的"科学自然主义的世界观"。④据此，笔者认为，王充是"实学"概念的最早提出者并有以"实事疾妄"为宗旨的实学思想体系。其实学思想中蕴含着"元气实学""实测实学"等实学形态，"实事求是、崇实黜虚、通经致用"的实学核心价值观在王充的思想体系中也有充分体现，故而可称王充是中国学术史上第一位真正意义上的实学思想家。

---

① 王充撰，陈蒲清点校：《论衡》，岳麓书社2006年版，第323页。

② 王充撰，陈蒲清点校：《论衡》，岳麓书社2006年版，第171页。

③ 胡适著，肖伊绯整理：《中国哲学史大纲（卷上、卷中）》，广西师范大学出版社2013年版，第310—329页。

④ 李约瑟：《中国科学技术史》第二卷，何兆武等译，科学出版社、上海古籍出版社1990年版，第395—414页。

此外，"浙学"一词虽非王充提出，但王充作为浙江历史上第一位伟大思想家的地位不容置疑。近代浙学家章太炎就称赞王充："作为《论衡》，趣以正虚妄，审乡背。怀疑之论，分析百专。有所发摘，不避上圣。汉得一人焉，足以振耻。至于今，亦鲜有能逮者也。"[1]进而言之，浙学作为一种地域儒学，在中国学术思想史上的第一次亮相就是以"实事疾妄"之实学的形态出现。也正如论者所言："（王充）倡导'疾虚妄'的批判精神，反对空洞无稽之谈，主张实事求是，追求知识的实用价值，从而开创了浙江的思想学术传统。"[2]故而，可以说王充是实学与浙学共同的开山之人。

唐宋时期，"实学"一词屡被学人提及，并被赋予了"明体达用"的意涵。比如，唐人杨绾针对科举之弊，建言以"实学"取士："其所习经，取《左传》《公羊》《穀梁》《礼记》《周礼》《仪礼》《尚书》《毛诗》《周易》，任通一经，务取深义奥旨，通诸家之义……其策皆问古今理体及当时要务，取堪行用者……所冀数年之间，人伦一变，既归实学，当识大猷。居家者必修德业，从政者皆知廉耻，浮竞自止，敦庞自劝，教人之本，实在兹焉。"[3]杨绾的实学主要针对唐代以诗赋取士所形成

---

①上海人民出版社编，朱维铮点校：《章太炎全集·检论》，上海人民出版社2014年版，第452页。

②董平注释，祁茗田评析：《浙江精神之哲学本源》，浙江古籍出版社2004年版，第1页。

③刘昫等撰：《旧唐书》，中华书局2000年版，第2330—2331页。

的不良风气而言。在他这里，实学的完整意义包括"通经""修德""用世"。而后世学者关于"实学"的认知，大体不出此一范围。①

倡言实学，是北宋的一种学风。庆历年间（1041—1048），胡瑗在湖州授徒讲学，提出了"致天下之治者在人才，成天下之才者在教化，教化之所本者在学校"的主张，四方学者云集湖州。对此，万历《湖州府志》云："东南文学之盛，实自胡瑗始。"在湖州讲学期间，胡瑗首创析分"经义""治事"二斋的实学教学，是为分科教学之先河，人称"湖学"。②

《宋史》载："胡瑗设教苏、湖间二十余年。世方尚词赋，湖学独立经义、治事斋，以敦实学。皇祐末，召（胡）瑗为国子监直讲，数年进天章阁侍讲……士或不远数千里来就师之，皆中心悦服。有司请下湖学，取其法以教太学。"③《宋元学案》云："（胡瑗）教人之法，科条纤悉具备。立经义、治事二斋：经义则选择其心性疏通有器局可任大事者，使之讲明《六经》；治事则一人各治一事，又兼摄一事，如治民以安其生，讲武以御其寇，堰水以利田，算历以明数是也。"④胡瑗倡导的以实学为主体的分斋教学法，既有坚守儒家经典教育的经义斋，又有

---

① 参见汤一介编：《国故新知：中国传统文化的再诠释》，北京大学出版社1993年版，第313—325页。

② 参见张义生：《宋初三先生研究》，山东人民出版社2012年版，第74—83页。

③ 脱脱等：《宋史》，中华书局2000年版，第2488页。

④ 《黄宗羲全集》第3册，第56页。

治民、讲武、堰水、算历等专科教育的治事斋，以此培养"通经致用"的治国实才，是为"湖学"。

明初大儒薛瑄亦从实用的角度界定"湖学"："昔胡安定教授苏、湖间，因人成就，故弟子见用于当时者，或治水利，或治算数，皆有实用。"[1]"湖学"之经义侧重经史、经制之学（"体"），而治事则为事功、实学（"用"），亦为南宋浙学（经制之学、事功之学）之滥觞。

作为哲学范畴的"体""用"，其含义有二：一是指本体（实体）及其作用、功能、属性，二是指本体（本质）与现象。[2]"体""用"范畴的提出与浙学有关，东汉浙江籍道教学者魏伯阳在《周易参同契》中首次使用"内体""外用"："春夏据内体……秋冬当外用。"[3]"内体""外用"的延伸义就是以"体"（经义）治心、以"用"（实事）治事，是为"内圣外王"的一种别样解读。

尽管胡瑗罕言"体""用"，但其开创的"湖学"影响深远，并被学者冠以"明体达用之学"。以"明体达用"言"湖学"，亦是古学者之共识。张光祖《言行龟鉴》云："（胡瑗）教学者，必以明体达用为本。"[4]《宋元学案·安定学案》则转述了胡瑗高足刘彝答宋神宗"胡瑗与王安石孰优"之问的言论：

---

① 孙玄常等点校：《薛瑄全集》，三晋出版社2015年版，第482页。

② 方克立：《论中国哲学中的体用范畴》，载《中国社会科学》1984年第5期。

③ 章伟文译注：《周易参同契》，中华书局2014年版，第17页。

④ 张光祖撰，徐敏霞、文青校点：《言行龟鉴》，辽宁教育出版社2001年版，第3页。

"臣（刘彝）师（胡瑗）当宝元、明道之间……以明体达用之学授诸生……故今学者明夫圣人体用以为政教之本，皆臣师之功，非（王）安石比也。"①刘彝以"明体达用之学"指称胡瑗"湖学"要义："君臣父子、仁义礼乐，历世不可变者"之"体"，属儒家"经义"之学；"举而措之天下，能润泽斯民，归于皇极者"之"用"，属"治事"之学。

与刘彝一样，受教于胡瑗的程颐也推崇经义、治事分斋的"湖学"："胡安定在湖州置治道斋，学者有欲明治道者，讲之于中，如治兵、治民、水利、算数之类。尝言'刘彝善治水利，后累为政，皆兴水利有功'。"②因为刘彝师从胡瑗，程颐得闻"刘彝善治水利"便不足为奇。刘彝以"明体达用"指称胡瑗"湖学"，程颐亦有耳闻。由此，程颐采用"明体达用"的表述语发明"体用一源"之学③。

"湖学""实学"对程颢也有影响。程颢有"治经，实学也……国家有九经及历代圣人之迹，莫非实学也"的观点。④在二程这里，不仅"治事"为"实学"，"治经"亦属"实学"；"治经"须以"进德"为本，如果"治经"只是口头的"居常讲习"，则为"空言"。简言之，二程所言"实学"，是"通经"与"进德"的统一。与二程同时，张载提出了"苟能体经，自

---

① 《黄宗羲全集》第3册，第57页。
② 程颢、程颐著，王孝鱼点校：《二程集》，中华书局1981年版，第18页。
③ 程颢、程颐著，王孝鱼点校：《二程集》，中华书局1981年版，第689页。
④ 程颢、程颐著，王孝鱼点校：《二程集》，中华书局1981年版，第2页。

然皆知是实学"的观点，这里的"实学"即"体经"之学。

朱熹传承二程"实学"："尝窃病近世学者不知圣门实学之根本次第，而溺于老佛之说，无致知之功，无力行之实。"①"圣门实学"意在批判佛老的空无之说。朱熹称赞儒家经典《中庸》言"理"，"'放之则弥六合，卷之则退藏于密'，其味无穷，皆实学也"②。此外，还引述吕希哲《吕氏家塾记》中的"湖学"分斋教学法："时方尚词赋，独湖学以经义及时务，学中故有经义斋、治事斋。经义斋者，择疏通有器局者居之；治事斋者，人各治一事，又兼一事，如边防、水利之类。"③吕希哲系胡瑗门人，朱熹转述吕希哲对"湖学"的描述，这就表明朱熹对胡瑗析分经义、治事二斋以治"圣门实学"的认可，亦谓之"通经致用""明体达用"。

朱熹使用"实学"，主要是就道德实践而言。在浙学史上，虽然王充为浙学的开山之人，胡瑗"湖学"开两宋浙学先声，但朱熹最早使用"浙学"一词。他在与陈亮、叶适等浙东学人论战中，提出了具有批评意味的"浙学"。朱子多言"近世言浙

---

①郭齐、尹波编注：《朱熹文集编年评注》，福建人民出版社2019年版，第2234页。

②朱熹：《四书章句集注》，中华书局1983年版，第17页。

③朱熹撰：《朱子全书》第12册，上海古籍出版社、安徽教育出版社2010年版，第318页。

学者多尚事功"①，"浙学却专是功利"②，故而《宋元学案》言"晦翁生平不喜浙学"③。"事功""功利"也就成为南宋浙学（浙东学派）的代名词。南宋时期出于恢复中原的需要，士人阶层中出现了一股讲求经世致用、注重事功的实学思潮，是为"事功实学"。它集中体现为以陈傅良、叶适、陈亮、唐仲友等为代表的经史、经制之学，也就是朱熹所说的"多尚事功"的浙学④。

以薛季宣、陈傅良、叶适为代表的永嘉学派，在本体论上提出了"道非器可名，然不远物，则常存乎形器之内"⑤"物之所在，道则在焉……道虽广大，理备事足，而终归之于物，不使散流，此圣贤经世之业"⑥的哲学命题，认为充盈宇宙者是"物""器"，而"道"则存在于"物"。可以说，"道不远物""道不离器"就是浙东永嘉学派"事功实学"的哲学基础。永嘉

①朱熹：《香溪范子小传》，载范国梁点校：《范浚集》，浙江古籍出版社2014年版，第278页。

②黎靖德编，王星贤点校：《朱子语类》，中华书局1986年版，第2967页。

③《黄宗羲全集》第3册，第45页。

④近代浙学家宋恕从"浙学故重史"的学统出发，对南宋浙学与以朱熹为代表的闽学纠葛予以阐述："浙学故重史，而永嘉为最……南宋浙学虽分数派，然皆根据文献之传，绝异于闽学之虚憍。而永嘉诸先生尤能上下古今自抒伟论，故当其时，浙学诸派皆为闽学所攻，而永嘉被攻尤甚。"（邱涛编：《中国近代思想家文库·宋恕卷》，中国人民大学出版社2014年版，第248页）

⑤张良权点校：《薛季宣集》，上海社会科学院出版社2003年版，第298页。

⑥叶适：《习学记言序目》，中华书局1977年版，第720页。

学派成员均持"通经致用"的主张，格外重视对经史和政制以及田赋、兵制、地形、水利等实务的探究，借鉴古代的典章制度而为现实政治问题的解决寻找出路，借古代经制的研究而制定切合实情的治国方略，施之于现实，以期实现事功。[①]比如，薛季宣治学重"开物成务之功"[②]，认为只有通晓天地万物之理，并按理行事才会成功。陈傅良有"儒者贵知务"[③]的提法，以通达实际事务为儒者之标准。叶适说："知道德之实而后著见于行事，乃出治之本、经国之要也。"在《上宁宗皇帝札子》中，其建言宁宗"修实政于上，而又行实德于下"[④]，以改变南宋政治、经济、军事上的积弊，富国强兵、恢复中原。故而黄宗羲为"务实不务虚""弥纶以通世变"的"永嘉之学"正名："永嘉之学，教人就事上理会，步步着实，言之必使可行，足以开物成务。"[⑤]

与永嘉学派一样，永康学者陈亮也承认"道"的客观实在性，"道"存在于具体的事物中："天地之间，何物非道"[⑥]"天下岂有道外之事哉……夫道，非出于行气之表，而常行于事物

[①]董平注释，祁茗田评析：《浙江精神之哲学本源》，浙江古籍出版社2004年版，第6页。

[②]张良权点校：《薛季宣集》，上海社会科学院出版社2003年版，第299页。

[③]周梦江点校：《陈傅良先生文集》，浙江大学出版社1999年版，第548页。

[④]刘公纯、王孝鱼、李哲夫点校：《叶适集》，中华书局1961年版，第6—9页。

[⑤]《黄宗羲全集》第5册，第56页。

[⑥]邓广铭点校：《陈亮集》，河北教育出版社2003年版，第279页。

之间者也……天下固无道外之事也。"①此为陈亮"事功之学"的立论基石。据此，陈亮讲究"实能、实效"的事功学："苟人事皆得其实，是乃应天之实也。人材欲取实能，政事欲取实效。诸所进用，必考其实。"②故而永嘉学者陈傅良在《答陈同父书》中指出永康之学的要义："功到成处，便是有德；事到济处，便是有理。"③

全祖望《宋元学案·序录》在比较、批判意义上指陈永康之学"专言事功"："永嘉以经制言事功，皆推原以为得统于程氏（程颢、程颐）。永康则专言事功，而无所承。其学更粗莽。"④《宋元学案》的另一编纂者黄百家也有类似论断："永嘉之学，薛（季宣）、郑（伯熊）俱出自程子（程颐）。是时陈同甫亮又崛兴于永康，无所承接。然其为学，俱以读书经济为事，嗤黜空疏随人牙后谈性命者，以为灰埃。亦遂为世所忌，以为此近于功利，俱目之为浙学。"⑤简言之，永康之学"以读书经济为事"，崇实黜虚，力图使传统儒学切于实用。缘此之故，"以醇儒之道自律"的朱熹则讥讽永康（包括永嘉）之浙学为"功利之学"。应该指出，永康之学并不否定程朱的"天理性命之说"，只是鉴于富国强兵、恢复中原的现实之需，才更加注重

---

①邓广铭点校：《陈亮集》，河北教育出版社2003年版，第79页。
②邓广铭点校：《陈亮集》，河北教育出版社2003年版，第358页。
③张良权点校：《陈傅良先生文集》，浙江大学出版社1999年版，第460页。
④《黄宗羲全集》第3册，第39页。
⑤《黄宗羲全集》第5册，第216页。

道德的现实效用，故而将"事功之学"简单混同于"功利主义"便远离了永康之学的本义。朱舜水特为陈亮辩护："仆谓治民之官与经生大异，有一分好处，则民受一分之惠，而朝廷享其功，不专在理学研穷也。晦翁先生以陈同甫为异端，恐不免失当。"①易言之，南宋事功哲学就是"正德、利用、厚生"之学，是儒学"实用理性"抑或"实践理性"的充分彰显。

南宋时期，以吕祖谦、唐仲友为代表的"婺学"（金华之学），也提倡实学精神。得"中原文献之传"的吕祖谦，为学为政均以践履为第一义："今人为学，多尚虚文，不于着实处下工夫，到临事之际，种种不晓。学者须当为有用之学。"②读有用之书、作有用之文、成有效之事，就是吕祖谦的为学之道。他在《乾道六年轮对札子》中建言宋孝宗"求实学""用真儒"："夫不为俗学所汩者，必能求实学；不为腐儒所眩者，必能用真儒。"③还在《太学策问》中主张太学教育应"讲实理、育实材而求实用"："今日所与诸君共订者，将各发身之所实然者，以求实理之所在。"④在论学书信中，吕祖谦强调"学者以务实躬

---

①朱谦之整理：《朱舜水集》，中华书局1981年版，第386页。

②黄灵庚、吴战垒主编：《吕祖谦全集》第7册，浙江古籍出版社2008年版，第68页。

③黄灵庚、吴战垒主编：《吕祖谦全集》第1册，浙江古籍出版社2008年版，第54页。

④黄灵庚、吴战垒主编：《吕祖谦全集》第1册，浙江古籍出版社2008年版，第84页。

行为本"①，"切要工夫，莫如'就实'，深体力行"②。此外，他在《与朱元晦书》中也称颂永嘉学者薛季宣的"确实有用"之学："（薛季宣）向来喜事功之意颇锐……于世务二三条，如田赋、兵制、地形、水利，甚曾下工夫，眼前殊少见其比。"③"其为人坦平坚决，其为学确实有用。"④

明代中期的实学以"心性实学"的形态出场。王阳明发扬良知之"心"的主体性，"不以孔子之是非为是非"，在批判继承先秦儒学、程朱理学的前提下，和会朱陆、融通三教，提出了"良知即天理""知行合一""致良知""明德亲民"⑤"天地万物一体之仁"等哲学命题。进而言之，阳明心学是由王阳明奠定、其弟子后学传承，以"良知"为德性本体，以"致良知"为修养工夫，以"知行合一"为实践智慧，以"明德亲民"为政治应用⑥，以"天地万物一体之仁"为境界追求的良知心学，

---

① 黄灵庚、吴战垒主编：《吕祖谦全集》第 1 册，浙江古籍出版社 2008 年版，第459 页。

② 黄灵庚、吴战垒主编：《吕祖谦全集》第 1 册，浙江古籍出版社 2008 年版，第499 页。

③ 黄灵庚、吴战垒主编：《吕祖谦全集》第 1 册，浙江古籍出版社 2008 年版，第412 页。

④ 黄灵庚、吴战垒主编：《吕祖谦全集》第 1 册，浙江古籍出版社 2008 年版，第416 页。

⑤ 在阳明门人中，黄绾首次对王阳明"良知""亲民""知行合一"的学术命题予以揭示。（参见张宏敏编校：《黄绾集》，上海古籍出版社 2014 年版，第 563—564 页）

⑥ 吴光：《王阳明的人生与学问》，载《光明日报》2017 年 4 月 30 日。

更是儒家意义上的内圣外王之学。

阳明强调"立志而圣则圣矣，立志而贤则贤矣"①，既有成就圣贤理想人格的道德实践，也要求经世致用的政治实践。关于"心性实学"的阐释，王阳明《与陆原静书》言："使在我果无功利之心，虽钱谷兵甲，搬柴运水，何往而非实学？"②《传习录》言："簿书讼狱之间，无非实学。"③《寄希渊（三）》云："患难忧苦，莫非实学。"④《答路宾阳（癸未）》云："民人社稷，莫非实学。"⑤《揭阳县主簿季本乡约呈（四月）》云："足见爱人之诚心，亲民之实学。"⑥《春日花间偶集示门生》诗云："坐起咏歌俱实学。"⑦总之，在阳明这里，弟子门人在出仕后的政事行为，诸如"钱谷兵甲，搬柴运水""簿书讼狱""民人社稷""亲民"等，皆蕴含着道德实践的实学工夫。

阳明心学的核心命题"致良知"也是针对"事"的实践智慧："致良知，便是'必有事'的工夫。"⑧根据"实学即儒学"

---

①吴光等编校：《王阳明全集》，上海古籍出版社2015年版，第804页。

②吴光等编校：《王阳明全集》，上海古籍出版社2015年版，第143页。

③吴光等编校：《王阳明全集》，上海古籍出版社2015年版，第83页。

④吴光等编校：《王阳明全集》，上海古籍出版社2015年版，第136页。

⑤吴光等编校：《王阳明全集》，上海古籍出版社2015年版，第163页。

⑥吴光等编校：《王阳明全集》，上海古籍出版社2015年版，第533页。

⑦吴光等编校：《王阳明全集》，上海古籍出版社2015年版，第596页。

⑧吴光等编校：《王阳明全集》，上海古籍出版社2015年版，第108页。

"只用真儒之学方可称'实学'"的判定①，可以称真儒王阳明之心学为名副其实的"实心实理之实学"。故而胡宗宪在《重刊〈阳明先生文录〉叙》中有"良知皆实理，致知皆实学"的论断②。黄宗羲作为阳明心学的传承者，认为"'致'字即是'行'字"，提出了"圣人教人只是一个行"③的新命题。简言之，儒学作为一种"万物一体之实学"，是价值理性与工具理性的完美统一，而在王阳明的道德实践和政事实践中，"内圣外王"这一儒者的最高理想得以彰显。限于篇幅，对王阳明的外王事功（诸如提督南赣军务，征横水、桶冈、三浰；巡抚江西，征宁藩；总督两广，平定思田，征剿断藤峡、八寨）兹不赘述。

在对明代中前期的实学要义进行学术史的梳理后，笔者再回到解读刘宗周"力行实学"思想的主题。

二、"言工夫而本体在其中"

以"明体达用""经世致用"为实学要义，刘宗周学术思想的实学性格主要体现在道德践履与政治实践之中。对于前者，刘宗周研究专家詹海云教授有言："蕺山为躬行君子，重工夫之实践，是书（《圣学吃紧三关》）正示学者践履躬行之途。"④

①参见汤一介编：《国故新知：中国传统文化的再诠释》，北京大学出版社1993年版，第313—325页。

②吴光等编校：《王阳明全集》，上海古籍出版社2015年版，第1322页。

③《黄宗羲全集》第7册，第197页。

④《刘宗周全集》第6册，第766页。

杜维明也有文指出："宗周这个人是一个充满着现实的政治关怀的人，他的学说不离人伦日用，这是他最真实的一面。"①刘宗周作为一个行动派知识分子，把自己的学问与阳明的学问相贯穿，坚持"致知就是力行"，故刘宗周的哲学是一种强调"功夫的力行哲学"②。

刘宗周道德实践工夫所彰显的实学意蕴，主要通过"慎独"工夫的落实、实践而成就。比如刘宗周在《证学杂解六》中这样说道："古人慎独之学，固向意根上讨分晓，然其工夫必用到切实处，见之躬行。"③也就是说，"独体"包括"意体"的证得、体究，需要以慎独为主进行道德实践，这不是随口说来的，而要躬行实践以体证。如此，工夫、本体二者便可以合二为一。

对于刘宗周"言工夫而本体在其中"的本体工夫合一说，黄宗羲指出："先生之学，以慎独为宗。儒者人人言慎独，唯先生始得其真……慎之工夫，只在主宰上。"④黄宗羲在评论刘宗周"独"（本体）、"慎独"（工夫）论时，重申了"即独即慎独"的说教："先生宗旨为慎独。始从主敬入门，中年专用慎独工夫。慎则敬，敬则诚。晚年愈精微、愈平实，本体只是些子，

---

①杜维明、东方朔：《杜维明学术专题访谈录：宗周哲学之精神与儒家文化之未来》，复旦大学出版社2001年版，第58页。

②参见杜维明、东方朔：《杜维明学术专题访谈录：宗周哲学之精神与儒家文化之未来》，复旦大学出版社2001年版，第64页。

③《刘宗周全集》第2册，第264页。

④《黄宗羲全集》第8册，第890页。

工夫只是些子。仍不分此为本体，彼为工夫。亦无这些子可指，合于无声无臭之本然。"①

从这里可以看出，刘宗周对"本体工夫之辨"的处理，已经具有了"本体—工夫""工夫—本体"融合的致思路数。刘宗周在崇祯五年（1632）讲学于证人社之时，为了纠正浙中王门王畿、周海门、陶望龄、陶奭龄这一派"舍工夫谈本体"的"病痛"，开创了一条由"工夫达本体"的路径，"工夫愈精密，则本体愈昭荧"：

> 独之外，别无本体；慎独之外，别无工夫，此所以为《中庸》之道也。②
>
> 本体只是这些子，工夫只是这些子，并这些子，仍不得分此为本体，彼为工夫。既无本体工夫可分，则并亦无这些子可指。③
>
> 学者只有工夫可说，其本体处，直是著不得一语。才著一语，便是工夫边事。然言工夫，而本体在其中矣。大抵学者肯用工夫处，即是本体流露处，其善用工夫处，即是本体正当处，非工夫之外别有本体，可以两相凑泊也。④

---

① 《黄宗羲全集》第1册，第250页。
② 《刘宗周全集》第2册，第300页。
③ 《黄宗羲全集》第1册，第302页。
④ 《黄宗羲全集》第8册，第945页。

从上述文字可以发现，刘宗周的"慎独—诚意"理论体系论及本体工夫之关系时，多强调以"工夫"合会、统摄"本体"，从慎独、诚意的修养工夫之中体悟本体，即"本体自在工夫中，工夫之外无本体"。另外，刘宗周有"即知即行，即心即物，即动即静，即体即用，即工夫即本体，即下即上，无之不一"①的论断。应该指出，刘宗周"本体工夫之辨"的思想来源是多方面的，既有王阳明的"知行合一"之说，又有《中庸》"天命之性""率性之道""修道之教"，还有《伪古文尚书》"虞廷十六字心传"。刘氏曾言：

> 虞廷说个"惟微"，是指道体至微至妙处；说个"精一"，是指工夫至微至妙处；又说个"执中"，是指本体工夫合一至微至妙处，所以为千万世心学之祖。
>
> "人心惟危，道心惟微"，道心即在人心中看得，始见得心性一而二、二而一。然学者工夫不得不向危处起手，是就至粗处求精，至纷处求一，至偏倚处求中也。②

上述论述表明，刘宗周对宋明理学体系（"心性之学"）诸范畴关系的论述，是有别于先儒"二元论"（"分析支离之说"）的言说范式。其采用了一种类似"一元论"的辩证思路，

①《黄宗羲全集》第7册，第14页。
②《黄宗羲全集》第1册，第281页。

抑或说是一种"内在一元倾向"的思维方式："人心道心，只是一心；气质义理，只是一性。识得心一性一，则工夫亦可一。静存之外，更无动察；主静之外，更无穷理。其究也，工夫与本体亦一，此慎独之说。"①

在程朱理学的范畴体系中有多对相互关联的范畴，刘宗周对于这些范畴关系的不同解读，使其"慎独—诚意"理论体系越发地具有"一元论"特征，这就从逻辑上解决了程朱理学和阳明心学在发展过程中出现的重理论、轻实践缺陷。论证如下：

在程朱理学中，"心"与"性"是相对的概念，二者处于对立面，是非此即彼的关系，不能共同存在。而刘宗周则认为"性者，心之性"，心与性二者具有统一性，在实践中不以舍去某一方为目的。在程朱理学中"性"与"情"相对，刘宗周则认为"情者，性之情"。程朱理学认为"心"统摄"性""情"，"心"具有更高一层的理论含义，而刘宗周则提出"心之性、情"，认为二者都是心的属性，三个概念具有逻辑上的一元性。针对程朱理学以"人欲"为"人心"、"天理"为"道心"，以及将"天理"与"人欲"、"人心"与"道心"相对立的观点，刘宗周提出"心只有人心，道心者，人心之所以为心"，从而将

---

① 《刘宗周全集》第2册，第301页。刘宗周《中庸首章大义》："性只有气质之性，而义理者，气质之本然，乃所以为性也。心只有人心，而道者人之所当然，乃所以为心也。人心、道心只是一心，气质、义理只是一性，识得心一性一，则工夫亦一。静存之外更无动察，主敬之外更无穷理。其究也，工夫与本体亦一。"（《刘宗周全集》第6册，第101页）

"人心"与"道心"相统一，"天理"与"人欲"相统一，这是对程朱理学"存理灭欲"观点的一大修正。另外，关于分"性"为"气质""义理"的观点，刘宗周认为"性只有气质。义理者，气质之所以为性"。关于"未发为静，已发为动"的观点，刘宗周认为"存发一机，动静一理，推之存心、致知，闻见、德性之知，莫不归之于一"①。

从以上论述中，可以看到刘宗周所建立的以"慎独诚意"为工夫而证心的理论体系的鲜明特征。这也奠定了刘宗周作为宋明理学之"殿军"的学术地位。对此，刘宗周之孙刘士林这样说道："（刘）先生之学，无内无外，无动无静，体用一原，显微无间，同朱子之穷理而守其约，合阳明子之良知而举其全，折衷群儒以归至当，总周、程而上接孔氏，实为明儒之冠，又何疑哉！"②

总之，对于先儒意见的"分析支离"，刘宗周皆统而一之，并以六经为依据：《论语》曰"吾道一以贯之"，《书》曰"德唯一，动罔不吉；德二三，动罔不凶"，《诗》曰"士也罔极，二三其德"，《易》曰"天下之动，贞夫一者也"。

毋庸置疑，"工夫之与本体有二者，便不一也""即工夫即本体""即下即上"的提法，为刘宗周努力构建的"慎独哲学"体系之重要部分。其论说重点与构建哲学本体论的致思路径，

---

① 《刘宗周全集》第6册，第49页。刘宗周相关论述，见成书于崇祯十六年（1643）十二月的《存疑杂著》，还见于崇祯四年所成《中庸首章说》（《中庸首章大义》）。

② 《刘宗周全集》第6册，第609页。

已由"本体"下移到"工夫",即着力突出"力行"的重要性,这无疑是一种重实践重经验的实学学风。①

三、"一种功夫的力行哲学"

早年师从许孚远之时,许孚远曾告以"为学不在虚知,要归实践"②,刘宗周牢记于心并终身实践之。这是刘宗周实学的理论源头之一。

天启二年(1622),邹元标、冯从吾率同志讲学于京师首善书院,刘宗周亦与焉。邹、冯二先生每有疑问,必咨询刘宗周如何为是。然而邹元标"宗解悟",冯从吾"重躬行",两家分歧无法疏通之时,刘宗周多以冯从吾之言为当③,这就与冯氏"重躬行"有关。据此亦可见,刘宗周对"躬行"之实践工夫的看重。

对于刘宗周学术思想及其政治建言的实学性格,其高足张履祥有论:"世儒之为教也,好言本体,而先生(刘宗周)独言工夫;多逞辞辩,而先生率以躬行;崇尚玄虚,而先生示以平实。"④《四库全书总目提要·人谱》亦云:"姚江之学多言心,

---

① 张宏敏:《王阳明"本体工夫之辨"在明清之际的学术走向:以刘宗周、黄宗羲为中心的考察》,载《中共宁波市委党校学报》2010年第1期。

② 《刘宗周全集》第6册,第62—63页。

③ 参见《刘宗周全集》第6册,第77页。

④ 张履祥著,陈祖武点校:《杨园先生全集》,中华书局2002年版,第636页。

宗周惩其末流，故课之以实践。"①吴杰《重刻刘子全书序》也有同样的点评，说明了刘宗周慎独之学"践履笃实"的学术性格。②而刘宗周所上奏疏更是其实学的重要组成部分，董玚在编订《刘子全书·文编》之时，以"首奏疏，致用也"之语突出蕺山学的笃实学风。

（一）对"力行"的阐释

《中庸》有"力行近乎仁"的提法，意指儒家在道德修养的工夫实践上，成就君子、圣贤般的理想人格，唯有努力实证方可达"仁"之境界。刘宗周对道德实践工夫的"力行"义颇为看重，并提出了自己的"力行哲学"。可以说，"力行哲学"也是刘宗周政治思想的哲学基础之一。

刘宗周对于"力行"的阐释，最早见诸《论语学案》。现检录于下：

《论语学案》在疏解"子曰：'由，诲女知之乎！知之为知之，不知为不知，是知也。'"之时，有云："子路力行可畏，未必心地划然。缘他气质兼人，往往失之径行直遂，故心易

---

①四库全书整理所整理：《钦定四库全书总目》（整理本），中华书局1997年版，第1231页。

②吴杰《重刻刘子全书序》："先生之学以慎独为宗，虽源出姚江，亦尝与石梁（陶奭龄）同作证人之会，而践履笃实，不偏辞辨，为明季儒者之冠。"（《刘宗周全集》第6册，第655页）

受蔽。"①

《论语学案》在疏解"子曰：'君子欲讷于言而敏于行。'"之时，有云："言语说不出口，大段是好事，正欲留此精神在行上。若力行不前，因循阻丧，终成暴弃，虽有欲讷之心，亦无所用之。两者矫轻儆惰，机若相因而心惟一致。盖君子为己之学然也。"②

《论语学案》在疏解"子路有闻，未之能行，唯恐有闻"之时，有云："子路所闻，不必定是何等道理。只如吾辈日用应酬，纷纭汗漫，才犹豫且担误过许多，斯知古人力行不可及。然力行自有力行病痛，故夫子曰：'有父兄在，如之何其闻斯行之'。"③

《论语学案》在疏解"樊迟……问仁。曰：'仁者先难而后获，可谓仁矣。'"之时，有云："惟仁者勇于力行，而不累于正助之私。"④

《论语学案》在疏解"子路问：'闻斯行诸？'子曰：'有父兄在，如之何其闻斯行之？'……"之时，有云："'闻斯行之'，为学自当如此，何与父兄事？有父兄在，只是不敢径直行将去，若有所禀承者……子路力行可畏，只是粗，兼人处全是

---

① 《刘宗周全集》第1册，第284页。

② 《刘宗周全集》第1册，第318页。

③ 《刘宗周全集》第1册，第328页。

④ 《刘宗周全集》第1册，第351页。

气魄用事。"①

《论语学案》在疏解"子张问崇德辨惑"之时，有云："只是一心，而心所散见处便是义，便有无穷境界。我这主一之心既葆得此理完固，足以为日用云为之本，由是随事精察而力行之，日新又新，转徙无端，小而证之日用饮食，大而察之纲常伦理，无不得其泛应之妙，所谓徙义也。此'道问学'之功也，崇德得力处在此。"②

《论语学案》在疏解"子曰：'由！知德者鲜矣。'"之时，有云："德性人所固有，但行不着、习不察，鲜能知之。知德者深造自得，全体洞然，有不究其阃奥不已者，虽力行如由，犹或病之，况其他乎？……"③

此外，刘宗周晚年最关切的话语即是"力行"二字。崇祯十五年（1642）三月，他在《答钱生钦之》中写道：

> "力行"二字甚佳，而所该亦详以尽。如体认是力行第一义，存养是力行第二义，省察是力行第三义，践履是力行第四义，应事接物是力行第五义。善反之，则应事接物正是践履之实，践履正是省察之实，省察正是存养之实，存养正是体认之实。归到"体认"二字，只致良知足以尽之，此正所谓力行之实也。今人以致知为一项，以力行为

①《刘宗周全集》第1册，第426页。
②《刘宗周全集》第1册，第438页。
③《刘宗周全集》第1册，第486页。

一项，所以便有病痛。又就其中每事都作逐件看，或后先错杂，或支离纷解，愈远而愈不合矣。①

　　崇祯十五年（1642），刘宗周在《圣明图治方殷草莽忧时转切敢再披愚悃以资匡济疏》中，又以"诚意之教"为力行实学的基石："……请士大夫先诚其意。意诚则念念诚，事事实。兵为实兵，饷为实饷，人才为真人才，守实守，战实战，官为真官，吏为真吏，百姓为吾真百姓，一真无有不真者。但问是真、是实，不患讲求之不至；讲得是真、是实，不患力行之不前。"②

　　对于刘宗周道德实践、政治实践中的真知、实践，雷铉在《刘蕺山先生文集序》中建议后世学者效仿学习："且夫学先生者，学其真知实践，力严慎独之功，此乃人禽之界，无地可容自遁。"③

　　明室灭亡，刘宗周以身殉国，更是对圣人"朝闻道夕死可矣"生死观的"力行"实践。《四库全书总目·论语学案》云："（刘宗周）其解'见危致命'章曰：'人未有错过义理关而能判然于生死之分者。'卒之明社既屋，（刘宗周）甘蹈首阳之一

---

① 《刘宗周全集》第3册，第372页。

② 《刘宗周全集》第3册，第163—164页。

③ 《刘宗周全集》第6册，第724页。

饿，可谓大节皭然，不负其言矣。"①

（二）刘宗周治学中的"力行"精神

刘宗周对阳明良知学的态度有"三变"，黄宗羲言"先生于新建（王阳明）之学凡三变：始而疑，中而信，终而辨难不遗余力，而新建之旨复显"②。刘汋也有同样的言论："先生于阳明之学，凡三变：始疑之，中信之，终而辨难不遗余力。"③

黄宗羲、刘汋称刘宗周"于阳明之学……始疑之"之语，主要是指刘宗周在万历三十一年（1603）师从"学宗朱子"的许孚远之后，以"主敬"为"存理遏欲"砥砺圣学之功。刘宗周早年不喜象山、阳明之学，其尝曰："象山、阳明直信本心以证圣，不喜言克治边事，则更不用学问思辨之功矣。其旨痛险绝人。苟即其说而一再传，终必弊矣。观于慈湖、龙溪可见，况后之人乎！"④

称刘宗周"于阳明之学……中信之"之语，主要是指天启六年至七年间（1626—1627），刘宗周因编辑《皇明道统录》之

---

①四库全书整理所整理：《钦定四库全书总目》（整理本），中华书局1997年版，第475页。

②《黄宗羲全集》第1册，第254页。

③《刘宗周全集》第6册，第464页。

④刘宗周语，见刘汋《蕺山刘子年谱》"万历三十一年条"下（《刘宗周全集》第6册，第62页），姚名达《刘宗周年谱》置刘宗周早年论陆王语于"万历三十一年条"下（《刘宗周全集》第6册，第232页）。

需而通读《阳明文集》，并开始信奉其说。对此《蕺山刘子年谱》"天启七年丁卯"条这样记载：

> （刘）先生读《阳明文集》，始信之不疑，为论次曰："先生承绝学于辞章训诂之后，一反求诸心，而得其所性之觉，曰良知。因示人以求端用力之要，曰致良知。良知为知，见知不囿于闻见；致良知为行，见行不滞于方隅。即知即行，即心即物，即动即静，即体即用，即工夫即本体，即下即上，无之不一，以救学者支离眩鹜之病，可谓震霆启寐，烈耀破迷，自孔孟以来，未有若此之深切著明者也。特其急于明道，往往将向上一机轻于指点，启后学躐等之弊有之。天假之年，尽融其高明卓绝之见而底于实地，则范围朱、陆而进退之，有不待言矣。"①

刘宗周对阳明学的认同是在一次次的实践中形成的。最初，因师从许孚远而不喜陆王心学，在与刘永澄、高攀龙等人的论辩中逐渐认识到程朱理学的理论弊端，后在研读阳明全集（《王文成公全书》）的过程中对"良知学说"有了新的解读，从而实现了对阳明心学和程朱理学的扬弃，形成了以"慎独诚意"为宗旨的理论体系，以躬身务实践行修正晚明日渐浮夸、空谈的学风。

---

① 《刘宗周全集》第6册，第85页。

四、"学政合一"的圣学经世论

宋儒张载有云："朝廷以道学、政术为二事，此正自古之可忧者。"①元儒陶宗仪《南村辍耕录》卷三《正统辩》引杨维桢《三史正统辩》语："道统者，治统之所在也。"②笔者则认为道学并不完全等于理、气、性、命的探究，道学虽然是以"内圣"显其特色，但"内圣"的终极目的不是人人都成圣成贤，而仍然是构建合理的人间秩序，也就是"治道"的重建。简言之，道学与政术是一体的两面。刘宗周一生治学、从政，致力于学以致用，即追求道统与政统的结合、学术与政治的统一。对此，刘士林《蕺山先生世谱》有论："公（刘宗周）学宗孔、孟，道继程、朱，海内师儒仰为邹、鲁。学问本乎诚正，非孔、孟不以教人。经术独鄙富强，惟尧、舜可以事主。临终绝粒，从容就义，比耀夷、齐，争光日月，收三百年养士之功，立千载人臣之极。"③

刘宗周在《古小学记小序·政本》一文中提出了"学政合一"的理念："古之君子言学而政在其中，故曰：'政者正也。'"④刘宗周晚年主讲证人社时，某邑令问"为政之要"，刘宗周便以"慎独"之"平心"说告之："为人上者，平其心而已

---

① 章易琛点校：《张载集》，中华书局1978年版，第349页。
② 徐永明、杨光辉整理：《陶宗仪集》，浙江人民出版社2005年版，第131页。
③《刘宗周全集》第6册，第552页。
④《刘宗周全集》第4册，第47页。

矣。无作好，无作恶，心平则政平，政平则推之一邑，而一邑得其平；推之一郡，而一郡得其平；推之天下，而天下得其平。此中和位育实际处也。"①"心平则政平"，就是心学经世的一种实践表达，这既是一种经邦济世、学以致用的学风，也是一种学政合一的实学作风。

刘宗周的"学政合一"论，突出表现在圣学治世与经术经世两个方面。

（一）圣学治世

周孔儒学即圣人之学自产生、发展以来，便强调"入世"（"经世致用"）的精神与"经济"（"经邦济世"）的理念。《论语·宪问》有云：

> 子路问君子。子曰："修己以敬。"曰："如斯而已乎？"曰："修己以安人。"曰："如斯而已乎？"曰："修己以安百姓。修己以安百姓，尧舜其犹病诸！"②

儒家意义上的君子，虽然强调为己之学的内在道德主体性的完善与充实，但是"修己"并不是君子的终极目标，"安人""安百姓"才是君子乃至圣贤的最终使命。易言之，从儒学发生

---

① 《刘宗周全集》第 2 册，第 521 页。
② 朱熹：《四书章句集注》，中华书局 1983 年版，第 159 页。

学的角度来看，它自产生之日起就具有以"安人""安百姓"为基本价值取向的治世精神。宋儒陆九渊所说"儒者虽至于无声无臭、无方无体，皆主于经世"①，就是这般道理。

刘宗周作为一介儒臣（"醇儒"），笃信圣学不疑，以为以"六经"为主体的圣人之学、仁义之道可以"包治百病"，解决一切"疑难杂症"。易言之，圣学即是指导封建社会治理的"不二法门"。在《痛切时艰直陈转乱为治之机以仰纾宵旰疏》中，刘宗周有云："臣尝读史，至唐德宗一再播迁，天下之势几于万难措手，而其臣陆贽所以启告其君者，独本之《六经》仁义，为一时强明自用之药，卒以再造唐室。臣乃知圣人之道可以治世。"②

在《微臣不能以身报主敬竭报主之心终致主于尧舜疏》中，刘宗周提出了"明圣学以端治本""躬圣学以建治要""崇圣学以需治化"的政事建言。③"明圣学以端治本"之语意在求"天下无无本之治"，刘宗周恳请国君（崇祯帝）学圣学慎独之功夫，求得"独体"。"躬圣学以建治要"意在要求国君躬亲圣学，法尧舜之明目达聪，而推本于舍己，亟舍其聪明而归之暗，以天下之是非为真是非，斯以天下之聪明为大聪明；广开言路，合众论之同，建用中之极，从而实现"端拱无为，而天下治"的效果。"崇圣学以需治化"也是要求国君"求端于圣学，以明

①钟哲点校：《陆九渊集》，中华书局1980年版，第17页。

②《刘宗周全集》第3册，第113页。

③参见《刘宗周全集》第3册，第152—162页。

德化天下"。

通过上引两道奏疏，可以判定刘宗周所云圣学实则系以"四书五经"为主体的儒学，其亦包括史学著作，"臣尝读史"云云可以为证。

（二）经术经世

刘宗周为表彰"经济名臣"陈仁锡而作《大司成芝台陈公传》，有"（陈）公既治经学有闻，乃进而旁治史家言，遂留心经济之学"之语，指出陈仁锡之所以有《赋役》《经济八编》《皇明世法》等"经济"之编，乃是源自经史之学的积累，即"大要归之于经术经世"①。这里，刘宗周提出了"经术经世"即"经学经世""史学经世"的观点。

对于后进学者如何研读圣学，刘宗周在《读书说（示儿）》中这样安排：先以《小学》立其基，进而以《大学》提其纲，次以《中庸》究其蕴，再以《论语》践其实，终以《孟子》约其旨。《四书》读毕，再读《五经》：读《易》而得吾心之阴阳，读《诗》而得吾心之性情，读《书》而得吾心之政事，读《礼》而得吾心之节文，读《春秋》而得吾心之名分。除此之外，再读《四子》以沿其流，读《纲目》以尽其变，而吾之心无不自得。其余诸子百家，泛涉即可。②

---

① 《刘宗周全集》第4册，第287页。
② 参见《刘宗周全集》第2册，第297—298页。

承上所言，史学著作像《资治通鉴纲目》之类也是刘子认可的儒者必读书目。刘宗周唯一的一部史学名作《中兴金鉴录》，更是对"史学经世"观念的落实。

《中兴金鉴录》成于南明福王弘光元年（1645）二月，有"史学经世"之意。刘汋《蕺山刘子年谱》有记："初，先生赴召留都，皇皇中兴无象，至寝食交废。是时，张应鳌从行，请定《历代中兴录》为新君龟鉴。先生跃起曰：'是予志也。'即命应鳌具草……先生又取高皇帝及二帝三王以续之。一曰《祖鉴》，二曰《近鉴》，三曰《远鉴》，四曰《王鉴》，五曰《帝鉴》，近自皇祖、宋高、唐肃而上溯之帝尧，又自尧历舜、禹、文、武，心法、治法合为一源，名曰《中兴金鉴》。"[1]

君王中兴之"心法""治法"，其具体内容是什么呢？在"祖鉴篇"中，刘宗周依据明太祖创业之历史经验，总结出为君者的治国之法（"治法"）主要有"崇经术""谨天威""重民事""求贤""纳谏"等[2]；"心法"是尧、舜、禹、汤、文、武等二帝三王相互授受之心法，基本内容即是称为"万世心学之源"的"虞廷十六字"——人心惟危，道心惟微，惟精惟一，允执厥中。[3]值得注意的是，刘宗周还把二帝三王授受心法即尧之"钦明"、禹之"克艰"、汤之"惟一"、武王之"敬胜"等，最终归之于其晚年所主学术思想之宗旨——"诚意"。

---

① 《刘宗周全集》第6册，第163页。

② 参见《刘宗周全集》第5册，第121—127页。

③ 参见《刘宗周全集》第5册，第281页。

《中兴金鉴录》"祖鉴篇"摘录明太祖朱元璋"尊孔崇经"之事凡九条，如祭祀孔子、廷讲《大学衍义》、颁《五经四书》于北方学校等。对此，刘宗周有按语云："汉高不事《诗》《书》，唐文徒勤翰墨，而皇祖独以经术崇孔子，开我明一代文明之运。"①这里，刘宗周对朱元璋的表彰意在强调"经学经世"宜作为"治法"之一种。刘宗周还对朱元璋"随事而条阐治道，皆出经而入史"这种以经世之学来阐述"治道"的做法大加赞叹："煌煌乎帝典王谟之遗意也，非天纵之圣，何以有此？"这也可以视为刘宗周所主"经史经世"的一个注脚。

总之，刘宗周借鉴历史帝王中兴事迹而衷辑《中兴金鉴录》（包括祖鉴、近鉴、远鉴、王鉴、帝鉴），这种"史学经世意识"即是希望南明福王借鉴历史中兴之事而使明王朝再度崛起。可惜福王、潞王等南明小朝廷皆不争气，最终被清兵一一歼灭，"一代荩臣"刘宗周的最后一丝忠君报国的努力也化为云烟。

但是，这并不能否定"史学经世"的理念与价值，刘宗周高足黄宗羲有治经须兼读史的明言："学必原本于经术而后不为蹈虚，必证明于史籍而后足以应务。"②浙东史学家章学诚也有"史学所以经世，固非空言著述也"③的论断。

刘宗周生活的时代，迫使他成为"行动的知识分子"，以

---

① 《刘宗周全集》第5册，第121页。

② 朱铸禹汇校集注：《全祖望集汇校集注》，上海古籍出版社2000年版，第1059页。

③ 章学诚著，钱茂伟、童杰、隐鑫注译：《文史通义》，中州古籍出版社2012年版，第115页。

"担当的精神"积极参与政治活动。比如，刘宗周在晚年讲学之时时常告诫学生要各尽各人之责，他自己更是身体力行。与此同时，刘宗周还要进行理论创造，"为往圣继绝学"。不论刘宗周属于哪一家、哪一派，他面对的问题都是"如何在一个根本无法做人或做人相当困难的环境下，去做一个堂堂正正的人"①。因此，"宗周在他那个时代里，毫无疑问是最具影响力、最受尊重、最有引导能力的知识分子。"②

　　简言之，无论刘宗周的道德实践还是政治实践，其立论根基皆是经邦济世（"经世致用"）之实学。

---

①杜维明、东方朔：《杜维明学术专题访谈录：宗周哲学之精神与儒家文化之未来》，复旦大学出版社2001年版，第35页。

②杜维明、东方朔：《杜维明学术专题访谈录：宗周哲学之精神与儒家文化之未来》，复旦大学出版社2001年版，第37页。

第三章

刘宗周的政治思想

刘宗周是一位儒家思想的坚定践行者，通过对其"慎独—诚意"理论体系的解读，可以清晰地了解其对王道政治的推崇。刘宗周著书立说、传经布道、为官从政的最终目标就是实现王道。王道政治，简单来讲就是内圣外王之道，即通过提高君主的道德修养，使其成为国家的表率；通过仁政的推行以及对民众的教化，实现治国平天下的政治理想。因此，君主就是王道政治实现的首要因素。

一、君为政本

自秦始皇实现大一统并建立专制主义中央集权国家，君主专制就成为中国古代王朝之必备政治制度。君主作为国家政权的核心所在，其权力一直处于不断扩张之中。到明朝时，这种扩张达到了新的高峰。

在封建君主专制制度中，君主是国家最高权力的拥有者，臣子是国家权力和意志的实施者，即君主和臣子之间是有着权力划分的，这种划分是保证国家机器正常运转的必要设置。随着国家的不断发展，地域在扩张，人口在增长，各项事务也在不断增加，而君主个人精力有限，不可能处理所有的事务。即便君主有足够的精力，地域交通的限制也使得其无法保证政令推行畅通。因此，臣子的存在就具有必要性，他们是辅助君主治理地方的首要人选，也是辅佐君主处理全国性事务的幕僚。在古代中国，长期存在君权和相权（代表臣子权力）的斗争，明太祖朱元璋废除丞相就是这种斗争的集中体现。明朝建立之初，朱元璋借胡惟庸案废除丞相，君主直接统领六部，国家权力进一步向君主手中集中的同时，造成了君主理政负担加重的问题。虽然君主权力增大，在国家事务处理中拥有了更大自主性和独断性，但是缺少智囊辅助，其处理国家事务的难度也在增加。因此，明朝在丞相制度废除之后建立了内阁制度。为了避免权力集中于阁臣之手，内阁由多位阁员组成，并有首辅、次辅等区分，从而弥补了君主缺少智囊的不足。

为了限制内阁成员的权力，明朝皇帝就利用宦官势力来牵制内阁。内阁拥有票拟权，即在皇帝批阅奏折之前，内阁大臣先将对奏折所奏内容的回复意见写在票签并附于奏折之上，请皇帝批复。这种回复意见可以是与皇帝讨论后的共同意见，但更多时候是内阁成员先行自拟对奏折的批复，而皇帝在批阅奏折之时，往往会直接采纳票拟意见。这就给予内阁很大的政务裁量权，有可能会导致君主权力被内阁侵害。随之就出现了与内阁相互牵制的宦官机构——司礼监，设置司礼监之目的是监控阁臣，保障国家权力集中于君主。明初内廷司礼监设掌印太监和秉笔太监、随堂太监等，开始只是掌管皇帝生活起居的内宦机构，并无多大权力。朱元璋曾明令内监不得读书习字，不得干政，并告诫后人，若将内监用为心腹，则不可使之有功，而要使其畏法。但到明朝中后期，皇帝大多深居后宫，不理朝政，司礼监掌印太监逐渐拥有了代行"批红"的权力，即代替皇帝批阅奏折的权力，从而导致君权旁落、宦官专权屡禁不止的现象。宦官作为皇帝生活起居的管理者，与皇帝接触最多，更能揣摩皇帝的心理并投其所好，因此更能够获得皇帝的信任，从而左右皇帝的意见。明末，阁臣为了保住自己手中的权力往往会与内宦勾结，最终联手把持朝政。这时，作为国家最高权力的拥有者，皇帝往往处于被架空的状态。这种现象在万历时期尤为明显。

此外，为了更好地监控朝臣，明朝还设置了特务机构：锦衣卫和东西厂。设于明太祖洪武十五年（1382）的锦衣卫，原掌管皇帝的侍卫和仪仗，后为监察百官和加强中央集权被赋予侦察、逮捕、审讯等职能，掌管诏狱，直接对皇帝负责。东厂，即东缉事厂，为明成祖永乐十八年（1420）设置的特务情报机关，负责监察百官及锦衣卫，由皇帝亲信太监统领，直接对皇帝负责。西厂，即西缉事厂，明宪宗成化十三年（1477）于东厂之外增设，直接对皇帝负责，不受任何其他机关牵制，职责同于东厂，由皇帝亲信太监统领，但前后仅汪直和刘瑾两任提督。锦衣卫与东西厂合称厂卫。从厂卫的设置和职责不难看出，厂卫是为维护君主集权而存在的。由于其只对皇帝负责，听从皇帝的调遣，厂卫的日常工作就是为皇帝服务，不论是为了维护皇权而监察臣子，还是为了满足皇帝的私欲而大肆敛财，厂卫组织都会坚决执行。当然在行使权力的过程中，厂卫组织在完成皇命的前提下也会为自身谋取利益。这也造成厂卫在办差中往往会不择手段，大肆敛财。对于明朝官员来说，厂卫是令其惧怕、痛恨的，但为了身家性命，大部分官员在不损害自身利益的前提下，对于厂卫都是一副听之任之的态度。皇帝的宠信，朝臣的放任，使得厂卫组织越发肆无忌惮，成为明朝政治的一大祸患。

通过对明朝中央政治制度的简要分析，可以看到明代君主专制发展到了又一顶峰，整个明代政治制度的设置都是为了保障君主个人利益。明朝的历史告诉我们，这里的个人利益在更大程度上是指皇帝的个人私欲。正是由于皇帝个人私欲不断膨胀，在政治制度设计中又没有可以限制君权的因素存在，明朝皇帝对待政务有着很大的随意性，他们更多是听取身边没有治国经验的近臣（包括宦官）之建议来处理朝政，而不是采用有着丰富治国经验的朝中大臣的意见。可以说，明朝高度集中的君主专制制度在赋予君主最大的自由裁量权的同时，也将明朝一步步推向了灭亡。

封建君主专制制度预先为天下选定了管理者，但是这个管理者是否能够管理好天下就是另一个问题了。由于缺乏制度的约束，君主的品德就成为影响国家管理的重要因素。关于如何使君主能够胜任管理天下的职责，刘宗周认为首要的就是"正君心"。

二、君主正心

在没有制度制约的情况下，君主治理好国家的前提就是君主本身要有好的品德，仁善之君则能施仁政，暴戾之君必会行酷法。这与儒家内圣外王之道是一致的。自秦始皇建立封建大一统的帝国以来，君主就成为国家最高权力的所有者，以一人治天下就成为中国封建社会的常态。天下系于一人之手，要实现天下大治，君主个人便需具备极高的德行。《尚书·周书·蔡仲之命》有论："皇天无亲，惟德是辅。"上天将权力赋予君主，以其为"代天而理天下"者，那么怎样才能选择合适的君主呢？唯一"德"字而已。何为君主之德？不过"正心"二字。

董仲舒《举贤良对策》有云："为人君者，正心以正朝廷，正朝廷以正百官，正百官以正万民，正万民以正四方。"①这一论断阐明了一国之君在国家治理体系中所发挥的枢纽作用，为君者心正则官正，则民正，则天下正。君主在治理天下的过程中应起表率作用。刘宗周亦推崇董子之言，认为君心为国运之本，即"夫人主所自托于天下者，止此一心耳"②。可见，对于儒家来说，君心是治道之根本。刘宗周在《微臣不能以身报主敬竭报主之心终致主于尧舜疏》中阐发"明圣学以端治本"之时，有云："臣闻天下无无本之治。本一端而万化出焉，则人主之心是已。"③"人主之心"系虞廷之训"人心惟危"之心，人主治理天下之"心"系"道心惟微"之心；"道心"的体证则需要通过"惟精惟一，允执厥中"的道德实践来获取。刘宗周认为，君心是治理天下的关键，要实现天下大治，则君主要"执中"，也就是君主要保持公正之心，这是君主仁德的重要体现。

①袁长江等校注：《董仲舒集》，学苑出版社2003年版，第9页。

②《刘宗周全集》第3册，第246页。

③《刘宗周全集》第3册，第153页。

人都有私心私欲，君主也不例外，保持公正之心也不是一个想当然的过程，而是一个循序渐进的过程。刘宗周曾多次为君主阐明何为"正君心"的榜样。崇祯二年（1629），刘宗周任顺天府府尹，上《面恩陈谢预矢责难之义以致君尧舜疏》云："尧、舜之道，仁义而已矣。出乎仁义，则为功利、为刑名；其究也，为猜忌、壅蔽，与乱同事，此千古帝王道术得失之林也。陛下励精求治，宵旰靡宁……虽尧、舜之忧勤，弗切于此矣……然程效太急，不免见小利而速近功，何以效唐、虞之治乎？"①在刘宗周看来，尧舜之道，尧舜之学为之也。学之大者，在"执中"数语："中者，天命之性，仁义之极则也。仁以育天下，义以正天下。自朝廷达于边境，举而措之，陛下已一日尧而舜矣。"②尧舜之道就是君主应该效仿的治国之道，尧舜之所以能够实现天下大治就是因为尧舜二帝掌握了"执中"的精髓，这使他们成为千古圣君。刘宗周认为，只要崇祯帝能够效仿尧舜治天下就可以成就一代盛世伟业。刘宗周之所以对崇祯帝寄予厚望与崇祯帝继位后的表现密切相关。

明思宗继位后，励精图治，锐意中兴，拨乱反正，"综核名实，分别功罪，群臣救过不遑"。明熹宗在位时，宠信太监魏忠贤，使其任秉笔太监并掌印东厂，又封保姆客氏为奉圣夫人。魏、客二人联手把持朝政，朝廷内外遍布其党羽，为祸朝政，

① 《刘宗周全集》第 3 册，第 53 页。
② 《刘宗周全集》第 3 册，第 56 页。

诛尽东林人士，造就轰动一时的"东林七君子"案，并牵连大批反对魏、客之人。思宗继位后，清查阉党逆案，处置阉党人员共计三百五十人；焚毁《三朝要典》，明辨是非，将阉党构陷清流官员之情一一查清；为东林人士平反昭雪，恢复遭阉党诬陷官员的官职。明思宗在短短不到两年间完成了对前朝阉党势力的肃清和对被构陷官员的平反。在此过程中，思宗表现出了肃清奸佞的决绝勇气，并对受冤大臣进行抚恤，清明公正的行事风格赢得了朝臣的支持。但思宗亦表现出急功近利的一面，此时刘宗周已经洞悉明思宗"程效太急"之弊，以为"皇上具大有为之资，未有以二帝三王之道进之，故使为治不得其方"。故甫到京师，刘氏即上《面恩陈谢预矢责难之义以致君尧舜疏》，希望思宗效法尧舜，施行仁政。

在《微臣顶戴明纶恭申对扬之忱以图报称疏》中，就如何"以尧舜之心，行尧舜之道，成尧舜之治"，刘宗周有这样的解读："尧、舜之所以为圣者……不过致谨于人心、道心之辨，求其所谓中者而执之。由是以之官人，而知人则哲；以之治天下，而安民则惠……（皇上）已具尧舜之心矣。惟是人心、道心不能无倚伏之机。才出于人心，而过不及之端已授之政事之地，即求治而过，不免于害治者有之，而吾固不自知也。时时而提醒之曰：'得无与乱同事欤？'又时时而谨凛之。只此一念谨凛间，便是道心为主，是精一、是执中，皇上已一日而尧、舜矣……皇上但心尧舜之心以抚民耳，不患寇之不还为吾民也……皇上但心尧舜之心以莅中国耳，不患四裔之不终归我戎索也……天下之治从本源上操几，则事不劳而功集；自教化中流出，则神不役而智周。此尧、舜事业所以上下与天地同流者也，惟皇上深致意焉。"①

一言以蔽之，刘宗周希望自己所辅佐的国君以尧舜为典范："以尧舜之心，行尧舜之道，成尧舜之治。"②

三、"慎独可以行王道"

刘宗周认为，慎独是君主正心的不二法门。通过慎独的践行，君主才能体证道心，才能允执厥中。君主以慎独之道而修身，身修而能行仁政，进而"王天下"，是为"慎独可以行王道"的逻辑。

天启五年至崇祯八年（1625—1635），经过十年的刻苦用功、究心精思，刘宗周提出了成一家之言的慎独之说，进而打算通过"格君心"的方式劝谏国君，使慎独应用于治国理政的政事实践。汤斌《蕺山刘先生文录序》文称，刘宗周的"慎独之学，以之自修者如是，以之告君者如是，以之勉寮友、诲门弟子者亦如是"③。

崇祯八年（1635）十月，明思宗召赋闲数年、素有清名的刘宗周至京师问政。崇祯帝本想让刘宗周入阁为辅臣，然而过于清正敢言的刘宗周惹得崇祯帝不悦，遂得授工部左侍郎之职。

---

① 《刘宗周全集》第3册，第117—120页。
② 参见《刘宗周全集》第3册，第52、56、116、117、153—162页。
③ 范志亭等辑校：《汤斌集》，中州古籍出版社2003年版，第94页。

崇祯九年二月二十三日，刘宗周拜疏，直陈转乱为治之机。在《痛切时艰直陈转乱为治之机以仰纾宵旰疏》中，他首次对自己发明的"慎独可以行王道"说进行论述，还指出："（皇上）即位之初，锐意太平，直欲跻一世而唐、虞、三代之，甚盛心也。而至于二帝、三王所以治天下之道，犹未暇一一讲求，致施为次第之间，多有未得其要领者。"①那么，崇祯帝可以取法、仿效的"二帝、三王所以治天下之道"是什么呢？刘宗周的答复如下：

> "有天德者便可语王道，其要只在慎独。"故圣人之道，非事事而求之也。臣愿皇上视朝之暇，时近儒臣；听政之余，益披经史。日讲求二帝、三王之学，求其所为独体而慎之，则中和位育，庶几不远于此而得之。②

崇祯九年（1636）四月，刘宗周在《再申皇极之要以端治本疏》中再次申言自己力推的"慎独以治天下""慎独可以行王道"学说。③刘宗周指出："臣闻天下无道外之治，而道之所以为大者，仁而已矣。""慎独以治天下"的极致在于"淡如无为而天下治"，这就需要君王通过"慎独"的工夫实践，体悟、体证"独体"，因为"独体者，用人行政之本也。存于中者，诚寂

---

①《刘宗周全集》第3册，第113—114页。

②《刘宗周全集》第3册，第115页。

③参见《刘宗周全集》第3册，第120—123页。

然不动之宰；而发于外者，自有感而遂通之势"。如何体证"独体"？刘宗周建议"皇上于斋居恭默之时，恍然自见其独体而于时保之"。

刘宗周的"慎独可以行王道"并非无源之水、无本之木。董仲舒的"正心以正朝廷，正朝廷以正百官，正百官以正万民，正万民以正四方"、二程的"有天德然后可以语王道，其要归于慎独"，皆是刘宗周政治哲学的思想来源。

崇祯十五年（1642），刘宗周在《微臣不能以身报主敬竭报主之心终致主于尧舜疏》中再次对"慎独可以行王道"说进行阐发，希望崇祯帝通过亲近圣学，领会"慎独"之学的旨趣。其疏云："臣闻天下无无本之治。本一端而万化出焉，则人主之心是已。虞廷之训曰：'人心惟危，道心惟微。惟精惟一，允执厥中。'此万世心学之原也……臣请陛下先反而求之吾心，当其清明在躬，独知之地炯然而不昧者，得好恶相近之几，此正所谓道心也。致此之知，即是惟精；诚此之知，即是惟一。精且一，则中矣。随吾喜、怒、哀、乐之所发，无往非未发之中，而中其节矣。此慎独之说也……上圣犹是此人心，下愚不能无道心。故虽圣如尧、舜，卒不废'精一执中'之说者以此。后之学圣人者，亦曰慎独而已矣。"[1]

在刘宗周看来，通过道德实践体会"慎独可以行王道"，进而付诸政治实践是具有可行性与可操作性的："慎独而知心之所

---

[1]《刘宗周全集》第3册，第153—155页。

以为道，本一诚以毕贯；慎独而知中之所以为执，合四气以交融。所以卑之不近于功利，高之不入于玄虚也。故曰：'慎独可以行王道。'愿陛下深信于斯而笃行之。"①这里，笔者需要做一说明的有两点：

一是慎独之教"卑之不近于功利，高之不入于玄虚也"。此意即刘子之教既可以救正东林朱学"近于功利"之弊，亦可以防止阳明后学"入于玄虚"之失。

二是"慎独而知心之所以为道，本一诚以毕贯"。此说源自刘宗周《微臣不能以身报主敬竭报主之心终致主于尧舜疏》，但崇祯九年（1636）后，刘宗周的为学宗旨已经由"慎独"转向"诚意"，"本一诚以毕贯"之"诚"即是"诚意之教"之"诚"。故而刘宗周在崇祯十五年被起用后，即迫不及待地向崇祯帝上疏，在"慎独可以行王道"的理论基础上，提出了"王道本于诚意"之论。

"王道本于诚意"，最早见之于商臣告诫其君之语。刘宗周对"王道本于诚意"的理论阐述主要见之于刘宗周在崇祯十五年（1642）所拜《圣明图治方殷草莽忧时转切敢再披愚悃以资匡济疏》②《圣德已开治象皇衷尤切时艰敢抒恭慰之忧少效涓埃之献疏》。③

《子刘子学言》有对"王道本于诚意"的阐述："'正心'

---

① 《刘宗周全集》第 3 册，第 155 页。
② 参见《刘宗周全集》第 3 册，第 162—165 页。
③ 参见《刘宗周全集》第 3 册，第 169—171 页。

章云：'必察乎此，而敬以直之。'又将主敬工夫用在正心项下，终忽视诚意关故耳。此阳明之说所自来也。""'治平'章极口发挥'好恶'二字，真是王道本于诚意。"①

　　总的来讲，刘宗周认为君主的品德是治国的关键所在。他为君主阐明何者为品德修养的榜样，希望君主能够效法尧舜，成就圣人品质。慎独诚意是效法圣王、提高品德修养的不二法门，但仅仅依靠品德来实现天下大治也不可能，因此，刘宗周不仅希望君主有尧舜之德，还希望君主能够效法尧舜之道，从而成就尧舜之治。

---

① 《刘宗周全集》第2册，第451—452页。

刘宗周作为明末儒家思想的集大成者，不但在学术上集程朱理学和阳明心学之长，促进传统儒学的进一步发展，还在政治上继承了儒家"王道"的政治理想，并在实践中努力践行尧舜之道。

一、无为而治

刘宗周认为，尧舜之道最大的特征就是无为。一般而言，古人多认为老庄提倡"无为而无不为"的治国之术，如老子有"我无为而民自化"①的论断。其实，无为而治的治国之道，最早由儒家的二帝三王所实践与发明。

《论语》云："子曰：'无为而治者，其舜也与？夫何为哉？恭己正南面而已矣！'"②孔子称颂虞舜为儒家无为而治的典范，

①《老子》第五十七章。

②《论语·卫灵公》。

孔子的政治理想其实也是儒家意义上的"皇帝尧舜垂衣裳而天下治"①。刘宗周《论语学案》对此解读道："君道以'无为'为至，古帝王之所同也……夫天下本无为也，舜亦何为哉？但见其恭己正南面而已矣，更无所为也。敬德之至，穆然如天运于上而四时行、百物生，自莫知其所以然者，此无为之象也，其斯以为君道之极乎！"②刘宗周将"恭己正南面而已矣"作为儒家意义上为君之道的极致，且以为上古时期的二帝（包括黄帝在内）皆以无为作为治国之道的准则。

刘宗周《论语学案》在疏解"子曰：'为政以德，譬如北辰，居其所而众星共之。'"之时，对"君道"有论述："吾观北辰，而得君道焉：大君无为而能无不为，故万化自理。"③刘宗周在《微臣不能以身报主敬竭报主之心终致主于尧舜疏》中提出了"躬圣学以建治效"的观点：

> 臣闻天下大矣，而以一人理，非徒以一人理天下也……故曰："君职要，臣职详。"……陛下以天纵之聪明，留心治道，事事躬亲。日所裁决万机，动越群臣意表。群臣奔走受成之不暇，则益相与观望，为自全之计。致陛下孤立于上而莫之与……岂其知人之学，犹然未之或讲与？……仰惟陛下躬先圣学，法尧、舜之明目达聪，而推

---

① 《易传·系辞下》。

② 《刘宗周全集》第1册，第486—487页。

③ 《刘宗周全集》第1册，第278页。

本于舍己，亟舍其聪明而归之暗。非徒舍聪明，并舍喜怒、舍好恶、舍是非。至于是非可舍，而后以天下之是非为真是非，斯以天下之聪明为大聪明。广开言路，合众论之同，建用中之极。即谤说殄行，亦不至于震惊朕师……自此陛下端拱无为，而天下治矣。①

刘宗周希望明思宗作为国君，恪守君道，效法上古尧舜二帝"无为而治"的治国之策，广开言路，信任臣子，以度时艰。

其实，刘宗周这里所讲的"无为而治"并不是放任自流的意思，而是君主在治理国家时的公正态度，是刘宗周"慎独"说的一种实践。刘宗周在《痛切时艰直陈转乱为治之机以仰纾宵旰疏》中有云："（皇上）即位之初，锐意太平，直欲跻一世而唐、虞、三代之，甚盛心也。而至于二帝、三王所以治天下之道，犹未暇一一讲求，致施为次第之间，多有未得其要领者。"②这里，刘宗周对崇祯帝如何效法、实践"二帝三王之道"的要领亦有阐发："法尧、舜之恭己无为，以简要出政令；法尧、舜之舍己从人，以宽大养人才；法尧、舜之从欲而治，以忠厚培国命；并法三王之发政施仁，亟议抚循，以收天下泮涣之人心。"③这里所讲的政令简出、广育人才、实施仁政就是无为而治的具体要求。因此，刘宗周的无为指的是君主在治国时

---

① 《刘宗周全集》第 3 册，第 156—158 页。
② 《刘宗周全集》第 3 册，第 113—114 页。
③ 《刘宗周全集》第 3 册，第 115 页。

要"有所为有所不为"，把握好有为和无为之间的度就能使得国家长治久安，这是一种积极的治世观。

二、重用贤臣

晚明自万历到崇祯年间，朝政的一大弊端就是君主不能用贤臣。奸佞小人在朝得志，清流贤臣则因构陷而远离朝堂，造成朝政昏暗的颓败之象。

万历年间，东林党与浙党、昆党、宣党之间的党争不断，威胁到朝廷的正常运作与政务活动的开展。刘宗周拜疏《修正学以淑人心以培国家元气疏》，一方面支持东林学人的讲学活动，另一方面以"君子衷于合"为依据，建议万历帝出面平息党争。①毋庸置疑，刘宗周提倡以和为贵的方式调解党争的建言，是中肯且可付诸实践的。然而，此时的万历帝不理朝政，故对刘宗周区区一个低品秩行人司行人之建言置之不理。

天启一朝，最为黑暗之事莫过于魏忠贤、客氏狼狈为奸，擅权乱政。天启元年（1621），刘宗周任礼部仪制司添注主事，十月癸未十六日至京师受事；受事后第九日即十月壬辰日②，初来乍到的刘宗周即拜《感激天恩敬修官守恳乞圣天子躬礼教以端法宫之则以化天下疏》弹劾阉人魏进忠（魏忠贤）、保姆客氏③，其疏大意如下：

---

①参见《刘宗周全集》第3册，第18—20页。
②《刘宗周全集》第6册，第74页。
③参见《刘宗周全集》第3册，第21—24页。

顷者，奉圣夫人客氏于陛下有阿保之恩，不忍遽出，至出而复入。夫以大内森严，恣一宫人出入不禁，非所以闲内外也。陛下方以人言及之，一举而逐谏臣三人，罚者一人，至阁部以下，举朝争之不得，则陛下又以一宫人成拒谏之名矣。古者公卿有罪，则下廷议而理之，不闻以其禁中决也。今朝逐一谏官，中旨也；暮逐一谏官，中旨也。此中旨者，陛下方用之以快一时之喜怒，而孰知前后左右又不难乘陛下之喜怒以快其私乎？方且日调狗马鹰犬，以荡陛下之心；日进声色货利，以蛊陛下之志。凡可以结人主之欢者，无所不至，使人主日视此法家弼士如仇雠，而后得以指鹿为马，盗陛下之威福，斜封之敕，钩党之狱，生杀予夺，惟所自出，而国家之大命随之。试问今日得时用事，亲幸于陛下如左右手者，非魏进忠耶？然则导陛下逐谏官者，魏进忠也；并导陛下以优人、杂剧、射击、走马者，亦魏进忠也。陛下清明在躬，方将追迈古先哲王，乃为忠等所误，岂不深可恨哉！①

由此可见，此疏乃是针对阉宦乱政之弊端而有：先是魏进忠、保姆客氏为对食，天启朝宫卫、近侍皆由魏、客所定，进而"出干朝政，威权大震"；而群小之攻击"东林"者，多为魏

---

① 《黄宗羲全集》第1册，第211—212页。

忠贤门下。按照明例，皇帝（熹宗）大婚，则保姆（客氏）当出宫居民间。然而，客氏既出，熹宗涕泣不食，不得已，复召客氏进宫。这于礼不合，倪思辉、朱钦相、王心一各上疏议此事，俱遭降谪。

此外，黄宗羲《子刘子学言》之中录有两则刘宗周在崇祯九年（1636）论崇祯帝及其朝臣之弊的语录：

> 讦似直，佞似忠，谄似恭，曲似慎，刻似公，巧似智，此人臣之六贼也。以察为明，以猛为威，以愎为断，以自用为励精，以私智小术为作用，此人君之五穷也。挟五穷之术而攻之以六贼，必无幸也。[1]
>
> 主术之病三：一曰自用，二曰自是，三曰自满。官邪之病三：主自用则规卸愈巧，主自是则逢迎愈工，主自满则威福愈借。[2]

刘宗周直言崇祯帝（人君）的弊端——"主术之病"——"自用、自是、自满"，"以察为明，以猛为威，以愎为断，以自用为励精，以私智小术为作用"。同时对崇祯重用之朝臣的本来面目予以揭露："规卸愈巧""逢迎愈工""威福愈借"与"讦似直，佞似忠，谄似恭，曲似慎，刻似公，巧似智"。刘氏

---

[1]《黄宗羲全集》第1册，第276页。

[2]《黄宗羲全集》第1册，第277页。

进而点出这些导致了崇祯一朝君臣上下之间纲常紊乱："上积疑其臣而畜以奴隶，下积畏其君而视同秦越，则君臣之情离矣……卿大夫不谋于士庶而独断独行，士庶不谋于卿大夫而人趋人诺，则寮采之情离矣……如是则亦可谓绝情面矣，然欲国无危亡得乎？"①君臣互疑，君主独断专行，臣子逢迎上意，将国家的安危抛之不顾，又如何能够治理好国家？

总之，在刘宗周看来，晚明时期朝政败坏的主要原因就是君主亲小人而远贤臣。党争、宦官专权、君主刚愎自用是晚明历朝都存在的政治问题，前两者使得朝中官员多消耗于权力斗争之中，而君主的自用、自是、自满则导致臣子在为政中奉行"不求有功但求无过"的准则，对于政事消极怠工、畏首畏尾，才能更是施展不开。

因此，刘宗周在崇祯十五年（1642）冬最后一次被崇祯帝召对中左门之时，有云："十五年来，皇上处分未当，致有今日败局。乃不追原祸始，更弦易辙，欲以一切苟且之政补目前罅漏，非长治之道也。"崇祯帝追问："从前已不可追，今日事后之图安在？"刘宗周对曰："今日第一义，在皇上开诚布公，先豁疑关，公天下为好恶，合国人为用舍，慨然引为皇极主。于是进贤才以资治理，开言路以决壅闭，次第与天下更始，宗社幸甚。"②

黄宗羲在《子刘子行状》中曾对崇祯帝、刘宗周这对君臣

---

① 《黄宗羲全集》第1册，第277页。

② 《刘宗周全集》第6册，第27页。

的特殊关系有这样的评述："先生（刘宗周）之所以告思陵（崇祯帝）者，归本德化，不宜急急以兵食为先务。学术不明，小儒不知治道，往往信不能及。卒之思陵以为剿寇则必强兵，强兵则必措饷，措饷则必加派。竭生灵之膏血以奉军旅之费，岂知驱天下之民而尽归于寇，饷无所出而愈不足，兵无所食而愈不强，其无兵无食者，皆于务兵食一念始基之也。思陵亦时忆先生之言，罢而召，召而罢，终不能用，而天下事已去矣，然后知先生之言为思陵对证之药也。"①

刘宗周一次次向崇祯帝建言，期望他能够广开言路、广进贤才，但崇祯帝认为刘宗周的奏对无法快速改变朝政困局而弃之不用，从而在一次次的犹疑中错失了稳固统治的时机，这就是"儒学名臣"刘宗周的悲剧。

三、选才育人

崇祯九年（1636）正月，刘宗周应召对于文华殿，对崇祯一朝九年来"人才匮乏、粮饷不敷、流寇猖獗"之由来作如是解读："天下原未尝乏才，自足以供一代之用。止因皇上求治太急，用法太严，布令太烦，进退天下士太轻，遂使在事诸臣，相率以畏罪饰非为事，不肯尽心职业。所以有人而无人之用，有饷而无饷之用，有将而不能治兵，有兵而不能杀贼。"②

---

①《刘宗周全集》第6册，第48—49页。

②《黄宗羲全集》第1册，第223页。

由此可以看出，刘宗周认为，天下并不是没有人才可用，人才匮乏的主要原因在于"进退天下士太轻"，朝堂上下实为有人才却不能用之。因此，刘宗周认为要改变这种情况首先要从君主自身着手：君主要以"天下是非为是非，天下聪明为聪明"，选天下人才，委以重任，君臣相得，共治天下。

（一）以德选才

刘宗周认为，选择人才的主要标准是个人的品德，在选才过程中应更注重个人的德行操守。刘宗周曾就将领选拔与崇祯帝展开讨论。一般而言，选拔军事将领，最好能够做到德行操守与武事才干两者兼顾。如果两者不能兼顾，那么"守"与"才"何者更为重要呢？刘宗周以为，前者优于后者；但是，崇祯帝则不以为然。

刘宗周等朝臣在崇祯十五年（1642）冬应召对于中左门，崇祯帝就"目下烽火逼甸，如何堵截？且国家败坏已极，如何整顿"问政于大臣。刘宗周对曰："武备必先练兵，练兵必先选将，选将必先择贤督抚。欲择贤督抚，必先吏、兵二部得其人。二部得人，则庶司莫不称职，而于以制御边鄙不难矣。然有要焉：宋臣有言曰：'文官不爱钱，武官不惜死，则天下太平。'斯言诚今日针砭也。近来持论者，但论才望，不论操守，不知天下真才望出于天下真操守。自古未有操守不谨而遇事敢前者，亦未有操守不谨而军士畏威者，若徒以议论之捷给，举动之恢张，称曰才望，以之取爵位则有余，以之责事功则不足，究何益于成败之数哉?"

崇祯曰:"济变之日，先才而后守。"刘宗周对曰:"正以前人败坏皆由贪纵使然，故以济变言，愈宜先守后才。"崇祯曰:"大将别有才局，非徒操守可望成功。"刘宗周举督师范志完消极抵御清兵为例[1]，对曰:"他不具论，如范志完操守不谨，上自大将，下至偏裨，凡补一官、授一职，无不得贿数百金，所以三军解体，士卒莫肯用命。由此观之，岂不信以操守为主乎?"崇祯帝无言以对。[2]这里，刘宗周以生动的案例告诉崇祯帝，就任用军事将领而言，"守"比"才"更为重要，宜将之置于优先考虑位置。

因此，在刘宗周看来，选择臣子的首要标准就是个人的道德品行。一个人道德品行的形成并非一日之功，而是需要长期培养的，这就需要学校教育发挥作用。

(二)以德育人

宋儒胡瑗在《松滋县学记》中开宗明义地说:"致天下之治者在人才，成天下之才者在教化，教化之所本者在学校。"刘宗周对封建国家的人才培养，也有较为细致、深入的思考。对于人才的培育与选用，刘宗周主张培育与选用"天下之真人

---

[1]此次刘宗周等召对中左门，"议督抚去留"也是一大议题。刘宗周先是有言:"(范)志完身督宁、蓟、关门，三协皆其责任。平时既忽边防，听其阑入;今又借援南下，为脱卸计。从此关门无阻，决裂至此。志完当首议处分。"

[2]参见《刘宗周全集》第6册，第26—28页。

才"。①所谓真人才,即才德俱备之士。

天启初年,因后金进犯、情况紧急,再加上农田歉收,国库亏空,朝廷便下令:"通行天下郡邑得赎金补博士弟子,至有司类考亦有额例。"这是国家公开卖官鬻爵。时任礼部仪制司添注主事的刘宗周进言于礼部尚书孙慎行,建议修举学政,谓:"学校人才所从出。天下黉序皆贾竖子,焉望人才?人才不可得而欲济国家缓急一日之用,未之有闻。"他认为,学校是培养人才的地方,学生应该通过层层选拔才能进入学校,如果学生多以金钱购买入学资格,使得没有真才实学之人也可以进入国家学府学习,那么国家就不可能培养出合格的人才。刘宗周进而建言停止粟监、粟生以端正天下士子学风,并建议按照旧制进行士子选拔。②

对于德性教育与举业教育的先后次序,刘宗周在万历四十三年(1615)教授于朱氏之解吟轩时,有"德行,本也;时艺,末也"的主张:"教学者先行谊而后文章。本经之外,兼举一经,旁阅子、史、性理诸书,有暇则令习礼歌诗。"③由此可知,刘宗周的讲学、教学虽然看重举业,然而却是以德行的修养即"成人""证人""谱人"为重心。对于如何讲学、讲何内容、何时而讲,黄宗羲《子刘子学言》中有一条语录可供今人参阅:

---

①参见《刘宗周全集》第3册,第144、238页。

②参见《刘宗周全集》第6册,第76—77页。

③《刘宗周全集》第6册,第70—71页。

学不可不讲，尤不可一时不讲。如在父，即当与子讲；在兄，即当与弟讲；在夫，即当与妻讲；在主，即当与仆讲；在门以内，与家人讲；在门以外，与乡里亲戚朋友讲。若是燕居独处，无可讲时，即当自心自讲，如何而为食思，如何而为起居，如何而为圣、为狂、为人、为禽。有一时可放空耶？才一时放，便觉得耳目无所加、手足无所措，大之而三纲沦，小之而九法斁。[1]

对于人才培育的具体措施，刘宗周也有论述。万历三十六年至三十八年（1608—1610），刘宗周因病居家休养之时，即教二女以"小学之礼"，"每晨夕问安侍膳，敛衽正容下气，不命之退不敢退，宛然内则之仪焉"。这是刘宗周首次将小学之礼付诸教学之实践，而此次实践也使刘宗周开始重视"古小学"教育。

崇祯五年（1632），刘宗周建议官府在宋儒尹焞祠堂中重修古小学，有《重修古小学公呈》之作[2]。古小学重建完成后，刘宗周作《古小学约》[3]，以证人社名义开始独自讲学。

刘宗周中年学术代表作《论语学案》在疏解"子曰：'弟子入则孝，出则弟，谨而信，泛爱众，而亲仁。行有余力，则以学文。'"之时，有云：

---

[1]《黄宗羲全集》第1册，第325页。
[2]参见《刘宗周全集》第4册，第140—142页。
[3]参见《刘宗周全集》第4册，第441页。

弟子之学，只是古者小学教人之法。孝、弟、谨、信、爱众、亲仁，盖生而习之，如饥食渴饮，家常茶饭，不可一日离。迨习与智长，渐授以学文之功，亦所以学此孝、弟、谨、信之理，而推之于爱众、亲仁者。古者人生六岁，教之数与方名，七岁教以别男女，八岁教之让，九岁教之数日，十岁出就外傅，学书计肆简谅，十有三岁学乐，诵诗，舞《勺》，成童舞《象》，学射御。此皆余力学文之事。[1]

这里，刘宗周对"古小学"的教学内容进行了详尽的阐述。可以看到，"古小学"教育是为培养人的道德品质而设立的，即要求"学以成人""立德树人"。

综上所述，刘宗周人才教育观的核心就是个人的品德修为。刘宗周认为个人品德应该包括孝、悌、谨、信、礼、义、廉、耻等，其中"孝"是最为重要的一环，当一家之"孝"上升到国家层面时，对长辈尽孝就变成为君主尽忠，而这些道德品质应该从人小时候就开始培养，使之深入人心成为习惯。其实，刘宗周强调"古小学"教育是在培育个人的价值观，他希望通过这种思想教育使得每个人才都成为忠君爱国的"真人才"。

---

[1]《刘宗周全集》第1册，第272页。

　　君主广开言路、广选人才是实现天下大治的一个重要前提，民众作为君主的统治对象也是"圣王之治"中不可忽略的重要因素。因此，治民之策与民心向背、国家存亡紧密相连。

　　儒家历来强调君王在施政之时，应对民众施行仁政，即以"不忍人之心行不忍人之政"。孔子云："民以君为心，君以民为体。""君以民存，亦以民亡。"① 孟子云："民为贵，社稷次之，君为轻。"② 荀子云："天之生民，非为君也；天之立君，以为民也。"③ 民众才是国家的根本，"民惟邦本，本固邦宁"④；民心的向背，决定着一个国家的存亡，君主只有以民为本、顺应民意、关注民生，"民之所好好之，民之所恶恶之"⑤，才能

---

① 《礼记·缁衣》。

② 《孟子·尽心下》。

③ 《荀子·大略》。

④ 《尚书·五子之歌》。

⑤ 《礼记·大学》。

永葆其国家的长治久安。"皇天无亲，惟德是辅；皇天无德，惟好生是德。"君主作为上天在人间的代理人，即"代天而理天下"者，应深体上天好生之德，在社会人间治理中推行仁政，"重民命""厚民生"。

子贡问政，子曰："足食，足兵，民信之矣。"[1]刘宗周《论语学案》对此疏解道："立政凡以为民耳。食以养民，兵以卫民，信以教民，而先王治天下之道不外是矣。"[2]刘宗周认为，民众是国家的基础，圣王治理天下亦从三方面入手：第一，重民以使民生活富足；第二，国家建立强大的军事力量以保卫民众；第三，教化民众，使其信任国家。刘宗周在《敬陈祈天永命之要以回厄运以巩皇图疏》中曾规劝国君崇祯帝"重民命""厚民生"："法天之大者，莫过于重民命，则刑罚宜省宜平……法天之大者，莫过于厚民生，则赋敛宜缓宜轻。"[3]这就是要崇祯帝收拾民心，增强国家的凝聚力。因此，在刘宗周看来，推行"仁政"可从"教化""民心"两方面入手。

一、实施教化

古代民众聚族而居，实施教化主要以乡约族规为主。乡约，亦作乡规民约，是传统中国宗法社会所制定的介于国法与家规二者之间的宗族生活规则。从乡约的制定者来看，乡约有民立

---

① 《论语·颜渊》。

② 《刘宗周全集》第1册，第436页。

③ 《刘宗周全集》第3册，第87页。

与官立之分。陕西蓝田《吕氏乡约》是中国最早的成文乡约，它也是民立乡约的典范文本，经朱熹介绍后对后世影响甚大。①萧公权指出："《吕氏乡约》于君政官治之外别立乡人自治之团体，尤为空前之创制。"②学界一般以为，官立乡约的典型是正德十三年（1518）十月王阳明颁布推行的《南赣乡约》。《南赣乡约》作为一部乡民自治手册，凡十六条，详细规定了南赣下辖各地的乡民理应共同遵守的道德公约，其中涉及家庭教育、家族治理、道德养成等内容。《南赣乡约》要求乡村民众都必须入约："自今凡尔同约之民，皆宜孝尔父母，敬尔兄长，教训尔子孙，和顺尔乡里，死丧相助，患难相恤，善相劝勉，恶相告戒，息讼罢争，讲信修睦，务为良善之民，共成仁厚之俗。"③

从《吕氏乡约》起，乡约便倡导用乡民推选的方式组织乡约领导层，《南赣乡约》也不例外。按照阳明的设想，同约之人应推年高有德为众人尊敬信服者一人作为约长，二人为约副，推公正耿直、果断沉毅者四人为约正，推通情达理、善于观察者四人为约史，推身体健康、品行清廉者四人为知约，推熟悉礼仪者两人为约赞。

约众定期聚会，是乡约的惯例。《南赣乡约》规定，约众每月农历十五日在约所聚会。聚会当天，约众在告谕牌前，听约

①参见刘学智：《关学思想史》，西北大学出版社2015年版，第148页。
②萧公权：《中国政治思想史》，辽宁教育出版社1998年版，第496页。
③吴光等编校：《王阳明全集》，上海古籍出版社2015年版，第507页。

正宣读告谕。约正读毕，对约众说："自今以后，凡我同约之人，祗奉戒谕，齐心合德，同归于善；若有二三其心、阳善阴恶者，神明诛殛。"约众亦附和其言。约正再宣读《乡约》，读毕后再大声曰："凡我同盟，务遵守乡约。"约众皆曰"是"。然后就是"彰善""纠过"的具体环节。[1]阳明设计的约众聚会，在彰善纠过环节过后，还有聆听申诫之仪式。约正向众人高声说："人孰无善，亦孰无恶；为善虽人不知，积之既久，自然善积而不可掩；为恶若不知改，积之既久，必至恶积而不可赦。今有善而为人所彰，固可喜；苟遂以为善而自恃，将日入于恶矣！有恶而为人所纠，固可愧；苟能悔其恶而自改，将日进于善矣！然则今日之善者，未可自恃以为善；而今日之恶者，亦岂遂终于恶哉？凡我同约之人，盍共勉之！"[2]由此可见，《南赣乡约》之于社会教化的规定是：在家庭守孝悌之义，在乡里则相助相恤，劝善戒恶，息讼罢争，讲信修睦。这显然就是自治、德治、法治"三治合一"的产物。

主要依据王阳明之《南赣乡约》，刘宗周在《遵奉明旨疏》中，就如何实施乡约道出自己的解读。

乡约宜开宗明义："孝顺父母，尊敬长上。和睦乡里，教训子孙。各安生理，毋作非为。"[3]在教化民众之时，先教其"孝""敬"之道。首先，在家族之中确立父母和长上的地位，尤其是

---

① 吴光等编校：《王阳明全集》，上海古籍出版社2015年版，第509—510页。

② 吴光等编校：《王阳明全集》，上海古籍出版社2015年版，第511页。

③ 《刘宗周全集》第3册，第195页。

父系长辈的权威，从而形成自上而下的等级体系。在这个体系之中，下位者要服从上位者。此即为"孝""敬"之道，而"顺从"则是孝敬二字的基本要求。其次，一家之长要带领全家与邻里和睦相处，各行其是，各安其职，由一家而至乡里，形成统一稳定的社会秩序。乡里之间要"德业相劝，过失相规。礼俗相交，患难相恤"①。具体措施如下：

第一，每月初一、十五，由地方官员为乡里居民讲解约礼，主要讲述乡里某人所行善事、所做善举。每月初八、二十三日，由约正为乡民讲约礼，遇农忙及其他节日则从乡里风俗。

第二，十户为甲，十甲为保，十保为乡，皆选有才德者为甲长、保长、约正。合乡则为坊，坊中有官，合坊则为城，城则有御史，形成甲、保、乡、坊、城五级管理层次。

第三，实行连坐制度。凡善者诸如孝子、顺孙、义夫、节妇、良士以事迹影响大小予以奖励，凡行恶者诸如失火、斗殴、赌博、酗酒、盗贼、九门官吏不法、宴会奢靡等则予以处罚。

第四，每户要准备一件兵器，每甲要有一盏灯笼和一面锣，每乡要备有弓箭及善骑射者。每个胡同要有栅栏，由每组甲长两人轮换驻守，每夜应有五名更夫巡夜。②

由此可知，刘宗周对于民众教化的重视。他从礼、法及制度方面为乡民设置了层层门槛，将乡民规范于礼法制度之

①《刘宗周全集》第3册，第195页。
②参见《刘宗周全集》第3册，第196—197页。

中，使其各尽其责、各守其职，一旦越出框架，则会受到惩罚。在这里需要指出的一点是，刘宗周的制度设计亦注重惠及弱势群体，如规定巡夜更夫由乞丐充任等，这也体现了刘宗周的爱民之心。

上述保甲制度不单有教化管理乡民之用，还有助力国家备战之功。"寓兵于农""兵民合一"是古代军事战备策略之一，意指给农民一定的军事训练，平时务农，战时则作为兵源的重要补充，参加战斗。宋儒易祓在解释《易·师·象》"地中有水，师，君子以容民畜众"之时，这样说道："地中有水，伏而不见，遇险即出，乃寓兵于农之象。农民也，兵众也。坤为众之象，坎以二阴为民之象，容民而后畜众。古者兵农之政，盖见于此。"[1]

宋代政治家王安石在熙宁变法之时，推行保甲法，亦强调"寓兵于农"，讲究"兵民合一"。《畿县保甲条例颁行》有这样的规则：乡村所有农户，五家为一保，五保为一大保，十大保为一都保，并有保长、大保长、都保长之任。一家有两丁以上者，则出一人为保丁，农闲时保丁集合，进行军事训练；夜间则轮差巡查，维持社会治安；战事来临，则出兵打仗。

刘宗周对"寓兵于农"的古法甚为推崇。《论语学案》有云："古者寓兵于农，择将于公卿、大夫、士。大国三军，万有二千五百人为军，军皆命卿；二千五百人为师，师帅皆中大夫；

---

[1] 易祓：《周易总义》卷三，文渊阁《四库全书》本。

五百人为旅，旅帅皆下大夫；百人为卒，卒长皆上士；二十五人为两，两司马皆中士；五人为伍，伍各有长。"①这里，刘宗周结合古制，对军队的各级军官将领的选拔也有所说明。

孔子也把"战事"作为教化民众的一项内容。《论语》云："子曰：'善人教民七年，亦可以即戎矣。'子曰：'以不教民战，是谓弃之。'"②《论语学案》对此作如下解读："善人之治，以教化为本……古者寓兵于农，伍两卒徒之众，即比闾族党之民，驱民而戎，讵曰难之。然而法制禁令天下，能无离心乎？非善人之教久而何以收亲上死长之效也？以不教之民而使之战，民必二矣，非弃而何？"③简言之，儒家意义上的教化民众，一方面教之以孝悌忠信，另一方面还需要在务农之时讲武备之法。

因此，刘宗周在任职京兆尹时推行保甲法，即有"以保甲寓乡兵"④"合天下之农以寓兵"⑤的建言与主张。据《明毅宗实录》记载，崇祯十七年（1644）春正月，浙江一带发生民变，户部尚书倪元璐等请以浙省乡绅团练乡兵，浙西则推徐石麒、钱继登佐之，浙东则推刘宗周、姜应甲佐之，"于保伍中简练乡

---

① 《刘宗周全集》第 1 册，第 362—363 页。

② 《论语·子路》。

③ 《刘宗周全集》第 1 册，第 459 页。

④ 《刘宗周全集》第 3 册，第 77、145 页。

⑤ 《黄宗羲全集》第 1 册，第 276—277 页。

勇，实行右弓弩社法"。①据此可知，刘宗周"以保甲寓乡兵"的军事理论已经得到了明王朝最高统治者的认可，并曾一度授权实践。

二、"安民心，重民命"

明朝末年，边关烽火不断，民心不稳，国势已衰。面对国家危难，刘宗周上《边事万无可虞京城宜先内备恳乞圣明发帑大赉以固人心以张国势疏》《再申人心国势之论以赞庙谟疏》请崇祯帝"固人心以张国势"。

崇祯二年（1629）冬，因边关战事频发，边城百姓流离失所，大量汇集京师，灾民安顿成为重中之重。刘宗周一面设立粥棚救济灾民，一面设立保甲之法管理民众，努力稳定京师形势。在《再申人心国势之论以赞庙谟疏》中，刘宗周认为改变局势的关键在于"安人心"："臣顷以边报告急，具疏条陈，大旨在固人心以张国势……请附以安人心之要，为皇上备陈之。"②"安人心之要"内容如下：

其一，安民心。在京师及周边施行保甲之法，从民众中选出勇者成立义勇营，为其配备武器装备，并由将领统率，在遇到紧急军情之时可成为保卫民众的武装力量。

其二，安军心。由皇上优恤守城将士，使其轮番守卫，并

---

① 《明毅宗实录》卷十七"崇祯十七年春正月癸巳"条。
② 《刘宗周全集》第3册，第65—68页。

亲临巡视、救死扶伤，以增强士气军心。

其三，安士心。选德高望重之士为约长，使其训化乡里，纠察奸佞，并在之后对各约长进行品评给予优先录用监生的奖励。率家丁上城抗击敌袭者，另有奖赏。

其四，安大小臣工之心。皇上掌握生杀大权，应杜绝一切谣言，凡在敌袭中传播不利于国家稳定之谣言者，立斩以安民心。诸臣"进有死而退无路"，便可上下一心，共御外敌。

其五，安远近地方之心。由皇上派遣一人代天子巡视四方，诛杀投敌叛国者，并在通州、京郊部署兵力以抗敌袭。

刘宗周所提出的五条"安人心"建言，核心思想在增强军事力量、增强军队凝聚力，并列明奖惩条件，使民众、臣子只能选择报国一途，从而达到"安人心"的目的。从刘宗周的阐述中，可以看出他对国情世事的了解，虽然上疏的奏对并无多少新意，但其应对举措十分得当。他充分认识到了强大的军事力量对于国家稳定的作用，认识到军事力量是民心所向的重要保障。

崇祯年间（1628—1644），明朝不单单面临边疆战争，国内也不时有农民起义出现。无论是边疆战争还是国内农民起义都会造成明朝人口减少，国力衰退。战争是明朝灭亡的直接原因，而明朝灭亡的根本原因则是失去民心。刘宗周对于少数民族入侵和农民起义有着不同的认识，认为二者有"寇""贼"之分。此处之"寇"指入侵大明领土的清军，而"贼"则是张献忠、李自成等发动民变的农民。

　　崇祯九年（1636）正月，刘宗周应召对于文华殿，对处置崇祯朝"流寇猖獗"之法作如是解读："流寇本朝廷赤子，若能抚之有道，则寇还为吾民。今日急务，当以收拾人心为本。欲收拾人心，当先宽有司之参罚。小民困于加派，犹可言，转困于有司参罚，不可言。盖参罚重，则吏治坏，吏治坏，则民生不得其所，以致盗贼日起。"①刘宗周认为，如果农民起义军被招安，则所谓"流寇"便复为大明子民；而之所以会发生农民起义的原因在于国家赋税摊派过重，百姓失去安身立命之所。因此，君主要整顿吏治，减少摊派，收拢民心。究其根本而言，造成农民起义的原因在于皇帝本身，皇帝若减少摊派，减轻刑罚，百姓的生活也会更有保障，在出现天灾人祸之时，对百姓加以安抚并及时救济更能将农民起义消灭于萌芽。但是，明末皇帝大多耽于享乐，并惯于使用重典，由此赋税摊派逐年增加，百姓生活日益困苦。民变发生之时，朝廷一味加以镇压又会使得民怨四起，从而形成恶性循环。因此，要从根本上解决农民起义的问题，还是要从限制君主的权力入手。对于如何限制君权，刘宗周并未提出切实可行的政治理论与制度设计。

　　崇祯九年（1636），崇祯帝问及"兵事如何处置"，刘宗周对曰："臣闻御外亦以治内为本。内治既修，则远人自服。帝舜之时，苗顽逆命，益赞于禹曰：'满招损，谦受益。惟德动天，无远勿届。'卒以干羽舞两阶，而有苗格。臣愿皇上以尧舜之

————————
①《黄宗羲全集》第1册，第223页。

心，行尧舜之政，则天下太平。"①不难发现，至迟于崇祯朝中期，在对待后金袭扰等边患问题上，刘宗周仍持有"内治修，远人自服"②"干羽舞而有苗格"的主张，期冀以道德感化来征服周边少数民族。在后金与明王朝实力对比已经发生转变之时，这种在对待少数民族问题上的迂腐观点并不能解决明朝末年的边患问题。只有强大的军事实力才能对周边敌人造成威慑，使其不敢入侵明朝国土。崇祯皇帝正是意识到了这一点才不断征收赋税、加强练兵，希望明朝军事实力增强以抵御入侵。但当时明朝吏治腐败，贪腐成风，军饷真正落到实处时已所剩无几，自然也无法达成君主的预期。明末政局昏暗腐朽，崇祯帝急切地希望改变国家现实状况。在刘宗周上疏要皇帝慢慢改变局面之时，急于求治的皇帝自然不会接受他的建议。

在《微臣不能以身报主敬竭报主之心终致主于尧舜疏》中，刘宗周又有对所谓"寇贼"行抚循之法以"化四夷"的建言："乘此中原残破之余，亟议抚循之法，特遣才望大臣捧朝廷尺一诏书，宣示德意。一面经理农田，因悉捐天下剿饷金钱，改为牛种、庐舍之资。听有司设法招徕，联以保甲，进以乡约。仍罢所在督师等官，明示天下休息，而专责兵事于巡抚……陛下

---

① 《黄宗羲全集》第1册，第223页。
② 唐太宗之时，针对如何处理边患，魏征有"中国既安，远人自服"的治内以御外之策。两相比较，刘宗周之策与魏征的主张基本一致。然而，崇祯帝未采纳刘宗周的建言，其言："迂哉，宗周之言也。两杖相撞，蚍蜉舁尸之际，于此时而说干羽两阶耶！"

但躬修明德于上，坐收干羽两阶之化。"①虽然刘宗周对平定内外之乱提出了一系列措施，但平乱是牵一发而动全身之事。民乱之后使流民归于何处耕种，"剿饷"又能够为多少流民建房置产，这些都是刘宗周未考虑而实际存在的问题。如果无法解决这些问题，所谓招安起义军不过空谈而已，更不用说之后的以德"化四夷"。战乱不断，民心难安，明朝由盛转衰终至灭亡不过是历史的必然而已。

除此以外，刘宗周对于崇祯帝应当如何落实、践行"尧舜之道"曾有明论："治道之要在知人，君德之要在体仁，御臣之要在惟诚，明人之要在择言，理财之要在经制，足用之要在薄敛，除寇之要在安民。"②但是，一向刚愎自用的崇祯帝听不进儒臣刘宗周的建言。

刘宗周在崇祯一朝前后两次被罢官为民。对于刘宗周与崇祯帝之间的矛盾，黄宗羲《子刘子行状》以为：

> 至先生（刘宗周）之所以告思陵（崇祯帝）者，归本德化，不宜急急以兵食为先务。学术不明，小儒不知治道，往往信不能及。卒之思陵以为剿寇则必强兵，强兵则必措饷，措饷则必加派。竭生灵之膏血，以奉军旅之费，岂知驱天下之民，而尽归于寇。饷无所出而愈不足，兵无所食

---

① 《刘宗周全集》第3册，第161—162页。
② 《黄宗羲全集》第1册，第321页。

而愈不强。其无兵无食者，皆于务兵食一念始基之也。思陵亦时忆先生之言，罢而召，召而罢，终不能用，而天下事已去矣，然后知先生之言，为思陵对证之药也。[①]

　　尽管君臣"有隙"，但刘宗周作为明朝臣子，为挽救明季政局付出了极大的心力。清代学者雷铉在《刘蕺山先生文集序》中这样评价刘宗周的政治建言："先生而身际治平，所以辅导君德，培养国脉，甄别流品，振起人才，其功业当何如？岂徒以风节著哉！"[②]下一节，笔者将对刘宗周关于"臣道"的思考进行解读。

---

① 《黄宗羲全集》第1册，第259—260页。
② 《刘宗周全集》第6册，第723—724页。

"格君心，定国是"一语，是刘宗周对为臣之道的高度总结与理论概括。刘宗周事君，"要以格君心为主""以学术正君心"，故而"生平立朝不过三四年，而前后奏疏九十八上，非至忠诚，岂能如此哉"！

一、"事君者，内尽其心，故外尽其礼"

战国末期，韩非子对孟子"君臣有义"之关系进行改造，提出了"尊主卑臣"的主张，即集一切权力于君主一人之手以实现君主专制统治。汉儒董仲舒为了适应汉代大一统专制统治的需要，提出"罢黜百家，独尊儒术"的主张，可谓对先秦儒学作出了重大的改造。他吸取先秦诸子百家中有利于专制统治的观点，使之融合于儒学。在人伦方面，他更是直接继承法家韩非之说而提出三纲的概念。班固《白虎通义》则完善三纲的具体内容："三纲者，何谓也？谓君臣、父子、夫妇也……君为臣纲，父为子纲，夫为妇纲。"①刘宗周继承董仲舒、班固有关三纲的理论，曾言："政有大纲，君臣父子是也。"②

刘宗周对君为臣纲之推崇，还表现在"君臣之义无所逃于天地之间"的论说中："主忧臣辱，主辱臣死，臣纪固然。"③刘宗周易箦之时，有"胸中有万斛泪，半洒之二亲，半洒之君上"之言。在侍弟子秦祖轼曰："先生此苦奈何？"刘宗周指其心，曰："孤忠耿耿。"④

尽管君为臣纲要求臣子对国君绝对忠诚，刘宗周还是强调以礼事君，即应在合礼之范围内忠君。在《论语学案》中，其对孔子"事君尽礼"⑤云云的解读是"事君者内尽其心，外尽其礼"⑥，即臣子事奉国君，应该依礼行事，而非一味地、毫无原则地阿谀奉承。孔子对定公"君使臣，臣事君，如之何"之问，回以"君使臣以礼，臣事君以忠"⑦。此即儒家对君道、臣道二者关系如何处理的一个根本指导原则。刘宗周在《论语学案》中，这样解读：

---

① 陈立撰，吴则虞点校：《白虎通疏证》，中华书局1994年版，第373—374页。

② 《刘宗周全集》第1册，第438页。

③ 《刘宗周全集》第3册，第75页。

④ 《刘宗周全集》第6册，第37—38页。

⑤ 《论语·八佾》。

⑥ 《刘宗周全集》第1册，第299页。

⑦ 《论语·八佾》。

> 君臣之分，等之天地。天地以泰交成化，君臣之道亦
> 然。故君道以下济为光，臣道以上行为顺。使臣以礼，方
> 能锄骄贵之色而下交其臣；事君以忠，方能破身家之私而
> 上交于君，此地天交泰之象也。①

刘宗周以"地天交泰"比喻君臣之间应尽的义务与责任：
君王驱使臣子要符合礼之规范，臣子事奉君主要尽忠竭力。

刘宗周作为一介儒臣，在处理君臣关系之时，时时事事做
到了礼敬国君。《论语学案》有云："敬者圣学也，忠臣所以事
君、孝子所以事亲、仁人所以事天地，皆是物也。"②刘宗周是
这么说的，也是这样做的。刘宗周的忠君之举，可以通过《明
史》之叙事略窥一二："宗周在官之日少，其事君，不以面从为
敬。入朝，虽处暗室，不敢南向。或讯大狱，会大议，对明旨，
必却坐拱立移时。"尽管明朝的最高统治者以为刘宗周的政治建
言"迂阔""无礼""比党"，但是"清执敢言，朝臣莫及也"
的认定也足以说明刘宗周在帝王心目中的分量。无怪乎，近代
日本学者对刘宗周的"忠诚烈节"及其对朱明王朝的至忠至诚
赞赏有加。③

---

① 《刘宗周全集》第 1 册，第 299 页。

② 《刘宗周全集》第 1 册，第 317 页。

③ 参见《刘宗周全集》第 6 册，第 718—719 页。

二、君臣"分权共治"

在中国古代政治思想史上，一般称宋代政治为"士大夫政治"。"士大夫与君王共治天下"之语，足以说明士大夫在宋代政治中的确发挥了非常重要的作用。

明思宗、刘宗周这对君臣亦对宋代士大夫政治颇为羡慕。前者在批复刘宗周的一道奏折时有"尧舜事业，讵不愿慕？无乃士风又不及宋"①之言；后者在崇祯十五年（1642）召对"目下烽火逼甸，如何堵截"之问时，有"宋臣有言曰：'文官不爱钱，武官不惜死，则天下太平。'斯言诚今日针砭也"②之语。"文臣不爱钱，武臣不惜死，天下太平矣"系南宋抗金名将岳飞所说。③易言之，刘宗周在其政治理念中引入了宋代士风精神，进而表达了对"君臣共治天下"这一治道的推崇。

刘宗周所云治道主要包括"君臣同心"④"君臣分权共治"⑤。

《面恩陈谢预矢责难之义以致君尧舜疏》有云："夫天下可以一人理乎？恃一人之聪明，而使臣下不得尽其忠，则陛下之耳目有时而壅矣；凭一己之英断，而使诸大夫、国人不得衷其

---

① 《黄宗羲全集》第1册，第226页。
② 《黄宗羲全集》第1册，第236页。
③ 《宋史》卷三六五《岳飞传》。
④ 《刘宗周全集》第3册，第118页。
⑤ 《刘宗周全集》第3册，第71—73页。

是，则陛下之意见有时而移矣。"①刘宗周《微臣不能以身报主敬竭报主之心终致主于尧舜疏》也有相同的看法："臣闻天下大矣，而以一人理，非徒以一人理天下也……故曰：'君职要，臣职详。'……以天下之是非为真是非，斯以天下之聪明为大聪明。"②

皇帝与阁臣宜分工合作，齐心协力，保证国家机构的正常运转。天启三年（1623），刘宗周对时任首辅叶向高在天启元年以来以"调停观望之术"周旋于内外廷之间，颇为不满。曾上书朱国桢"论相"，以为"宰相之道在正心诚意，辅人主为尧、舜之君，取法伊、周"③，得到时任阁臣朱国桢的认可。

受宋儒张载《西铭》"大君者，吾父母宗子，其大臣，宗子之家相也"影响，刘宗周有"陛下天之宗子，而辅臣则宗子之家相"④的言论。刘宗周《敬陈祈天永命之要以回厄运以巩皇图疏》有云："陛下天之宗子，而辅臣则宗子之家相也……尤愿阁臣体一人好生之心，弗驱除异己，构朝士以大狱，终国家朋党之祸；弗宠利居功，阿人主以富强，酿天下土崩之势。则所以终奏此'祈天永命'之功者，相臣实与有力矣。"⑤这里，刘宗周突出了辅臣的重要性。

---

① 《刘宗周全集》第3册，第55—56页。
② 《刘宗周全集》第3册，第156页。
③ 《刘宗周全集》第6册，第78页。
④ 《刘宗周全集》第3册，第88页。
⑤ 《刘宗周全集》第3册，第88页。

臣
子
的
官
德

宋代学者吕本中《官箴》有云："当官之法，唯有三事，曰清、曰慎、曰勤。"真德秀《西山政训》有言："廉、仁、公、勤四者，乃为政之本领。"刘宗周作为一介儒臣，对于上述为官之法、为政之本领进行了切实的践行。

一、"克俭于家"

勤俭节约，是中华民族世代相传的优良传统与生活美德。当代教育家蔡元培先生称"家人皆节俭，则一家齐；国人皆节俭，则一国安"，可谓至理名言。"俭以养廉""俭以助廉"，更是传统儒家的重要为官箴言。

刘宗周曾称颂上古之圣人大禹为躬行勤俭的榜样："大禹只是克艰，口口说苦说艰，其一生得力，在勤俭二字，所谓勤将补拙，俭以补过云尔，终被他做了圣人。"①易言之，"克俭于

①《黄宗羲全集》第1册，第282页。

家，克勤于邦"就是大禹由凡人成为圣人的不二法门。

《明史》有对刘宗周乐道安贫式生活状况的描述："（刘宗周）或谢病，徒步家居，布袍粗饭，乐道安贫。闻召就道，尝不能具冠裳。"儒家士大夫君子"谋道不谋食""忧道不忧贫"的人格理想之追求，于此可知。

提倡节俭朴素和反对奢侈华丽堪称一代儒学名臣刘宗周的人生信条。清儒汤斌有论："（刘宗周）通籍四十年，敝帷穿榻，萧然布素。"①黄宗羲《子刘子行状》载有三条"轶事"：

> 先生通籍四十五年，立朝仅四年。在家强半教授，敝帷穿榻，瓦灶破釜，不改儒生之旧。士大夫饰其舆服而来者，不觉惭沮，故见先生者多毁衣以入。甲戌、乙亥（崇祯七、八年）之间，先生偶服紫花布衣，士大夫从而效之，其价为之顿高。
>
> 先生饭客不过数器，而士大夫之享先生者，亦遂以干饭寒浆，先生未尝不心知其伪也。
>
> 会稽令赵士谔问疾，至先生榻前，见其单陋，叹曰："岂意今日得睹管幼安。"丁巳京察，刘廷元、韩浚寻怨于东林，士谔时为考功，曰："刘大行之清修，人所不堪，此谔之亲见者也。"乃止。②

---

① 汤斌：《汤子遗书》卷三《蕺山刘先生文录序》，文渊阁《四库全书》本。

② 《黄宗羲全集》第1册，第258页。

刘汋作为刘宗周唯一哲嗣，在其所撰《蕺山刘子年谱》记录了不少刘宗周厉行节俭的轶事。姚名达编撰的《刘宗周年谱》亦摘录之：

> 先生六岁，冬无棉絮，仲舅莘台公给与一缊，成人衣也，服之如被褥然。每岁以之御寒，至十五六岁始释去。及长，就室于章，不能具新衣，服太夫人旧衣而往，不以介意。[1]

> 先生在南京一月，日给不过四分。每日买菜腐一二十文，南京人谣曰："刘豆腐。"出入都门，行李一肩，南京人又谣曰："刘一担。"[2]

> 先生平生未尝有嗜好，即有以书籍赞者，如义不可受，先生亦不受。笔墨之类，适用而已。晚年辑书，稿本以废书覆折而用之。一小几，以之为书案，即以之为食案。又无书室，每就檐前著述，米盐杂处，风日侵薄，而先生安之。食不重味，衣不加采，惟冬日复襦及絮被用缯，其他裳裤之类及内襌外袍，终身未尝以寸帛加体也。[3]

> 旧例，京兆莅任，有设供帐器具，先生入门，即命撤去。每升堂视事，库掾供午餐。遇尝朝日，中贵为之主。冬设炉火，夏备扇箑。异时，居闲以取偿。有事城南，别

---

[1]《刘宗周全集》第6册，第492—493页。

[2]《刘宗周全集》第6册，第495页。

[3]《刘宗周全集》第6册，第496页。

有馆人治具以待。先生悉严拒之。每出，或置饼饵袖中，或终日不食而返。先生前后居官，凡公堂器具，一物不持归。①

后之学人，一谈到刘宗周，就会想到他的刻板和"刘一担""刘豆腐"的绰号，以及他的清苦、廉节等。崇祯朝，刘宗周任职京师期间，士民呼之曰"刘顺天"。在崇祯三年（1630）九月刘宗周辞京兆尹离京南下之时，见刘宗周行李萧然，中官守门者皆相顾叹曰："真清官也。"而赶来为刘宗周送行者达千余人，送出十余里仍不肯离去；不得已，刘宗周下车抚慰众人，众人皆落泪哭泣，还有人送至潞河，待刘宗周舟行方肯离去。②这就是一代廉吏刘宗周的人格魅力。

二、"克勤于邦"

古代儒家知识分子真正做到了为学、为道与为政的统一。刘宗周在为学证道之时，表现出了极强的进取心，"宗周读前人的书一字一句都经过认真的思索，字字句句都从千辛万苦中得来"③。刘宗周在朝拜疏之数量，足以说明刘宗周克勤于邦。

刘宗周任都察院左都御史之时，建言通过"风吏治""明风

---

① 《刘宗周全集》第6册，第182页。
② 参见《刘宗周全集》第6册，第100页。
③ 杜维明、东方朔：《杜维明学术专题访谈录：宗周哲学之精神与儒家文化之未来》，复旦大学出版社2001年版，第43页。

纪"的方式整饬朝纲，此为刘宗周以"廉"治"腐"观点的主要证明。崇祯十五年（1642）冬，刘宗周应召对于文华殿。崇祯帝问："都察院职掌安在？"刘宗周对曰："都察院之职，在于正己以正百僚。必其存诸中者，上可以对君父，下可以质天下士大夫，而后百僚则而象之，大臣法，小臣廉，纪纲振肃。职掌庶在是乎！由是而求之诸御史，端不乏上行下效之机，而责成巡方，其首务也。巡方得人，则吏治清。吏治清，则民生安，于以化成天下，不难矣。"①崇祯帝对刘宗周的看法颇为满意，有"卿力行以副朕命"云云。

"大臣法，小臣廉"，"大臣作法而小臣随之，小臣作廉而勋戚、近侍皆随之"②。刘宗周克己奉公，以身作则，颇有担当精神。崇祯十五年（1642）十一月，中书王育民为绛州知州孙顺行贿。刘宗周晓得之后，即拜疏自劾："臣忝列风纪，此曹不难为非义之干，视国宪如弁髦，实臣生平不足取信于人所致，大负皇上任使，乞赐罢斥。"崇祯帝革孙顺、王育民职，令法司责问。③士大夫闻之，不由得对刘宗周肃然起敬。

嗣后，刘宗周便拜《敬循职掌条列风纪之要以佐圣治疏》，以"风纪（风教纲纪）六事"进言君上："一曰建道揆，一曰贞法守，一曰崇国体，一曰清伏奸，一曰惩官邪，一曰饬吏治。"其中，在"惩官邪"条目下主张以重典惩治贪腐："官之失德，

---

① 《刘宗周全集》第 6 册，第 22 页。

② 《刘宗周全集》第 3 册，第 265 页。

③ 《刘宗周全集》第 6 册，第 138 页。

由宠赂始……其途必自台省而上权贵人……但有辇金而入长安者，臣衙门风闻，即单词檄之，立致三尺。"①此外，刘宗周在阐释《宪纲》之时，有"风吏治"的对策，即要求各级官吏务必"廉善""廉能""廉辨""廉法""廉正""廉敬"②。

刘宗周一身正气之形象，就是歹徒亦敬畏三分。福王弘光朝，刘宗周获诏起复原官，赴南都时途经丹阳。因刘宗周先前拜疏对镇臣高杰、刘泽清不利，高杰、刘泽清遣刺客数人暗害刘宗周。刘宗周危坐僧舍，终日无惰容。刺客亦心折服，不敢亦不忍犯天下之恶名，皆逃去无踪影。

三、"慎独自律"

在论为官之道强调官德之慎独自律的同时，刘宗周对为官的职业能力即"官能"也有要求："论人之要，心术为本，行谊次之。官人之要，职掌为主，流品合之。"③

对于刘宗周的慎独自律，杜维明曾这样指出："不论宗周属于哪一家、哪一派，但是他面对的问题就是如何在一个根本无法做人或做人相当困难的环境里，去做一个堂堂正正的人。"④

---

①参见《刘宗周全集》第3册，第183—189页。
②《刘宗周全集》第3册，第206—221页。
③《黄宗羲全集》第1册，第275页。
④杜维明、东方朔：《杜维明学术专题访谈录：宗周哲学之精神与儒家文化之未来》，复旦大学出版社2001年版，第35页。

崇祯十四年（1641），周延儒①再任相事，起用正人君子，一改其崇祯六年时妒贤嫉能之不足。此时朝中君子亦遂喜其附己，并深相结交。尽管刘宗周在崇祯十五年再次复出为官，周延儒亦予以支持，但是刘宗周并不趋炎附势，亦未一味奉承周延儒。比如，每日朝毕，士大夫多与周延儒攀谈。刘宗周却魁然孤峙，士大夫皆惭而止。会考选推知，有官员通贿于周延儒。时任都察院左都御史的刘宗周不屑，云："礼义廉耻，士君子居身之本系焉。有廉耻而后有功名，有功名而后有事业。今不难呈身如彼，速化如此，一身之廉耻既不恤，又奚有异日立殿廷争可否？其为植党行私，欺君罔上，有必至者。"结果惹得周延儒不悦。②后周延儒落个被赐死之下场，足以说明刘宗周对周延儒的批评是有见地的。

万历四十二年（1614），刘宗周因曾祖三世七丧，尚在浅土，拟营立冢墓，然囊中羞涩，无力为之。同籍御史徐缙芳得

---

①周延儒（1593—1644），字玉绳，号挹斋，20岁即连中会元、状元，授翰林院修撰。崇祯帝即位，周延儒善于察言观色，深得崇祯帝器重。崇祯二年（1629）特拜礼部尚书兼东阁大学士，参与机务；翌年拜为首辅。崇祯六年因为官贪鄙、任用私人而被温体仁逐出京城。崇祯十四年九月，周延儒复为首辅，进吏部尚书、中极殿大学士。再次为相后，任用东林党人，采取革除前任弊政、免除战乱百姓欠税、起用有名望朝臣等政策，朝野称贤。崇祯十六年四月，清兵入关，延儒自请视师。然而他"驻通州不敢战，整日与幕僚饮酒作乐"，并假传捷报蒙骗皇帝。崇祯不知内情，对周延儒褒奖有加。后锦衣卫指挥骆养性上疏揭发真相，因而获罪流放戍边。后崇祯帝下诏，赐周延儒自尽，籍其家。

②《刘宗周全集》第6册，第24页。

知此事，资之百金以助，并请刘宗周好友丁元荐先为"牵线"说明。尽管如此，刘宗周还是婉言谢绝，其云："百金之馈，其所取义乎？不义乎？即使君有以处仆，仆则何以自处也？已矣，勿污我先人墓上石。仆所未了者，固仅有先人一事，试将茹荼带索以毕余生，何至烦故人为念。"御史徐缙芳惭服而不复言。[①]可见，即便是好友、熟人的无偿馈赠，刘宗周亦一概谢绝。

据考证，刘宗周生平唯——一次接受他人馈赠是在万历四十年（1612）官行人司行人之时。其时，刘宗周奉命以副使之职至江西建昌册封益藩。册封礼毕，益王照例向前来行册封之礼的正、副使备报礼百金；刘宗周婉言谢绝，只是礼节性地接受赠言一轴、素琴一张、禊帖数幅、角带一围，余无所取。[②]于此，亦可见刘宗周为官之慎独自律。

刘宗周慎独自律，不向权贵低头的廉节之道的养成，与外祖父、母亲的早年教育有关。刘汋《蕺山刘子年谱》载，刘宗周10岁以后师从外祖父章颖，晚膳之时，章颖"琅琅谈古人忠孝节义不倦"，刘宗周倾耳而听，心即窃慕之，故自幼耻为干禄之学。[③]据刘士林《蕺山先生行实》记载，在乡试中举（万历二十五年，1597）之后，20岁出头的刘宗周因家境清贫，奉养弗

①参见《刘宗周全集》第6册，第46页。又见刘汋《蕺山刘子年谱》（《刘宗周全集》第6册，第73页）、姚名达《刘宗周年谱》（《刘宗周全集》第6册，第256页）。
②参见《刘宗周全集》第6册，第67页。
③参见《刘宗周全集》第6册，第55页。

继，"一日偶从众请谒当途"，即行干谒之事。刘母章氏得知此事，大为恼怒，刘宗周被罚跪于庭下，章氏厉声数落之："尔毋兹为乎！家有饘粥在，安用此？且汝得之不义，以将母，母不愿闻也。"①听闻母教，刘宗周惶恐请罪。自此，竿牍不敢入公庭。

四、"忠直清正"

"道尊于势""德尊于位"，是孔孟儒家所提出的面对政治权威时保持君子独立人格的政治信条。孔子云："邦有道，则仕；邦无道，则可卷而怀之。"②"天下有道则见，无道则隐。"③"道不行，乘桴浮于海。"④孟子云："天下有道，以道殉身。天下无道，以身殉道。"⑤

刘宗周忠直清正、疾恶如仇的性格，主要体现在敢于以拜疏方式与权臣、阉宦陷害君子、祸国殃民之举作斗争。万历三十二年（1604）初任行人司行人之时，他竟然草拟奏疏弹劾"擅权自恣"把持朝政的当朝首辅、浙党领袖沈一贯。刘宗周为浙江籍官员，按照常理，加入浙党完全可以使得自己迅速在朝

---

① 《刘宗周全集》第6册，第561页。刘汋《蕺山刘子年谱》亦有此记载，见《刘宗周全集》第6册，第59页。

② 《论语·卫灵公》。

③ 《论语·泰伯》。

④ 《论语·公冶长》。

⑤ 《孟子·尽心上》。

堂之上拥有一席之地，但是性格耿直的刘宗周恪守了君子不党的圣教，不亢不卑，特立独行。由此，深受诸君子士人的拥戴。

万历四十一年（1613）夏，刘宗周复任行人司行人之时，曾上书时任阁臣叶向高，指责叶向高应对皇太子朱常洛"储位未定""不能力赞福藩启行"之事负责。这也佐证了刘宗周清正敢言的本性。

天启元年（1621），刘宗周起礼部仪制司添注主事，十月十六日至京师受事。"莅任九日"即十月壬辰日①，刘宗周即拜《感激天恩敬修官守恳乞圣天子躬礼教以端法宫之则以化天下疏》，弹劾阉人魏忠贤、保姆客氏，狼狈为奸，把持朝政。②结果可想而知，刘宗周此举无疑是"以卵击石"，结果也落得个"罚俸"的结局，但是他由此也赢得了朝中正义之士的敬重。

刘宗周治京兆之时，风裁孤峻，其遇豪贵，不啻利刃之齿腐朽。他对阉宦干涉政事之举，坚决予以打击。黄宗羲《子刘子行状》记载："每坐堂皇，奄人闯入言事，（刘）先生不应；或出语相诟谇，先生若为不闻也者，治事自如。奄人计塞，反笑而谢曰：'公执拗人，吾固知其如是也。'"③这在宦官擅权干政的朝代，并非人人皆可为、敢为，而刘宗周则是"见义勇为"。

---

①《刘宗周全集》第6册，第74页。

②参见《刘宗周全集》第3册，第21—24页。

③《黄宗羲全集》第1册，第222页。

南明弘光朝，多次降旨称颂刘宗周"忠直清正"①"忠臣"②"忠义天植"③。崇祯帝多次在刘宗周所上奏疏之中，以清正敢言称颂刘宗周的官德与人品，比如其对《痛切时艰直陈转乱为治之机以仰纾宵旰疏》的批复即是："刘宗周素有清名，召来亦多直言。"④崇祯十四年（1641），特起刘宗周任吏部左侍郎的原因之一，就是"大臣如刘宗周清正敢言，廷臣莫能及也"⑤。

刘宗周任职官场，因性格耿直、仗义执言，三次因言事被革职。刘宗周本人对于自己的直言、敢言亦有理性的认识："职以言获罪，职复何言！"⑥这就是先贤所说的"仰不愧天，俯不愧人，内不愧心"⑦。

崇祯九年（1636）前后，刘宗周本有数次机会可以入阁拜相，但时任首辅温体仁作祟、忌惮刘宗周清正敢言的性格，百般阻挠之。对此，黄宗羲《子刘子行状》和刘汋《蕺山刘子年谱》均有记载："上意欲大用先生。会推阁员，廷臣一再推，俱不及。上皆置之。三推始以姓名上。上将点用，而温体仁大惧，

①《刘宗周全集》第3册，第253页。
②《刘宗周全集》第3册，第254页。
③《刘宗周全集》第3册，第262页。
④《刘宗周全集》第3册，第116页。
⑤《黄宗羲全集》第1册，第229页。
⑥《刘宗周全集》第3册，第282页。
⑦严昌校点：《韩愈集》，岳麓书社2000年版，第232页。

募会稽人许瑚上疏，谓先生才谞不足，道学有余。上疑瑚同邑，知之必真，乃已。"①

《论语》载："季康子问政于孔子。孔子对曰：'政者，正也。子帅以正，孰敢不正？'"②《论语学案》疏读之，曰："政者，正也。凡纪纲法度皆是此理，只行之有本，为人上者亦以身帅之而已。"③刘宗周任职都察院左都御史之时，为"振扬风纪"，更是率先垂范，曾有"风纪六事"之要进言君上。④刘宗周以身作则，反对行贿受贿，立法、知法且守法。崇祯帝称赞刘宗周"秉正发奸，有裨风纪"⑤，同僚佥都御史金光辰也认为刘宗周"振扬风纪，整饬朝常，百僚中所不易得"⑥。

南明王朝在刘宗周殉国之后，赐谥号"忠端""忠正"，此亦可展现刘宗周人格的伟大。清乾隆四十一年（1776），乾隆帝称刘宗周为"一代完人"，还赐谥"忠介"。⑦

---

① 《刘宗周全集》第6册，第18、113页。

② 《论语·颜渊》。

③ 《刘宗周全集》第1册，第440页。

④ 参见《刘宗周全集》第3册，第183—193页。

⑤ 《刘宗周全集》第3册，第199页。

⑥ 《刘宗周全集》第1册，第28页。

⑦ 《刘宗周全集》第6册，第636页。

第六节

臣子的气节

儒家意义上的传统士大夫，在封建社会国家治理体系之中扮演着十分重要的角色。孟子对"士"的独立人格有着精辟的论述："居天下之广居，立天下之正位，行天下之大道。得志，与民由之；不得志，独行其道。富贵不能淫，贫贱不能移，威武不能屈，此之谓大丈夫。"①孟子为"士"之独立人格的确立作了界定；"穷则独善其身，达则兼济天下"，则为古代士大夫的进退、出处之道指明了方向。

一、臣子的"出处"

儒家对于士大夫的"出仕"与"退隐"有着一套完整的"出处观"。对于儒臣而言，这便是至高无上的指导法则："天下有道则见，无道则隐。"②进而言之，儒家圣贤之道强调：立

---

① 《孟子·滕文公下》。
② 《论语·卫灵公》。

身事君，辨义利、慎出处，进退不失宜、死生不易志。

　　刘宗周作为儒学名臣、理学大儒，切实实践了儒家的"出处观"，即"（刘宗周）通籍四十五年，立朝不及四载。合则留，不合则去。其在朝，皆尧、舜其君之言也。其在野，皆孔、孟其人之训也"①。

　　天启三年（1623），刘宗周在一年之内连续两次升迁，即由从六品光禄寺丞升从五品尚宝司少卿、正四品太仆寺添注少卿。对于这种超乎寻常的擢升，刘宗周疏辞拒之。对此，有人劝刘宗周勿辞，刘宗周便与之论辩。黄宗羲《子刘子行状》记载："或谓先生曰：'令甲无小臣辞官礼。'先生曰：'廉耻之在人，不因小臣而夺也。'曰：'众君子在位，国事可为，何若是其恝耶？'先生曰：'进退之义不明，而欲正君匡俗，未之有闻。'"②刘宗周见逆阉魏忠贤、保姆客氏内外合谋、专权乱政，志不得行，于是年（天启三年）十一月告病回籍。

　　天启四年（1624），诏起刘宗周为通政司右通政（正四品）。当时尚在家居的刘宗周又辞之，曰："世道之衰也，士大夫不知礼义为何物，往往知进而不知退。及其变也，或以退为进。至于以退为进，而下之藏身愈巧，上之持世愈无权，举天下贸贸焉奔走于声利之场。于斯时也，庙堂无真才，山林无媀节，陆沈之祸，何所底止？臣方惧以前日之进，故惴惴辞太仆之命。

_____

① 《刘宗周全集》第 6 册，第 723 页。
② 《刘宗周全集》第 6 册，第 6 页。

何意前日之退，转成今日之进，将败坏世道，实臣一人为戎首。"①刘宗周认为作为儒臣应严格恪守儒家的出处之道，面对朝局已变，逆阉魏忠贤独揽大政，便不得不退。疏上，旨云："刘宗周藐视朝廷，矫情厌世，好生恣放。着革了职为民当差，仍追夺诰命。"②即便如此，刘宗周亦无怨无悔，直道行之。

二、士大夫的尊严

刘宗周作为明季大儒，反对帝王利用至高无上的君权侮辱士大夫。天启元年（1621），阉宦魏忠贤、客氏狼狈为奸，"出干朝政，威权大震"。按照惯例，皇帝大婚则保姆当出居民间。然客氏既出，熹宗涕泣不食，故复召之。为维护礼制，台省官员倪思辉、朱钦相、王心一各上疏议此事，结果这些进谏的士大夫惹怒了熹宗，"一举而逐谏臣三人，罚者一人"。此时刚刚出任礼部仪制司添制主事的刘宗周，拜疏弹劾魏忠贤、客氏："古者公卿、士大夫有罪，则下廷议而理之，不闻以其禁中决也。乃今朝逐一谏官，中旨也；暮逐一谏官，中旨也。此中旨者，陛下方用之以快一时之喜怒，而孰知前后左右又不难乘陛下之喜怒以快其私乎？"③这里，刘宗周希望皇帝包容言官之"失"，反对动辄"中旨"驱逐。

---

① 《刘宗周全集》第6册，第6页。
② 《刘宗周全集》第6册，第80页。
③ 《刘宗周全集》第3册，第22—23页。

刘宗周还认为崇祯一朝的诏狱、廷杖之刑施加于士大夫，有伤国体，当废除诏狱、廷杖。

（一）除诏狱

崇祯帝即位以来，励精图治，不免以重典治臣下，逆党有诛，封疆失事有诛。又因及一切误事者，重者以杖死，轻者以谪去，纷纷狼藉，朝署中半染赭衣。为维护朝臣的人格尊严，刘宗周在崇祯三年（1630）即拜《敬陈祈天永命之要以回厄运以巩皇图疏》于崇祯帝，强烈建议废除最伤国体的诏狱之刑："法天之大者，莫过于重民命，则刑罚宜省宜平……而最伤国体者，无如诏狱一事……臣愿陛下体上天好生之心，首除诏狱。自今臣下有罪，一概下法司处分。"[1]此外在《微臣不能以身报主敬竭报主之心终致主于尧舜疏》中，刘宗周再次呼吁："请自今廷臣有犯，一切下之法司，永除诏狱，庶不至以非刑辱士。"[2]《敬循职掌条列风纪之要以佐圣治疏》在"贞法守"条目之下有云："请自今一切轻重狱词，专听三法司听断，不必另下锦衣。其或犹有不公不法，传于道路，踪迹彰著者，独许臣以五城御史觉察，廉其情罪之重者，送刑部究拟。"[3]

一言以蔽之，刘宗周对有明一代"诏狱及士绅"之举，自始至终采取坚决抵制的态度。刘宗周任都察院左都御史甫二月，

---

[1]《刘宗周全集》第3册，第87页。

[2]《刘宗周全集》第3册，第160页。

[3]《刘宗周全集》第3册，第185—186页。

更是进言申救下诏狱的言官姜埰、熊开元，素以清正敢言著称的刘宗周惹怒、得罪了刚愎自用的崇祯帝。刘宗周奏曰："皇上方下诏求言，而二臣（姜、熊）遽以言得罪，甚有伤于圣政。国朝无言官下诏狱者，有之，自二臣始，甚有伤于国体……然朝廷待言官有体，其言可用则用之，不可用则置之。即有应得之罪，亦当敕下法司，原情定罪。遽下诏狱，终于国体有伤。"崇祯帝怒曰："三法司、锦衣卫皆朝廷刑官，何公何私？且朕处一二言官，如何遂伤国体？……如此偏党，岂堪宪职！候旨处分……开元疏必有主使，疑即宗周。"尽管朝臣多为刘宗周求情，但也落得了"着革了职"的结果。崇祯帝虽迁怒刘宗周，亦不敢置姜埰、熊开元于死地，而发刑部拟罪。部拟之罪不合上意，崇祯更为震怒，廷杖姜埰、熊开元各百。刑部尚书徐石麒被夺官。

行文至此，足见君主专制时代皇权的至高无上，"朕即法，法即朕"。尽管最高统治者也知道"国家大计，当以法纪为主"的道理，但是"法治"终不敌"人治"。

（二）废廷杖

廷杖，即是在朝廷上以大杖打人，是对朝中官吏实行的一种惩罚，明代之廷杖最著名。廷杖在明代大行其道，是明朝统治者实行极端高压恐怖的统治方式之一。

有论者撰文指出，廷杖之制"反映了明朝皇权与士大夫之间的对立，是在明朝重典治吏的立法思想下形成的一项独特的酷刑，它的泛滥与明朝文官制度的不完善密切相关，同时加剧了统治阶级内部的离心倾向，对明朝产生了极其恶劣的影响"。①

刘宗周作为士大夫的代表，虽未受廷杖之辱，但是深知惨无人道的廷杖之刑对士大夫人格的摧残与身体的折磨。故而他多次上疏，建议崇祯帝废除廷杖之制。比如《微臣不能以身报主敬竭报主之心终致主于尧舜疏》明言："王者仁育天下，而义以正之，莫非仁也……至廷杖一节，原非祖宗故事，辱士尤甚！士可杀不可辱，仍愿陛下推敬礼大臣之心以及群众，与厂卫一体并罢。"②刘宗周论"风纪六事"时亦强烈建议废除廷杖："一曰'崇国体'……请自今著令，大臣自三品而上有犯罪者，先行九卿科道会议。议详，乃付司寇。司寇议定，坐殊死者，得收系。其他即以其罪行遣。"③

此外，刘宗周任顺天府府尹时，有权臣家奴仆仗势辱打诸生。刘宗周以为这也是对"士"的侮辱，故而坚决依律查办。此事见之于黄宗羲《子刘子行状》。"武清伯奴子与诸生争道，诸生受殴投牒。先生使吏入武清家捕之。武清及门言状，先生拒不见曰：'奴辱士而主拥护之，是罪在主。吾将上告天子。'武清知不可，但已别遣一奴。先生心识其伪也，令其自理争道之由，奴不能答，叱之去。乃扑前吏，而推捕益急。始出之，

①韩继伟：《浅析明朝廷杖》，载《哈尔滨学院学报》2014年第3期。

②《刘宗周全集》第3册，第159—160页。

③《刘宗周全集》第3册，第186页。

捶扑数十，荷校武清门外。"①这从侧面说明了刘宗周对士大夫之尊严的维护。

正是儒家强烈的入世精神，使得刘宗周的政治参与性与政治批判性非常强，"无疑宗周有自我批判意识，但他所体现的群体批判的自我意识却相当强，宗周在他那个时代里毫无疑问是最有影响力、最受尊重、最有引导能力的知识分子"②。

此外，刘宗周通过拜疏建言的方式，积极参与治国理政，并就明季政局之弊病提出了相当深刻的见解与解决实际问题的具体方案。"《除诏狱》《汰新饷》《招无罪之流亡》《恩义拊循以收天下泮涣之人心》《还内廷扫除之职》《正懦帅失律之诛》诸疏，皆切中当时利弊。"③这其中所蕴含的政治批判精神，即是一个标准的古代士大夫的所作所为——"先天下之忧而忧，后天下之乐而乐"。

刘宗周殉国，更是树立了古代儒家知识分子的典范。正如杜维明先生所言："宗周的每一种行为、每一种选择都有群体性、时代性。对于他那个时代，他一直都是参与的，直到死以前，他一直参与当时的社会政治生活，就好像苏格拉底的审判，他没有逃离，而是奔向，是投入。时代要我死，我就死在这个

---

① 《黄宗羲全集》第1册，第222页。

② 杜维明、东方朔：《杜维明学术专题访谈录：宗周哲学之精神与儒家文化之未来》，复旦大学出版社2001年版，第37页。

③ 四库全书整理所整理：《钦定四库全书总目》（整理本），中华书局1997年版，第2334页。

时代，因为我是属于这个时代的。我没有别的地方可去，没有离世，没有彼岸。"①

---

①杜维明、东方朔:《杜维明学术专题访谈录:宗周哲学之精神与儒家文化之未来》，复旦大学出版社2001年版，第36—37页。

第四章 刘宗周思想的传承与评价

刘宗周开创的蕺山学派有其学术传承，其高足黄宗羲继承并发展了刘宗周的政治思想与学术经世情怀，在某种程度上促成了晚明学风的转变与明清之际学术的转型。而家国一体的伦理政治观决定了刘宗周无法摆脱得君行道式人治思维的束缚，如何培育现代意义上的民主与法治则是现代新儒家学者努力解决的一个时代课题。

第一节 蕺山学派的开创与分化

刘宗周之高足黄宗羲在《蕺山同志考序》中这样写道："蕺山刘子以清苦严毅，疏通千圣之旨……先生讲学二十余年，历东林、首善、证人三书院，从游者不下数百人。"[①]刘宗周在万历、天启、崇祯三朝四十余年时间（刘宗周通籍四十五年，立朝仅四载）里，在绍兴大善寺僧舍、石家池、解吟轩、韩山草堂、京师首善书院、陶望龄祠堂（证人社）、绍兴古小学（证人书院）、阳明书院等场所，向门生、同道宣讲自己早、中、晚年诸时期所主学术宗旨——"主敬""慎独""诚意"，讲学不辍，诲人不倦，从而开创了以其名号"蕺山"命名的学术流派。

---

① 《黄宗羲全集》第 11 册，第 58 页。

一、蕺山学派的开创

（一）万历年间的讲学授徒

万历三十五年至三十六年（1607—1608）间，刘宗周居家为祖父守丧，以举子业教授于绍兴大善寺僧舍。万历四十年正月，陈尧年率先执贽问道于门下。时值刘宗周复官北上，故刘宗周只是接受了陈尧年作为门人的身份，并未授其学。陈尧年，则是有姓名可考的第一位真正意义上的刘宗周门人。是年春，刘宗周至江苏无锡，访东林书院创始人高攀龙，并在东林书院与之"切磋"学问。

万历四十二年（1614）春，刘宗周致仕归乡，读书之余，亦授徒于乡里。对此，黄宗羲《子刘子行状》有云："（刘）先生乃给假归，教授乡里，门士日进。先生曰：'昔伊川读《易》，多得之涪州，朱子奉祠，其道益光，吾侪可无自厉乎？'"①

据《蕺山刘子年谱》载，万历四十三年（1615），刘宗周教授生徒于蕺山之麓的朱氏解吟轩。此时休假归乡的刘宗周，在绍兴一带小有名望，"国人无不信（刘）先生为真儒"。于是陈尧年复率诸生二十余人纳贽北面，解吟轩的讲学规模比万历三

---

① 《黄宗羲全集》第1册，第211页。

十五年教授于大善寺僧舍时更为宏阔。[1]

万历四十四年（1616），刘宗周又设馆、教授于陈氏之石家池；课诸生之时，有《学戒四箴》与诸生共勉。[2]万历四十五年，刘宗周又教授于郭外之韩山草堂。

应该指出，万历朝末刘宗周在绍兴一带开展的讲学授徒活动，主要是针对即将参加科举考试的诸生、举子，宣讲内容主要是程朱理学所理解的"四书五经"。刘宗周在这一时期的"教学科研成果"主要是在万历四十五年（1617）完成了有关授学讲义的汇编——《论语学案》。《蕺山刘子年谱》有云："（刘）先生与诸生讲《论语》，日书其大旨，久而成编，至是乃出（《论语学案》）示学者。"[3]从万历四十四年直至崇祯十三年（1640）前后，刘宗周讲学的宗旨为"慎独、诚意之教"，同时不废科举之事。

（二）天启年间在首善书院、解吟轩的讲学活动

天启二年（1622），因后金进犯、兵逼关门，京师人心涣散，都察院左都御史邹元标、副都御史冯从吾，为稳定天下人心，率同志讲学于京师首善书院。天启四年，书院遭逆阉魏忠贤记恨而被查封。首善书院从建立到废止，仅有短短的两年多时间。

---

[1]参见《刘宗周全集》第6册，第70—71页。

[2]参见《刘宗周全集》第4册，第341—344页。

[3]《刘宗周全集》第6册，第72页。

天启二年至四年间（1622—1624），刘宗周曾协助邹元标、冯从吾讲学于首善书院。黄宗羲《子刘子行状》有云："首善书院初立，邹忠介（元标）、冯恭定（从吾）主讲席，忠介宗解悟，恭定重躬行。先生为两家骑邮，通彼我之怀。"①对于首善书院无端遭查封，刘宗周是耿耿于怀的。崇祯十五年（1642）冬，刘宗周甫任都察院左都御史，拜疏以"风纪六事"上，第一事即曰"建道揆"，即"请复京师首善书院，即附从吾为瞽宗，而令京师子弟之秀者，专为肄业地，仰昭圣明兴道致治之宪"。②

天启五年（1625）二月，因疏劾魏忠贤，刘宗周被革职为民。时逆阉矫旨，大兴钩党之狱，缇骑四出，削籍遍天下，杨涟等东林诸君子入诏狱。值此国变之时，刘宗周曰："天地晦冥，人心熄灭，吾辈惟有讲学明伦，庶几留民彝于一线乎！"是年五月朔日，大会诸生，会讲于解吟轩。刘宗周以"讲学以发明人心"为言："世道之祸酿于人心，而人心之恶以不学而进。今日理会此事，正欲明人心本然之善，他日不至凶于尔国，害于尔家。"诸生皆有省。以后每次会讲，刘宗周令学者收敛身心，使根底凝定，为入道之基。尝曰："此心绝无凑泊处，从前是过去，向后是未来，逐外是人分，搜里是鬼窟，四路把截，就其中间不容发处，恰是此心真凑泊处。此处理会得分明，则

---

① 《刘宗周全集》第6册，第39页。
② 《刘宗周全集》第3册，第184—185页。

大本达道皆从此出。"①于是，在解吟轩与诸生会讲之时，刘宗周正式提出了自己的"慎独"学说。八月，诏毁东林书院。刘宗周就是否继续会讲一事有书函与高攀龙，高攀龙复函，言福祸难测（指逆阉魏忠贤矫旨逮杀东林诸君子事）建议辍讲。十二月，解吟轩讲会终止。

天启六年（1626），逆阉矫旨派缇骑逮高攀龙、周起元、缪昌期、周顺昌、周宗建、李应升、黄尊素"天启七君子"下诏狱。高攀龙投水自尽。周起元等被逮捕，惨死于诏狱。一时误传，刘宗周也在被逮捕之列，后刘宗周"化险为夷"，逃过"逆阉之劫"。事后，刘宗周携子刘汋读书于韩山草堂，专用慎独之功。与先儒以慎独为省察之功不同，刘宗周以慎独为存养之功，即"以静存说慎独"，并有语录曰："独只在静存，静时不得力，动时如何用工夫？"②有人问："慎独专属之静存，则动时工夫果全无用否？"刘宗周答曰："如树木，有根方有枝叶，栽培灌溉都在根上用，枝叶上如何着得一毫？如静存不得力，才喜才怒时便会走作，此时如何用得工夫？苟能一如其未发之体而发，此时一毫私意着不得，又如何用工夫？若走作后便觉得，便与他痛改，此时喜怒已过了，仍是静存工夫也。"③

与此同时，刘宗周对濂、洛之学所云"主静立极""静坐工夫"表现出极大的兴趣。程颐每见人静坐，便叹善学；闽人杨

---

① 《刘宗周全集》第6册，第80—81页。

② 《刘宗周全集》第6册，第82页。

③ 《刘宗周全集》第6册，第83页。

时从学二程，有道南学派；从罗从彦到李延平，亦必默坐澄心，观喜怒哀乐未发作何气象。读书于韩山草堂之时，刘宗周就曾采用朱熹提倡的"半日静坐，半日读书"为学工夫，"久之勿忘勿助，渐见浩然天地气象，平日严毅之意一旦消融"①。天启六年（1626）秋日，诸生十余辈前来韩山草堂拜谒刘宗周，座中问"孔孟大旨"，刘宗周告以孔孟"求仁"之说。嗣后，又有《孔孟合璧》《圣学吃紧三关》之作。

天启七年（1627）间，刘宗周自春至夏，无事便终日静坐，有事则随感而应。每事过，自审此中不作将迎否，不作将迎而独体渊然自如否？自此，刘宗周的"慎独"工夫便"专归涵养一路矣"②。

总之，"教学相长"，"君子以文会友，以友辅仁"。刘宗周在天启年间开展的一系列会讲、讲学、读书活动，使得自己的学术宗旨由早年的"主敬"转变为中年之时的"慎独"，并完成了《逊志正学录》《孔孟合璧》《圣学吃紧三关》《皇明道统录》等多部著作。

（三）崇祯年间参与证人社会讲

《子刘子行状》云："忠宪、忠介、恭定既没，讲学中绝，（刘）先生始有证人社之会。"在东林学人讲学中坚高攀龙、邹

---

① 《刘宗周全集》第6册，第82页。

② 《刘宗周全集》第6册，第85页。

元标、冯从吾卒世，即东林书院、首善书院之后，因顾及"学禁"，士大夫以讲学为讳。而于京兆尹任致仕归乡的刘宗周，自崇祯四年（1631）春便与浙中王门三传陶奭龄合作，大会同志于陶望龄祠堂，合办证人社，开展讲学活动。

据《蕺山刘子年谱》载，崇祯四年（1631）三月三日，刘宗周、陶奭龄率同志、门生大会于石篑先生祠堂，缙绅学士二百余人参加了此次会讲。初登讲席，刘宗周开场即曰："此学不讲久矣，文成（王阳明）指出良知二字，直为后人拔去自暴自弃病根。今日开口第一义，须信我辈人人是个人，人便是圣人之人，圣人人人可做。于此信得及，方是良知眼孔。"①众人因以"证人"二字名其社及讲会曰："证人社""证人讲会"。会期定于每月三日。刘宗周还作有《证人社约》，确定证人社的组织章程等。证人社会讲中，刘宗周专揭"慎独之旨"以教学者。

崇祯五年（1632），因在"本体工夫之辨""儒佛之辨"等问题上的观点有异，刘宗周、陶奭龄合办的证人社及会讲活动出现了"分歧"。未几，刘宗周建言官府在原尹和靖（尹焞）先生祠堂旧址重建绍兴古小学，并于是年五月完工，遂迎尹和靖神位入祠，行释奠礼，并大会生徒，发明伊、洛"主敬"之旨。自此，刘宗周与陶奭龄合办的证人社"分道扬镳"，刘宗周离开石篑先生祠堂，继续在古小学（尹和靖先生祠）、阳明先生祠进行证人社的活动。嗣后，古小学的证人社又易名为

---

① 《刘宗周全集》第6册，第101页。

"证人书院"。

董玚《刘子全书抄述》云："证人之会……初集于陶文简公祠，已集于阳明书院，继集于古小学、白马山房，间私集于泠然阁。"①因为刘、陶二人的学术分歧，诸生如王朝式、秦弘祐、钱永锡等奉陶奭龄为师，纠同志数十人别会于白马岩居（白马山房），"日求所谓本体而证之"。尽管证人社出现分裂，但"君子和而不同"，刘宗周还是多次前往白马山房与王朝式、秦弘祐、钱永锡等生徒展开学术论辩与争鸣。对此，黄宗羲《子刘子行状》记载："证人之会，石梁与先生分席而讲，而又为会于白马山，杂以因果、僻经、妄说，而新建（阳明）之传扫地矣。石梁言：'识得本体，不用工夫。'先生曰：'工夫愈精密，则本体愈昭荧。今谓既识后，遂一无事事，可以纵横自如，六通无碍，势必至为无忌惮之归而已。'其徒（王朝式、秦弘祐、钱永锡等）甚不然之，曰：'识认即工夫，恶得少之？'先生曰：'识认终属想像边事，即偶有所得，亦一时恍惚之见，不可据以为了彻也。其本体只在日用常行之中，若舍日用常行，以为别有一物可以两相凑泊，无乃索吾道于虚无影响之间乎？'"②学术分歧严重，王朝式、秦弘祐、钱永锡等亦坚信陶奭龄的本体之旨，刘宗周便不再与之争鸣。

总之，崇祯五年（1632）证人社出现"分歧"：拥护陶望龄

---

① 《刘宗周全集》第6册，第663页。

② 《黄宗羲全集》第1册，第253页。

者，在白马山房以"识得本体，不用工夫"为主旨开展会讲；刘宗周则建言官府，在尹和靖祠堂原址重建绍兴古小学，开办证人书院，继续宣讲自己的"慎独"之学、"诚意"之教。

据《蕺山刘子年谱》，刘宗周讲学于绍兴古小学之时主"用慎独工夫"[①]。开始，刘宗周认为"独体只是个'微'字，慎独之功，只于'微'处下一着子"，故专从"静"中讨消息；久之，刘宗周始悟"独"说不得个"静"字，曰："一独耳，指其体谓之中，指其用谓之和。"又曰："中，阳之动也；和，阴之静也。不得以未发为静，已发为动。又不得以未发属性，已发属情。盖谓喜怒哀乐以四德言，不以七情言，亦一时事，不分前后际。"故而刘宗周在崇祯九年（1636）以后所作《语录》及《圣学宗要》《人谱》《原旨》《读易图说》《证学杂解》诸书，大抵于先儒（程朱）成说，掀翻无遗。[②]

崇祯十五年至十六年（1642—1643）间，刘宗周任职于京师都察院，更是利用不同场所向同道、学人宣讲自己的"诚意之教"。

刘宗周在崇祯四年至十七年（1631—1644）的讲学活动，以在证人书院、京师近郊的教学最有成效，不单使得自己的学术宗旨完成了由中年"慎独"向晚年"诚意"的转变，还完成一系列论著，其中以《人谱》最为著名。而《证人会约》《会讲

---

① 《刘宗周全集》第6册，第104页。
② 参见《刘宗周全集》第6册，第104—105页。

申言》《会录》《证人社语录》，则是证人书院讲学的史料汇编。

（四）蕺山弟子名录

刘士林《蕺山先生行实》文称"执赘称弟子者，海内不下千人"①，黄宗羲《蕺山同志考序》称刘门弟子计376人，惜未具体开列姓名。②

董玚编次的《刘子全书》卷首列《蕺山弟子籍》计有82人姓名③，全祖望《子刘子祠堂配享碑》④录蕺山学派的主要成员35人（其中10人为董玚所未载录者），杜春生《刘子全书遗编抄述》文根据《绍兴府志》《山阴县志》《蕺斋藏书稿》《刘子全书·证人社语录、文编》《蕺山刘子年谱》及《录遗》等文献，增补刘门弟子31人⑤。这样，董玚、全祖望、杜春生共考证出蕺山弟子123名。

今人张瑞涛撰有《蕺山弟子补传》文，"在参考刘宗周著述论说及相关史料典籍基础上"，增补蕺山弟子46人，这对于深入了解蕺山学传播、流传衍变，坐实"蕺山学派"的称谓，提

---

① 《刘宗周全集》第6册，第608页。

② 参见《黄宗羲全集》第11册，第59页。

③ 参见《刘宗周全集》第6册，第614—615页。

④ 董余纯《全祖望年谱》称，清乾隆十三年（1748），全祖望受绍兴知府之延请，主讲蕺山书院，"始设奠于刘宗周影堂，议定从祀诸弟子"，后有《子刘子祠堂配享碑》（《刘宗周全集》第6册，第646—651页）。

⑤ 《刘宗周全集》第6册，第700—701页。

供了史料依据。①在 2014 年出版《心体与工夫：刘宗周〈人谱〉哲学思想研究》一书后，张瑞涛又于 2019 年出版《蕺山后学研究》一书，分上、下两篇。上篇"蕺山门弟子考"，以蕺山后学弟子为研究对象，考证蕺山弟子的生平事迹、著书立说情况及思想影响；下篇"蕺山后学思想研究"，撷取蕺山学派较有学术特色和人格魅力的十位弟子分别展开思想研究，试图立体地、全面地蠡探蕺山刘门师弟子的思想性格和学术演进脉络。②

此外，关于蕺山弟子的名录，绍兴文史学者黄锡云、傅振照合作撰写《蕺山弟子考》文，"计得刘子弟子可靠姓名者共120 人"③。

对于刘宗周门人之中最有名者，有"蕺山三大弟子"之论。一说是黄宗羲、陈确、张履祥，而全祖望《梨洲先生神道碑文》则称是黄宗羲、祁彪佳、章正宸。在这里，特别要说明的是，明朝覆灭之时，刘门弟子与业师一同殉国者大有人在。黄宗羲《刘子全书序》有云："先师丁改革之际，其高第弟子如金伯玉、吴磊斋、祁世培、章格庵、叶润山、彭期生、王玄趾、祝开美一辈，既已身殉国难，皋比凝尘。"④

---

① 张瑞涛：《蕺山弟子补传》，载《中共宁波市委党校学报》2011 年第 6 期。

② 参见张瑞涛：《蕺山后学研究》，人民出版社 2019 年版。

③ 黄锡云、傅振照：《蕺山弟子考》，载《越地春秋》2005 年第 1 期。黄锡云、傅振照还合著《刘宗周研究》（《绍兴县史志学术丛书》之一）一书。

④《刘宗周全集》第 6 册，第 653—654 页。

二、蕺山学派的分化

刘宗周学术思想的"远承近接"及其极强的兼容性，尤其是刘宗周"诚意"之教所涉"心意之辨"与程朱理学、阳明心学有异，使得刘子后学在理解业师著作及其文献之时出现了不小的分歧。

对于蕺山学派的分化，前辈学者衷尔钜、方祖猷、詹海云、李纪祥、王汎森等有相关研究成果。近年来，青年学者尹晓宁、张天杰亦有相关的研究成果，前者研究论文为《从蕺山诸弟子的分歧看蕺山学派的分裂》，后者研究成果为《蕺山学派与明清学术转型》。

其实，如同阳明学派在王阳明生前已经存在并分化一样，在刘宗周生前，因众门人资质有异，对业师"诚意"之教的理解、领会有异，蕺山学派已经呈现出分化之势。刘宗周高足董玚《刘子学案序》对此有记载："先师刘子自崇祯丙子（九年，1636）在京日，始订诚意之旨以示人，谓意者心之所存。戊寅（崇祯十一年，1638），瑞生（董玚）侍师，亲承音旨。时闻者谓与朱子、王子不符，起而争之。其问答之语、往复之书，备载《全书》。瑞生心识是说，未敢有所可否。一时门人后学，亦未有会之者。"①

吴杰《重刻刘子全书序》序文曾分别以黄宗羲、张履祥、

---

① 《刘宗周全集》第6册，第690页。

刘汋为案例，就刘宗周亲炙弟子对业师为学宗旨之分歧（即蕺山学派分化）展开论说，其云："（吴）杰尝读梨洲序《学案》矣，谓：'学者皆以高、刘二先生并称，不知忠宪杂于禅，大醇小疵，惟先生醇乎醇者也。'又曰：'五星聚奎，濂、洛、关、闽出焉；五星聚室，阳明子之说昌；五星聚张，子刘子之道通。'所以推宗夫师之道者若此。而杨园张子（履祥）尝与沈子相书，论《古易钞义》为先生少作，自言无足观者。又伯绳辑先生书，时亦有贻书请删削语录者。是亲炙弟子不免互相抵牾也又若此。"①关于蕺山学派的分化，黄宗羲《刘伯绳先生墓志铭》②、《刘子全书序》③、董玚《刘子全书抄述》④文有详论。

目前已有的研究成果均证实蕺山学派的分化导火索即是"刘子遗书"的整理与"刘子行状"的撰写。李纪祥《清初浙东刘门的分化及刘学的解释权之争》⑤、王汎森《清初思想趋向与〈刘子节要〉：兼论清初蕺山学派的分裂》⑥等皆有详细介绍。后者指出：刘宗周死后蕺山学派一分为三，第一派以刘汋、张履祥、吴蕃昌为代表，倾向程、朱；第二派是以黄宗羲、董玚为

---

① 《刘宗周全集》第6册，第655页。

② 参见《黄宗羲全集》第10册，第313—316页。

③ 参见《刘宗周全集》第6册，第652—654页。

④ 参见《刘宗周全集》第6册，第656—692页。

⑤ 李纪祥：《清初浙东刘门的分化及刘学的解释权之争》，载《国际阳明学研究》第三卷，上海古籍出版社2013年版，第242—268页。

⑥ 王汎森：《晚明清初思想十论》（增订版），北京师范大学出版社2020年版，第234—274页。

代表，倾向陆、王；第三派以陈确为代表，独树一帜。

（一）修正派：刘汋、张履祥、吴蕃昌

已有的研究成果表明，蕺山学派分化的"始作俑者"是刘汋。刘宗周殉国，其遗著即为刘汋所收藏与整理。刘汋为了统一刘学而在清顺治十年（1653）召开了众多刘门高足参加的山阴之会，却因此造成了刘门分化。黄宗羲《刘子全书序》有云："当伯绳（刘汋）辑遗书之时，其言有与洛、闽（指程朱理学）龃龉者，相与移书请删削之，若惟恐先师（刘宗周）失言，为后来所指摘。嗟乎！多见其不知量也。"①

或许是由于时局的变化，清王朝以程朱理学为官方主流意识形态，而刘宗周的"诚意慎独"之论中多有与程朱理学冲突处，其中最主要的是"心意之辨"——"心为意之所存"（刘宗周）、"意为心之所发"（朱熹）。

与刘汋的态度一样，张履祥、吴蕃昌作为刘门弟子，并不完全赞同业师的"诚意"之论，学术重心依旧囿于程朱理学。故而刘汋在整理"刘子遗书"时，主要是邀请张履祥、吴蕃昌参加。据此，有学者称"在蕺山学派内，刘汋、张履祥就成了由王返朱的主要代表人物"②。张履祥在业师刘宗周殉国之后有《告先师文》等缅怀性文章③，但是由于推崇程朱理学、攻击阳

①《刘宗周全集》第6册，第654页。
②方祖猷：《黄宗羲长传》，浙江大学出版社2011年版，第155页。
③参见张履祥：《杨园先生全集》，中华书局2002年版，第635—636页。

明心学，且与蕺山学"慎独""诚意"论相左，其与刘汋一样主张修正"师说"。后又有《先师年谱书后》①，显然与刘汋属于一派。

（二）正统派：黄宗羲、董玚

康熙三年（1664），刘汋病逝，"刘子全（遗）书"底本转交刘汋长子刘茂林（刘宗周长孙）保管。而刘茂林系黄宗羲的女婿，故而黄宗羲得阅"刘子遗书"底本②。而刘汋根据底本编订的"录本"（又名《刘子文录》《刘子广录》），则由刘汋次子（刘士林）收藏。

董玚编订《刘子全书》之时，刘汋已经过世，故而得阅传至刘茂林的"刘子遗书"底本，并与传至刘士林的刘汋录本进行比照。董玚编订《刘子全书》凡四十卷：《语类》十三卷，《文编》十四卷，《经术》十一卷，附以《行状》（黄宗羲撰）、《年谱》各一卷。③毋庸置疑，经过对照底本与录本，董玚、黄

①张履祥：《杨园先生全集》，中华书局2002年版，第595页。

②据汤斌称，黄宗羲与刘茂林曾根据"刘子遗书"合作编辑十八卷本的《蕺山刘念台先生文录》，并请汤斌作序。汤斌《蕺山刘先生文录·序》文开篇云："《蕺山刘念台先生文录》十八卷，斌奉使于浙，先生门人黄君太冲与其孙茂林见示，得受而卒业焉。炯然探月：先生之学至矣，程朱以来，体道之精，未有过焉者也。"（《刘宗周全集》第6册，第716页）

③董玚的《刘子全书》曾在康熙、道光、光绪年间数次刊刻，相关事宜可参阅王宗炎《征刻刘子全书启》、钟念祖《重刻刘子全书征刻启书后》（参见《刘宗周全集》第6册，第692—694页）。

宗羲均发现录本与底本相比，有不少针对"心意之辨"的删削改动之处。董玚《刘子遗书抄述》有"底本、录本互有阙佚，录本有小异底本者，底本亦有间人录本者"之语。比如《学言》（刘宗周）底本录有五百七十余条，而刘汋录本缺二百余条，其所缺条目主要涉及"意为心之所存"，与朱子"意是情专所主时"云云相抵牾。

刘宗周发明"诚意"之教（"意为心之所存"）是在崇祯九年（1636）之后。而董玚在崇祯十一年师从刘宗周之时，对业师发明的"诚意"之教虽有领悟，"心识其说"，但"未敢有所可否"。刘宗周殉国之后，黄宗羲《刘子全书序》《子刘子行状》等文对"诚意"之教（"意为心之所存，非所发"）进行进一步的解读与阐释，但是因为没有确凿的依据，董玚"亦不敢出一词以应"。直至康熙二十二年（1683）左右，即刘子殉国三十八年之后，董玚得到泰州学派创始人之一王栋（1509—1581）的《遗集》二册，认真拜读之后，发现其《会语》与《诚意问答》"自身之主宰言谓之心，自心之主宰而言谓之意，谓自心虚灵之中确然有主者。若以为心之发动，便属流行"云云，与先师刘先生的"诚意"之教"心为所存，意为所发，是所发先于所存，岂《大学》知本之教""格致诚意之功，功夫结在主意中，方为真功夫"云云相吻合。故董玚指出，"夙禀良知之教"的泰州学人王栋已对"意"旨进行了揭示，故而宣称刘子"诚意"之旨与王栋"意"旨系"不谋而同"①："证以一庵氏（王栋）之说，使知'意之所存'一语标揭尼山秘旨于二千一百余年之后，又有遥相契合者，非为异说，子（刘宗周）之苦心恕不终晦！"②

黄宗羲虽然早年遵从其父（黄尊素）之命，从学于刘宗周，然"其时志在举业，不能有得，聊备门人之一数"。甲申（1644）之变后，"天移地转"，黄宗羲在浙东抗清斗争彻底失败，"僵饿深山"之时，尽发所藏刘子之书而读之，"胸中窒碍解剥，始知曩日孤负为不可赎"。在《刘子全书序》中，黄宗羲一方面宣称"先师之学在慎独"，另一方面对先师的"意者心之所存，非所发"的命题大加发挥。其曰："先儒曰：'意者心之所发。'师以为心之所存……泰州王栋已言之矣：'自身之主宰而言谓之心，自心之主宰而言谓之意。心则虚灵而善变，意有定向而中涵。意是心之主宰，以其寂然不动之处，单单有个不虑而知之灵体，自做主张，自裁生化，故举而名之曰'独'。少间搀以见闻才识之能，情感利害之便，则是有商量倚靠，不得谓之'独'矣。若云心之所发，教人审几于动念之初，念既动矣，诚之奚及？"与上述董玚所云相同，黄宗羲亦认为"师未尝见泰州之书，至理所在，不谋而合也"③。此外，《明儒学案》

<hr>

① 《刘宗周全集》第6册，第691页。《刘子全书抄述》一文在介绍"学言"之时，对刘子之"意"与王子之"意"的摘录甚多，限于篇幅，恕不一一摘录。

② 《刘宗周全集》第6册，第663页。

③ 《刘宗周全集》第6册，第652—653页。

"王栋学案·语录"之中，黄宗羲对王栋言"意"之论进行了誊录，以为业师刘宗周的"诚意"之教"张目"。

黄宗羲还在《子刘子行状》中明言，业师刘宗周"发大儒之所未发者，其大端有四"：

> 一曰静存之外无动察……一曰意为心之所存，非所发……一曰已发未发、以表里对待言，不以前后际言……一曰太极为万物之总名。[1]

康熙二十四年至二十五年间（1685—1686），黄宗羲还与董玚、姜希辙一起依照"刘子遗书"底本，重新编次"刘子遗书"，其书在康熙二十五年秋由视学两浙的太仓王掞（字颛庵）捐俸筹资刊刻。对此黄宗羲《刘子全书序》文末有记："王颛庵先生视学两浙，以天下不得睹先师之大全为恨，捐俸刻之。东浙门人之在者，羲与董玚、姜希辙三人耳。于是依伯绳原本，取其家藏底草，逐一校勘。有数本不同者，必以手迹为据，不敢不慎也。"[2]就黄宗羲、董玚对于业师学术宗旨的护持与学统传承的努力，杜春生《刘子全书遗编抄述》称，刘宗周于"四书"之《论语》有"学案"，于《大学》《曾子》《周易》诸经皆有著作，"惟《中庸》《孟子》尚未著有成编"，故而黄宗羲

---

① 《黄宗羲全集》第1册，第250—252页。

② 《刘宗周全集》第6册，第654页。

有《孟子师说》之作，董玚有《中庸学案》《孟子学案》之作，"皆以阐明师学，裨补阙遗，诚刘门之素臣也"。①

黄宗羲《明儒学案》更是以刘宗周为明代儒学的集大成者，其《刘子学案》（《蕺山学案》）曾单独刊刻成书，董玚《刘子学案序》可资凭证。②故而，笔者以黄宗羲为刘宗周乃至蕺山学派的正宗传人。对此，《刘宗周年谱》的编纂者姚名达亦云："传其（刘宗周）道者，惟黄宗羲最正，邵廷采则其再传嫡传也，而恽日初、张履祥之流不与焉。"③

还要补充的是，刘宗周弟子恽日初也赞成删削"刘子遗书"，并编有十四卷本的《刘子节要》（与黄宗羲同时成书，恽日初还曾著成《子刘子行状》文）。《四库全书总目提要》称，刘汋抄录的百卷本《刘子全书》"篇帙繁富，未易尽观"，恽日初因仿《近思录》例，分类辑录。"一道体，二论学，三致知，四存养，五克治，六家道，七出处，八治体，九治法，十居官处事，十一教人之法，十二警戒改过，十三辨别异端，十四总论圣贤。每一类为一卷。"④

---

① 《刘宗周全集》第6册，第699页。

② 参见《刘宗周全集》第6册，第690—691页。

③ 《刘宗周全集》第6册，第212页。

④ 四库全书研究所整理：《钦定四库全书总目》（整理本），中华书局1997年版，第1266—1267页。

恽日初《刘子节要》①成书后，曾请黄宗羲作序。黄宗羲以为恽日初对业师言意之说不能把握，故而一再推辞，不肯为之作序。《明儒学案·原序》曰：

> 岁己酉，毗陵郓仲升来越，著《刘子节要》。仲升，先师之高第弟子也。书成，羲送之江干，仲升执手丁宁曰："今日知先师之学者，惟吾与子两人，议论不容不归一。惟于先师言意所在，宜稍为通融。"羲曰："先师所以异于诸儒者，正在于意，宁可不为发明？"仲升欲羲叙其《节要》，羲终不敢。

在黄宗羲看来，刘宗周"言意"（"诚意"）是其学术思想的特色，不能不加以强调，且在师门内部应加以协调。董玚《刘子全书抄述》称，恽日初《刘子节要》付梓后，曾寄赠董玚。董玚有《与恽日初书》，予以相谢；而董玚又复函数通，讲述自己对业师刘子学术宗旨的理解与把握。②

（三）独立派：陈确

陈确（1604—1677），字乾初，浙江海宁人。师从刘宗周较

---

①据悉，恽日初编辑的《刘子节要》一书，由台湾青年学者林胜彩点校整理，并于2015年由台湾"中研院"中国文哲研究所出版。

②恽日初书札，详见董玚《刘子全书抄述》（《刘宗周全集》第6册，第689—690页），兹不赘述。

晚。明亡之后，"求削儒籍，终为农夫以没世"①。就陈确之于刘宗周学术思想的继承，黄宗羲《思旧录》有云："于先师门下，颇能有所发明。"②在刘宗周门人中，陈确属于特立独行的一派。其对刘宗周学术思想的继承，主要表现为陈确对业师"理欲"一元论观点的发展。

刘宗周的理欲观在宋明理学家之中堪称独特，有"即欲还理"等多种理论表述。这主要体现了其理论的一元论倾向。黄宗羲有言：

> 天理人欲同行而异情，故即欲可以还理，为善为恶，毫厘而千里。故知其不善，所以明善。③

对于"欲"的种类，刘宗周有如下划分："凡欲，重之为货利，轻之为衣饮，浓之为声色，淡之为花草，俗之为田宅舆马，雅之为琴书，大之为功名，小之为技艺。"④对于朱熹以"财、色两关"概括诸欲望的观点，刘宗周表示认同。

什么是"理"？什么是"欲"？二者关系如何？刘宗周是这样解读的："生机之自然而不容已者，欲也；而其无过不及者，理也。""理"就是人欲无过无不及，人欲之自然流露且有一定

---

① 《陈确集》，中华书局1979年版，第311页。

② 《黄宗羲全集》第1册，第394页。

③ 《黄宗羲全集》第1册，第283页。

④ 《黄宗羲全集》第1册，第298页。

的节奏就是"理"；"欲"在刘宗周这里是人情的自然流露，生机之自然不容已者，故非常说的含贬义的"人欲"，而是健康的、合理的自然需求。

在刘宗周的众多弟子中，陈确对业师的理欲观进行了继承与阐述，有《无欲作圣辨》之作：

> 欲即是人心生意，百善皆从此生。止有过不及之分，更无有无之分……贤人君子，于忠孝廉节之事，一往而深，过于欲者也。顽懦之夫，鞭之不起，不及于欲者也。圣人只是一中，不绝欲，亦不纵欲，是以难耳……山阴先生曰："生机之自然而不容已者，欲也；而其无过不及者，理也。"斯百世不易之论也。①
>
> 人欲不必过为遏绝，人欲正当处即天理也。如富贵福泽，人之所欲也；忠孝节义，独非人之所欲乎？虽富贵福泽之欲，庸人欲之，圣人独不欲之乎？学者只时从人欲中体验天理，则人欲即天理矣，不必将天理人欲判然分作两件也。虽圣朝不能无小人，要使小人渐变为君子。圣人岂必无人欲，要能使人欲悉化为天理。君子小人之辨太严，使小人无站脚处，而国家之祸始烈矣，自东汉诸君子始也。天理人欲分别太严，使人欲无躲闪处，而身心之害百出矣，自有宋诸儒始也。君子中亦有小人，秉政者不可不知；天

---

① 《陈确集》，中华书局1979年版，第461页。

理中亦有人欲，学道者不可不知。①

　　周子无欲之教，不禅而禅。吾儒只言寡欲，不言无欲，圣人之心，无异常人之心。常人之所欲，亦即圣人之所欲也。人心本无所谓天理，天理正从人欲中见。人欲恰好处，即天理也。向无人欲，则亦并无天理之可言矣。②

　　可见，陈确继承了刘宗周"性只有气质之性，而义理者，气质之本然，乃所以为性也"③的"性一元论"主张，提出了"人岂有二性"的观点。其意在反对程朱的"理欲"二元论主张，认为"天理"与"人欲"不是对立的，穿衣吃饭、饮食男女等欲望不是什么万恶的根源，"不必将天理人欲，判然分作两件事"。只要把"理""欲"二者均视作正当的心理需求，恰当地满足欲望，便是无过，即是"天理正从人欲中见"。总之，"天理正从人欲中见"这一命题的提出，是对程朱理学"存天理灭人欲"精神禁锢的一大突破，称其为"惊世骇俗之论"也不为过。

　　有论者称刘宗周、陈确的"理欲观"为"以欲为本的理欲观统一观在心学一派中的最后完成"④。这种观点，也是能够成

---

①《陈确集》，中华书局1979年版，第425页。

②《陈确集》，中华书局1979年版，第461页。

③《刘宗周全集》第6册，第101页。

④王育济：《天理与人欲：理学理欲观演变的逻辑进程》，齐鲁书社1992年版，第236—255页。

立的。

　　总之，"子刘子既没，宗旨复裂"①，系一不争的事实。宗旨分殊主要有三派：正统派（恪守师说，力主"意为心之所存、非所发"），以黄宗羲、董玚、张应鳌、姜希辙为代表；修正派（守程朱理学，对"诚意"之教有怀疑），以刘汋、张履祥、吴蕃昌、恽日初为代表；独立派，则以陈确为代表。②另外，祁彪佳、吴麟征、祝渊、王毓蓍、潘集等刘宗周门弟子在明亡之际，殉节以明志，亦彰显了刘子的学术宗旨与气节。他们的学术思想建树虽不及黄宗羲、张履祥、陈确、张应鳌、恽日初等人，但也是刘宗周的著名弟子，尤其对于表彰刘宗周之"节义"特别重要。他们也都被列入全祖望《子刘子祠堂配享碑》所谓学行之不愧师门者的三十五人名单。

---

① 《黄宗羲全集》第10册，第314页。
② 参见方祖猷：《黄宗羲长传》，浙江大学出版社2011年版，第159页。

在众多的蕺山学派弟子之中，对刘宗周学术思想尤其是政治思想遗产进行继承、发展并实现突破和扬弃的重要代表人物是明清之际启蒙思想家——黄宗羲。其对刘子思想的传承主要体现于他的政治哲学代表作——《明夷待访录》。

一、从"君本"到"君客"的转换

刘宗周政治思想的核心是"君本论"，以"格君心""正君心"实现"得君行道"。黄宗羲在明朝彻底覆亡之后，痛定思痛，通过精读业师遗著（尤其是《蕺山先生文录》）中的奏疏，体味刘宗周政治思想的精神实质，彻底颠覆了业师的"君本论"而有《明夷待访录》这一开创性的代表作。

《明夷待访录》一书是黄宗羲激烈批判君主专制制度、具有民主启蒙思想倾向的政治思想代表作。其始作于清康熙元年（1662），完成于康熙二年。析分为《原君》《原臣》《原法》《置相》《学校》《取士上》《取士下》《建都》《方镇》《田制一》

《田制二》《田制三》《兵制一》《兵制二》《兵制三》《财计一》《财计二》《财计三》《胥吏》《奄宦上》《奄宦下》等。

黄宗羲《明夷待访录》的民主启蒙思想既有对刘宗周政治哲学的继承，也有突破。继承的一面表现为黄宗羲对有明一代政治制度的深刻反思，尤其是对传统治法进行了深度解构，并"条具为治大法"[①]；"突破"的一面突出表现为从"君本"至"君客"的嬗变。

刘宗周殉国之后，黄宗羲通过拜读先师遗著《刘子全书》而对刘宗周积极参与明季政治活动的事迹与政治理论建言有了相当程度的了解与参悟。一方面，他继续提倡"君臣分权共治"的主张；另一方面，又突破了业师的"君本"论而破天荒地提出了"天下为主君为客"的民本思想。

（一）论君道

与刘宗周一味地维护君父之王权的至高无上相反，黄宗羲在《明夷待访录》提出了"为天下之大害者，君而已矣"[②]的主张。

在《原君》中，黄宗羲比较了"古"（上古三代）、"今"（朱明一朝）的君民关系："古者以天下为主，君为客，凡君之所毕世而经营者，为天下也；今也以君为主，天下为客，凡天

---

① 《黄宗羲全集》第 1 册，第 1 页。
② 《黄宗羲全集》第 1 册，第 3 页。

下之无地而得安宁者，为君也。"黄宗羲对后世君王独裁专制以谋一家之私利的卑鄙行径予以揭露："是以其未得之也，屠毒天下之肝脑，离散天下之子女，以博我一人之产业，曾不惨然，曰'我固为子孙创业也'；其既得之也，敲剥天下之骨髓，离散天下之子女，以奉我一人之淫乐，视为当然，曰'此我产业之花息也'。"①由此，黄宗羲得出结论："然则为天下之大害者，君而已矣。"

经由上述分析，黄宗羲要求废除行一家一姓即"家天下"时代的君主独裁专制制度。

（二）论臣道

刘宗周在论说君臣关系之时，要求臣子恪守臣道之本分，直言"臣为君而设"即暗含"君为臣纲"的意思，并以"君臣之义无所逃于天地之间"为恪守臣道的原则之一。②在《方逊志先生正学录序》文中，刘宗周有"忠臣之事君也，服勤至死已耳，甚者殉以妻子"③之语。

黄宗羲《明夷待访录》则反对"臣为君而设"的君尊臣卑论，更反对臣子"杀其身以事其君"的愚忠之举。基于"天下之治乱，不在一姓之兴亡，而在万民之忧乐"的以天下万民为

---

① 《黄宗羲全集》第1册，第2—3页。
② 参见《刘宗周全集》第2册，第538页。
③ 《刘宗周全集》第4册，第9页。

事的立论基调①，黄宗羲指出，臣之"出而仕也，为天下，非为君也；为万民，非为一姓也"②，即臣子出仕并非为君王一姓一人，而是为天下，为万民。

由此，黄宗羲以为君臣应通力合作，应为天下大众服务："夫治天下犹曳大木然，前者唱邪，后者唱许。君与臣，共曳木之人也，若手不执绋，足不履地，曳木者唯娱笑于曳木者之前，从曳木者以为良，而曳木之职荒矣。"③这里，黄宗羲认为君臣二者之间是一种合作性质的同事关系，而不是主仆关系，君臣治国应该通力合作，否则君臣之间生隙，国家治理便会出现问题。

黄宗羲虽然继承了刘宗周的君臣共治思想，但其在君臣关系的认定上与刘宗周有着明显的不同。如果说在刘宗周的政治思维中，忠君是臣道的指导原则，那么在黄宗羲这里，忠君则不是做臣的原则，为臣的目的非为一姓之君主服务，而是为"万民之忧乐"奔波。可见，就君臣关系的界定而言，黄宗羲虽沿用了传统的说法，但是"君为臣纲""君要臣死，臣不得不死"的封建人身依附关系在其思想中已经荡然无存。

这就是《明夷待访录》对封建君主专制制度的批判与否定。

---

① 参见《黄宗羲全集》第1册，第5页。

② 《黄宗羲全集》第1册，第4页。

③ 《黄宗羲全集》第1册，第5页。

（三）论设相

刘宗周对"君臣共治天下"之论曾有提倡，《面恩陈谢预矢责难之义以致君尧舜疏》有云："夫天下可以一人理乎？恃一人之聪明，而使臣下不得尽其忠，则陛下之耳目有时而壅矣；凭一人之英断，而使诸大夫、国人不得衷其是，则陛下之意见有时而移矣。"①《微臣不能以身报主敬竭报主之心终致主于尧舜疏》也有相同的看法："臣闻天下大矣，而以一人理，非徒以一人理天下也……故曰：'君职要，臣职详。'"②刘宗周建言，皇帝与阁臣宜分工合作，齐心协力，保证国家机构的正常运转。

明太祖朱元璋罢相导致了君权的极度膨胀，进而造成明代中后期朝政的混乱。刘宗周《中兴金鉴录》对朱元璋"罢相"一事，有如下记载。洪武十三年（1380），《皇明祖训》云："自古三公论道，六卿分职，并不曾设立丞相。自秦置丞相，不旋踵而亡。汉、唐、宋因之，虽有贤相，然其间所用者，多有小人专权乱政。今我朝罢相，设五府、六部、都察院、通政司、大理寺等衙门，分理天下庶政，彼此颉颃，不至相压，事皆朝廷总之，所以稳当。以后子孙做皇帝时，并不曾立丞相，臣下敢有奏请设立者，文武群臣即时劾奏，将犯人凌迟，全家处

---

① 《刘宗周全集》第3册，第55—56页。
② 《刘宗周全集》第3册，第156页。

死。"①至于朱元璋罢相之缘起,《中兴金鉴录》亦记载朱元璋与刘基君臣"论相"一事。朱元璋不满李善长,就杨宪、汪广洋、胡惟庸还有刘基本人何者出任丞相一事征询刘基意见,刘基次第否决;结果杨、汪、胡次第拜相,皆败事,尤其胡惟庸任相,因大逆而遭族灭,遂有朱元璋大怒而罢相之事。对此,刘宗周对刘基和朱元璋颇为不满:"基当时何不荐王祎、桂彦良乎?而但言诸臣不可用,基亦果未可相也。乃上竟以此而罢丞相,岂所谓因噎废食者乎?"②这里,刘宗周批评朱元璋罢相之举是一种冲动的非理性行为。易言之,刘宗周是主张恢复丞相一职的。

作为刘宗周政治思想的传承人,黄宗羲在《明夷待访录》中曾言:"有明之无善治,自高皇帝罢丞相始也。"③黄宗羲沿着业师刘宗周关于恢复丞相一职的努力,指出:"原夫作君之意,所以治天下也。天下不能一人而治,则设官以治之;是官者,分身之君也。"④借此,黄宗羲更是要求设置类似旧时承担丞相职责的"宰相"。其具体方案如下:

> 宰相一人,参知政事无常员。每日便殿议政,天子南面,宰相、六卿、谏官东西面以次坐。其执事皆用士人。凡章奏进呈,六科给事中主之,给事中以白宰相,宰相以

---

① 《刘宗周全集》第5册,第131页。

② 《刘宗周全集》第5册,第145页。

③ 《黄宗羲全集》第1册,第8页。

④ 《黄宗羲全集》第1册,第8页。

白天子，同议可否。天子批红。天子不能尽，则宰相批之，下六部施行。①

（四）论学校

在刘宗周那里，"学校""书院"主要是讲授品读四书五经、研习圣人之学的讲学场所，不具有议政等讽议时事的功能。

黄宗羲《明夷待访录》则对学校议政之功能加以发扬，以为学校既是培养公共知识分子（儒家士大夫）的基地，也是评议朝政、实施舆论监督的场所，进而提出了"公其非是于学校"的理论。其云：

> 学校，所以养士也。然古之圣王，其意不仅此也，必使治天下之具皆出于学校，而后设学校之意始备。非谓班朝，布令，养老，恤孤，讯馘，大师旅则会将士，大狱讼则期吏民，大祭祀则享始祖，行之自辟雍也。盖使朝廷之上，闾阎之细，渐摩濡染，莫不有诗书宽大之气，天子之所是未必是，天子之所非未必非，天子亦遂不敢自为非是，而公其非是于学校。是故养士为学校之一事，而学校不仅为养士而设也。②

---

① 《黄宗羲全集》第 1 册，第 9 页。
② 《黄宗羲全集》第 1 册，第 10 页。

黄宗羲所谓"治天下之具"主要指治理国家的根本大纲及其基本制度、公共政策的设计。其"出于学校"，则使得学校具有"政治设计院"的性质；"公其非是于学校"，则使得学校具备舆论监督的功能。尽管黄宗羲《明夷待访录》中的学校与近代西方的议会不可同日而语，但是应该承认，这是对"是非一出于朝廷"的封建君主专制制度的否定与扬弃，是对普通民众即老百姓议政权和监督权的肯定，因而是具有民主性的政治主张。

（五）论兵制

刘宗周对"寓兵于农"的古法甚为推崇，《论语学案》有"古者寓兵于农"云云①。缘此之故，刘宗周在任京兆尹时曾推行保甲法，即有"以保甲寓乡兵""合天下之农以寓兵"的建言与主张。②黄宗羲《明夷待访录》反对明制之"军民太分"："兵分于农，然且不可，乃又使军分于兵，是一天下之民养两天下之兵也。"借此，黄宗羲提倡"寓兵于民"之法："余以为天下之兵当取之于口，而天下为兵之养当取之于户。"③

刘宗周曾反对崇祯帝以武臣提督军旅，要求恢复文臣提督之法，即主张最高军事将领的任用应"文武并用"。黄宗羲《明夷待访录》则明确对"唐、宋以来，文武分为两途"的做法表

---

① 参见《刘宗周全集》第1册，第362—363、459页。

② 参见《黄宗羲全集》第1册，第276—277页。

③ 《黄宗羲全集》第1册，第31页。

示不满，更是沿着刘宗周的思路反对一味重用武臣。黄宗羲以明崇祯帝重用武臣亡国为例，云："国家当承平之时，武人至大帅者，干谒文臣，即其品级悬绝，亦必戎服，左握刀，右属弓矢，帕首裤靴，趋入庭拜，其门状自称走狗，退而与其仆隶齿。兵兴以后，有言于天子者曰：'今日不重武臣，故武功不立。'于是毅宗皇帝（崇祯帝）专任大帅，不使文臣节制。不二三年，武臣拥众，与贼相望，同事虏略。李贼入京师，三辅至于青、齐诸镇，栉比而营，天子封公侯结其欢心，终莫肯以一矢入援。呜呼，毅宗重武之效如此！"①行文至此，已足见黄宗羲《明夷待访录》所倡之军事理论大多源自刘宗周在明季之时所上奏疏。

（六）论阉宦

刘宗周在天启年间（1621—1627）从政之时曾屡遭逆珰阉宦的迫害，魏忠贤迫害东林诸君子，刘宗周亦曾受到牵连。其本人对阉宦之祸是深恶痛绝的，曾因反对"中官典兵"而受到崇祯帝的指责。刘宗周《中兴金鉴录》记载唐肃宗任用宦官鱼朝恩典兵观军，致使唐军主帅郭子仪、李光弼的军事行动受到束缚一事，而宦官典兵也成为日后唐朝灭亡的一大祸根。《中兴金鉴录》按语亦对宦官干预政事、败坏朝政大加批判："宦官内能惑人主以女宠之惑，而外复结权臣以自固，权臣又不难外交

---

① 《黄宗羲全集》第 1 册，第 32 页。

藩镇以自固，夷狄遂乘衅而起矣。"①

黄宗羲继承了刘宗周对阉宦专政的批评观点，在《明夷待访录》中指斥："奄宦之祸，历汉、唐、宋而相寻无已，然未有若有明之为烈也。"②"奄宦之如毒药猛兽，数千年以来，人尽知之矣。"③黄宗羲极力要求严格控制阉宦在内廷的规模，直言称，为人主者，自三宫以外，一切阉宦当罢。如是，则阉宦之给使令者，不过数十人而足。

（七）禁倡优

刘宗周任顺天府府尹之时，厉禁倡优。对此，黄宗羲《子刘子行状》载云："先生厉禁倡优。辇毂之下，优人服饰有千金以上者，一日，先生出，笼箧累累不及避，停车呵问。曰：'此司礼太监乐器。'先生曰：'干禁者，即公侯不汝贷也，况宫奴乎？'焚之通衢。"④

《明夷待访录》受刘宗周厉禁倡优之事影响，亦认为明朝倡优之费花销极大，影响恶劣。为净化社会风气，节约开支，其建议严令禁止倡优："治天下者既轻其赋敛矣，而民间之习俗未去，蛊惑不除，奢侈不革，则民仍不可使富也……何谓奢侈？

①《刘宗周全集》第5册，第146页。
②《黄宗羲全集》第1册，第44页。
③《黄宗羲全集》第1册，第45页。
④《黄宗羲全集》第1册，第222页。

其甚者，倡优也……倡优之费，一夕而中人之产……"①借此，黄宗羲提出了"倡优有禁"的政治建言。

综上，黄宗羲《明夷待访录》关于"原臣""置相""兵制""阉宦""倡优"之论，基本上是对业师刘宗周所拜奏疏的进一步深化。正如论者所云："一句话，（刘宗周、黄宗羲）师生之间，思想脉络可寻，但老师属改良封建专制制度，学生则批判封建专制制度。"②

二、经史学统的延续

嵇文甫《左派王学》论称："十七世纪后的中国思想界——或者说清代思想界——有两个显著特征，一是务实，一是好古。这两个特征，在阳明学派中都已经孕育着了。"③陈祖武《清代学术源流》则称："清初学术，既有别于先前的宋明学术，又不同于尔后的乾嘉汉学，它以博大恢宏、经世致用、批判理学、倡导经学为基本特征。"④实际上，刘宗周的政治、哲学思想之中已经完全具备上述明清之际的学术转型趋向。

崇祯十三年（1640），刘宗周为表彰"经济名臣"陈仁锡，作《大司成芝台陈公传》，有"（陈）公既治经学有闻，乃进而旁治史家言，遂留心经济之学"云云，并指出陈仁锡之所以有

①《黄宗羲全集》第1册，第40—41页。
②方祖猷：《黄宗羲长传》，浙江大学出版社2011年版，第102页。
③嵇文甫：《左派王学》，开明书店1934年版，第105页。
④陈祖武：《清代学术源流》，北京师范大学出版社2012年版，第3页。

《赋役》《经济八编》《皇明世法》等"经济"之编，乃是源自经史之学的积累，"大要归之于经术经世"①。这里，刘宗周提出了"经术经世"即"经学经世""史学经世"的观点。

章学诚《浙东学术》有对刘宗周学问、道德的表彰："浙东之学，虽出婺源，然自三袁之流，多宗江西陆氏，而通经服古，绝不空言德性，故不悖于朱子之教，至阳明王子，揭孟子之良知，复与朱子抵牾；蕺山刘氏，本良知而发明慎独，与朱子不合，亦不相诋也。梨洲黄氏，出蕺山刘氏之门，而开万氏弟兄经史之学；以至全氏祖望辈尚存其意，宗陆而不悖于朱者也。"②章学诚一方面对明清浙东学术"和会朱陆"的融摄学风予以揭示，另一方面认为刘宗周对黄宗羲、万斯大、万斯同"经史之学"③的创发具有启迪之功。

新儒家学者刘述先先生在《黄宗羲心学的定位》一书中有论：黄宗羲作为心性之学的"殿军"，结束了一个时代，又下开了一个新的时代，不期而然促成了"达情遂欲""力行实学""文献考据"的转向。④刘述先先生高足郑宗义教授的学术代表作《明清儒学转型探析：从刘蕺山到戴东原》，设专节"心学系

---

① 《刘宗周全集》第4册，第287页。

② 章学诚著，钱茂伟、童杰、陈鑫译注：《文史通义》，中州古籍出版社2012年版，第111页。

③ 万斯大有经学论著《经学五书》；万斯同的经学著作有《周正汇考》《石经考》，史学著作有《补历代史表》《明史列传稿》。

④ 刘述先：《黄宗羲心学的定位》，浙江古籍出版社2006年版，第2页。

统内的救正：刘蕺山的诚意慎独教”就刘宗周对黄宗羲的学术启迪加以详细论述。①林聪顺将刘宗周、黄宗羲这对师徒的学术特质称之为“从‘理学殿军’到‘经世思想家’”②，也是有一定道理的。

一言以蔽之，刘宗周对经学、史学包括经世实学颇为重视，对黄宗羲在明清之际所进行的学术转型工作也有一定的启发。对于黄宗羲“经史学之创获”，钱穆先生《中国近三百年学术史》有云：“梨洲经学，极多创获，有《易学象数论》六卷，力辨河洛方位图说之非，而遍及诸家。其弟宗炎晦木著《周易象辞》二十一卷，又《图书辨惑》二卷，又辨《太极图说》。同时如朱彝尊、毛奇龄，皆辨‘易图’，而德清胡渭遂有《易图明辨》之作。卷末备引梨洲《易学象数论》一序，足证其思想上之渊源。而梨洲于史学，尤为有最大之创辟。其言曰：‘学者必先穷经，然拘执经术，不适于用。欲免迂儒，必兼读史。’”③下文，笔者将沿着钱穆先生所揭线索阐述黄氏之经史成就。

---

①参见郑宗义：《明清儒学转型探析》，香港中文大学出版社2000年版，第41—67页。
②林聪顺：《刘蕺山与黄梨洲：从“理学殿军”到“经世思想家”》，载淡江大学中文系主编：《晚明思潮与社会变动》，台北弘化事业股份有限公司1987年版，第177—219页。
③钱穆：《中国近三百年学术史》，商务印书馆1997年版，第34页。

（一）黄宗羲对经学的关注

有学者以尊经复古来指称明清之际学人的学术宗旨。[1]黄宗羲之政论代表作《明夷待访录》以对上古三代之时君道、臣道、法典的追溯而分作《原君》《原臣》《原法》三篇。[2]其实，黄宗羲"原君""原臣""原法"之"原"，其出发点与动机同业师刘宗周《原旨》之"原心""原性""原道""原学"之"原"[3]是一致的，即"尊经复古""回归经典"。

刘宗周对各种经典之"古本"的推崇也说明了这个道理，比如《周易古文钞》[4]《大学古文参疑》[5]的"古文"，《大学古记》《大学古记约义》[6]的"古记"，《古小学集记》《古小学通记》之"古小学"[7]，《古学经》之"古学"[8]等。李纪祥博士的论文《两宋以来〈大学〉改本之研究》把刘宗周列为先受古本

---

[1]参见陈居渊：《汉学更新运动研究：清代学术新论》，凤凰出版社2013年版，第32—38页。

[2]参见《黄宗羲全集》第1册，第2—7页。

[3]参见《刘宗周全集》第2册，第279—288页。

[4]《刘宗周全集》第1册，第1页。

[5]《刘宗周全集》第1册，第607页。

[6]《刘宗周全集》第1册，第625、640页。

[7]刘宗周衰纂有《古小学集记》九卷，即《学的》《躬行》《礼学》《乐学》《射学》《御学》《书学》《数学》《圣统》；《古小学通记》四编，即《政本》《问官》《入官》《王道》。（参见《刘宗周全集》第6册，第778页）

[8]刘宗周《古学经》四篇即《小学》《大学》《学记上》《学记下》（《刘宗周全集》第6册，第780页）。

《大学》又受伪石经《大学》影响的学者①，也是言之有理的。

刘宗周晚年经学名作《周易古文钞》，主张以"古易"为准而解读《易》文。《四库全书总目提要·周易古文钞》称："宗周……以善《易》名……长于理。其学多由心得，故不尽墨守传义。其删《说卦》《序卦》《杂卦》三传，虽本旧说，已失先儒谨严之义。至于《经》文序次，每以意移置，较吴澄《纂言》更为无据，亦勇于窜乱圣《经》矣。"②尽管四库馆臣对刘宗周《周易古文钞》之编撰思路予以批评，但这恰恰说明了刘宗周经学的复古倾向。

刘宗周的经学复古论，主张经典文本应复原、回归至周孔时代的篇章、内容，尽量剔除后世儒者（汉儒、宋明诸儒）传注疏笺中附会、曲说之成分，意即"走近周孔时代"从而最大限度地回归原始儒家。有论者指出，刘宗周的经学代表作《论语学案》"纯就儒学论儒学，与当时引佛、道入儒者，大相径庭。此一现象可以解释为：刘宗周认为儒学本身的义理系统的重建，并不需仰赖释、道二教。这是后来儒家人物提倡回归原典的先导"③。

---

① 参见李纪祥：《两宋以来〈大学〉改本之研究》，台湾学生书局1988年版，第211—217页。

② 四库全书研究所整理：《钦定四库全书总目》（整理本），中华书局1997年版，第94页。

③ 林庆彰：《刘宗周〈论语学案〉研探》，载钟彩钧主编：《刘蕺山学术思想论集》，台湾"中研院"中国文哲研究所筹备处1998年版，第346页。

黄宗羲在儒家经典诠释方面，继承并延续了刘宗周提倡回归原典的学术趋向。故而，其经学代表作《孟子师说》《易学象数论》即是对业师经学诠释的拓展。

（二）史学经世意识的传承

刘宗周对史学亦有一定的关注，黄宗羲从中亦受到启发，进而创作了不少史学论著。

1. 刘宗周《皇明道统录》《圣学宗要》对黄宗羲《明儒学案》《宋元学案》的启发

黄宗羲《子刘子行状》言："有明学术庞杂，先生依《名臣言行录》例，以次诸儒，有特书者，有附见者，不以成论为然。薛敬轩、陈白沙、罗整庵、王龙溪皆有贬辞，而方文正、吴康斋人所不属者，先生以正传归之。又常谓羲，阳明之后不失其传者，邹东廓、罗念庵耳。作《有明道统录》。"①比照《明儒学案》的编选体例，不难发现《明儒学案》实则系《皇明道统录》未竟事业的延续与发展。黄宗羲置《师说》于《明儒学案》卷首，即是明证。尤其需要注意的是，《明儒学案》关于王阳明思想及语录的编写，更是直接摘取自刘宗周的《阳明传信录》。

《明儒学案》是黄宗羲的主要史学著作，它记载了有明一代近三百年学术发展演变的概况，即"有明三百年儒林之薮也"。

---

① 《黄宗羲全集》第1册，第256页。

较之以往各种学术思想史著作，如《庄子·天下篇》《论六家要旨》《史记》，以及各代官修史书之《儒林传》或《道学传》、朱熹的《伊洛渊源录》、周汝登的《圣学宗传》和孙奇逢的《理学宗传》等书，其规模更宏大，资料搜罗更全面，分类更具系统性，编纂方法更科学，对各个学术流派、各个学者思想观点的概述和评论也更为客观公允。①

2. 刘宗周《中兴金鉴录》对黄宗羲史学的影响

《中兴金鉴录》是刘宗周晚年编纂的一部历史著作，其最初的编写目的是向弘光帝提供"龟鉴"。随着弘光中兴理想的破灭，刘宗周将先前的《中兴第一义疏》改造、扩编成《中兴金鉴录》一书。

对于《中兴金鉴录》的编辑缘起与主要内容，刘汋《蕺山刘子年谱》有记："初，先生奉召至留都。皇皇中兴无象，至寝食交废。是时，张应鳌从行，请定《历代中兴录》为新君龟鉴。先生跃起曰：'是予志也。'即命应鳌具草……先生又取高皇帝及二帝三王以续之。一曰《祖鉴》，二曰《近鉴》，三曰《远鉴》，四曰《王鉴》，五曰《帝鉴》，近自皇祖、宋高、唐肃而上溯之帝尧，又自尧历舜、禹、文、武，心法、治法合为一源，名曰《中兴金鉴》。"②

黄宗羲的史学著作，除了《明儒学案》（包括《宋元学

---

① 参见王维和、张宏敏编校：《〈明儒学案〉〈宋元学案〉之黄宗羲案语汇辑》，杭州出版社 2012 年版，第 1—2 页。
② 《刘宗周全集》第 6 册，第 163 页。

案》），最重要的便是《弘光实录》《行朝录》。前者是南明小朝廷弘光帝短暂历史的实录，后者则记载了南明小朝廷隆武帝、永历帝、监国鲁王时期的历史。

本章最后一节拟对刘宗周政治思想的理论特色及其历史局限性进行评价。

中国传统政治哲学以"家"为模式解释"国",又以"国"的原则规范"家",家国同构,孝忠一体。君臣、父子关系在齐家治国中得以规范,"自古忠臣必出于孝子之门"之语即是例证。这就是以道德标准取代政治标准,以伦理规范取代政治规范。

在传统儒家内圣外王的治道模式之下,多突出强调"治国平天下必先齐家"的重要性,"家国一体""家国同构"也是儒家政治伦理的一大特色。从《诗经·大雅·思齐》的"刑于寡妻,至于兄弟,以御于家邦"到《尚书·尧典》的"克明俊德,以亲九族。九族既睦,平章百姓。百姓昭明,协和万邦",再到《礼记·大学》的"古之欲明明德于天下者,先治其国;欲治其国者,先齐其家",均强调了修身齐家在治国平天下事业的枢纽地位。

刘宗周《大学古记》在解读"治国必先齐家"之时,有如此之论："治国有许多规模，然只是孝、弟、慈作用。上老老而民兴孝，上长长而民兴弟，上恤孤而民不倍是也。"①刘宗周把儒家五伦之"父慈子孝"观念推及国君的治国之道。在刘宗周看来，父子、兄弟之间孝、悌、慈的亲情流露乃是出自人类的本性（天性），"始于一家，达于一国，终于天下"。借此之故，孝、悌、慈三者，还是君王治国平天下的"絜矩之道"。

刘宗周是遵循儒家意义上"家国同构"伦理政治的实践者。黄宗羲《子刘子行状》称："（刘宗周）自家庭以至宗族、朋友、乡党，施之无不各当其节。"②此处之"节"自是基于"家国同构"的伦理观念而有。刘汋《蕺山刘子年谱》对作为古典儒家士大夫的刘宗周"修于身""刑于家""待戚里""待宗族""待乡邑""进而立于朝""退而居于野"的人生轨迹有详尽的刻画：

> 先君子（刘宗周）……其修于身也，目不视邪色，耳不听淫声，口不出戏言，四体不设怠惰之仪，威仪容止一范于礼，非其义一介不取，非其道一人不苟同也。其刑于家也，事亲极其孝，抚下极其庄，闺门之内肃若朝庙，妻孥之对有同大宾。以至接朋友，虚而能受；驭臧获，严而有恩。入其门，翼翼如登其堂，雍雍如也。其待戚里也，

---

① 《刘宗周全集》第 1 册，第 631 页。

② 《黄宗羲全集》第 1 册，第 256 页。

事外祖如其祖，事姊如其母，抚甥如其子，抚甥孙如其孙，其他若母族、若外家、若婿家，贫者助，弱者植，质美者教训，务使恩谊周洽，不以亲疏而间焉。其待宗族也，袒免以内，子不娶娶之，女不嫁嫁之。上事祖宗，置祀田百亩以供祭；下逮族姓，置义田百亩以赡之。其自奉，则衣取蔽体，食取充腹，居止取足以障风雨，而处之裕如也。其待乡邑也，地方风教力为表扬，民生利弊力为兴除，连年洊饥，则图积贮以施赈济；所在告警，则讲乡约以正人心，而设施见于一方矣。其进而立于朝也，致主期于尧、舜，非天德不以入告；敷治本于三王，非王道不以开陈；而尤惓惓于进君子退小人，为干济时艰之要。然谨难进易退之节，道合则从，不合则去，未尝终年淹者。天下仰其出处，如祥麟瑞凤，以卜世道之兴衰焉。其退而居于野也，横经论道，讲学淑人……盖自作止语默，以至进退辞受，无非一诚之所流行。自家庭日用，以至乡国天下，无非一诚之所贯彻。而至于临难一节，从容就义，全而生之，全而归之，不亏体，不辱身，忠孝两慊，仁义兼尽，死合夷齐首阳、曾子易箦而兼有之。信乎可以扶皇纲，植人纪，历千载而不朽也！①

"修于身""刑于家""待戚里""待宗族""待乡邑""进而

---

① 《刘宗周全集》第6册，第173—174页。

立于朝""退而居于野"之语，足以表明"家国同构"的处世、人生理念已经在刘宗周的生活世界里深深扎根。

刘宗周高足董玚曾这样评论其师："子一生惟忠孝两字，言及君父，肝心如揭。炙子者，何异亲见曾、闽、龙、比！"[1]作为传统儒者之典范的刘宗周，"立朝以纲常名教为己任，居家以惇论范族为先务"，从而使得他的政治思想具有浓厚的家庭伦理色彩。

一、家国同构

刘宗周所在的水澄刘氏系越地望族。崇祯六年（1633），刘宗周主持完成了《水澄刘氏家谱》的修订，辑录有《刘氏宗约》。[2]其宗族管理机构的设置与构成，颇似朝廷官员之设置。比如，宗族立宗长一人，总宗教化以约九族之众，就相当于皇帝，管理大小一切事务。宗翼二人，辅佐宗长宗教化，类似于左、右丞相，辅佐君主。宗纠一人，任纠绳纲纪之责，如同都察院都御史，可以监督朝臣。宗族管理层其他职位的设定，可以依照朝廷官吏职位设定类推之。

崇祯十一年（1638）春三月，刘宗周主持的《水澄刘氏家谱》续编工程告讫。[3]续编凡七卷：首《渊源考》，次《世表》，次《年表》，次《选举表》兼载王言，次纪学士大夫赠言，次

---

[1]《刘宗周全集》第6册，第688页。
[2]参见《刘宗周全集》第6册，第105页。
[3]参见《刘宗周全集》第6册，第124页。

《世家列传》及《闺范》，次《祖训》，次《宗约》，次《典礼志》，次《土田志》，合之以备一姓之文献。刘氏家谱编纂的主要目的在于明确刘氏家族的传承，保障家族经久不衰，这与封建帝王期望王朝更迭千秋万代的目标有内在一致性。在这里，"家"和"国"实现了统一。

刘宗周编修家谱是为了保障家族延续，编写《人谱》则是为了家族后代的培育。《人谱》作为育人的要则，不单适用于家族人才培养，也可用于国家人才的培育。在这里，"家"和"国"再次实现了统一。刘汋《蕺山刘子年谱》称："《人谱》者，谱人之所以为人也。首《人极图说》，言人心之体分为二五，散为万善，极而至于天覆地载，民胞物与，不外此心之知能。乃其工夫，要之善补过，以异于不思善恶之旨。次《六事功课》，即发明《图说》之意。终之以《纪过格》，言过不言功，远利也。"①

《人谱》是针对袁了凡《功过格》融佛老入儒之晚明学风，从儒家立场出发著成的道德修养实践功夫论之书。崇祯六年至七年（1633—1634）间，陶奭龄的门徒秦弘祐仿袁了凡《功过格》著《迁改格》一书，善与过对举，一理性情、二敦伦纪、三坊流俗、四广利济；陶奭龄序而行之，并呈送刘宗周。刘宗周阅后，颇为不满，曰："此害道之书也。"刘氏作《与秦弘祐书》，与之商榷。对此，黄宗羲《子刘子行状》有云："袁了凡

---

① 《刘宗周全集》第6册，第106页。

《功过册》盛行，因而有仿为《迁改格》者，善与过对举。先生曰：'此意最害道。有过，非过也，过而不改，是谓过矣；有善，非善也，有意为善，亦过也。此处路头不清，未有不入于邪者。故论本体有善无恶，论功夫则先事后得，无善有恶也。'作《人谱》。"①

在刘宗周看来，《人谱》一书系其本人认可的、一生最为重要的著作，还是唯一一本在其生前已经刊刻并再三修改，且在临难之际还在修订的"遗著"。临终之时，刘宗周叮嘱其子刘汋："做人之方，尽于《人谱》，汝作家训守之可也。"刘汋在先父《人谱》后记中有"按语"云："《人谱》作于甲戌，重订于丁丑。而是《谱》则乙酉五月之绝笔也。一句一字，皆经再三参订而成。向吴峦稺初刻于湖，鲍长孺再刻于杭，俱旧本也。读者辩诸，无负先君子临岐苦心。己丑孟秋，不孝男汋百拜谨识。"刘宗周高足张应鳌在康熙八年（1669）十二月所成《人谱跋》开篇即曰："《人谱》一书为先师绝笔，易箦时谆嘱传习兢兢者。此乃精义熟仁之正学，天德王道之全功也。"②

刘汋更是把《人谱》看作其父学术思想的菁华之所在，"就等于我们现在所说的'家法'，其他的东西都不重要，都可以弃之不管，惟有这一本著作必须流传下来"③。刘汋临终前亦告诫

---

① 《刘宗周全集》第6册，第45页。

② 《刘宗周全集》第6册，第712页。

③ 杜维明、东方朔：《杜维明学术专题访谈录：宗周哲学之精神与儒家文化之未来》，复旦大学出版社2001年版，第25页。

其子孙："若等安贫读书，守《人谱》以终身足矣。"《人谱》的本质就是"谱人"，即"如何成为一个人"，用英文来说就是"to be a human"（being human）。刘宗周的《人谱》不是教人如何做学问，而是教人如何做人，"在做人最不容易、做人最困难的情况下，找到一个堂堂正正的人的根据、路径与方法"①。

此外，在刘宗周所有单行本文献著作之中，唯有《人谱》的刊刻、传播最为广泛，并且系刘宗周生前会讲于证人社、蕺山书院的"基本教材"。康熙三十二年（1693），山阴后学傅彩《人谱序》有论："蕺山著述甚富，《人谱》一编，近里著己，实自道生平所得力，向已传播海内，因尝置之案头，日自警省。"②据此可知，刘宗周殁后，《人谱》依旧是后辈学人案头必备的修身立德之书。此外，清代浙江湖州学者闵忠曾仿刘宗周《人谱》之意，以孝、悌、忠、信、礼、义、廉、耻等"八德"为为人之要，撰《人道谱》一书，分为八集，各为标目，杂采史事而各引先儒之说以发明之。③

二、君父同伦

齐景公问政于孔子，孔子对曰："君君，臣臣，父父，子

---

① 杜维明、东方朔：《杜维明学术专题访谈录：宗周哲学之精神与儒家文化之未来》，复旦大学出版社2001年版，第118—119页。

② 《刘宗周全集》第6册，第713页。

③ 参见四库全书研究所整理：《钦定四库全书总目》（整理本），中华书局1997年版，第1755页。

子。"①刘宗周《论语学案》疏读之，曰："政有大纲，君臣父子是也。君尽君道，臣尽臣道，父尽父道，子尽子道，而政无余蕴矣。"②这里，刘宗周对君、臣、父、子在家国同构的社会政治体制中所应扮演的角色予以揭示。

毋庸置疑，刘宗周是一位从孝子之门走出来的忠臣。其师许孚远为刘宗周母章氏所撰《贞妇传》文末以敬身之孝勖刘子："使念念不忘母氏艰苦，谨身节欲，一切世味不入于心，即胸次洒落光明，古人德业不难成。传所谓求忠臣于孝子之门，乃刘子所以报母氏于无穷也。"③刘宗周亦终身守之而不敢失。刘宗周还在《宜兴堵氏家乘序》文对"忠""孝"二者关系进行论说："夫孝，德之本也，教之所由生也。故始于事亲，中于事君，终以立身。"④此外，刘宗周所主"王者以天下为家"⑤之语，即是其"身、家、国、天下一体"的伦理政治观的体现与表达。

儒学名臣刘宗周提倡家国同构的伦理政治，还将其付诸社会治理领域的政治实践，这尤其在"族约""乡约""保甲"等领域体现得淋漓尽致。

受宋儒张载《西铭》"大君者，吾父母宗子，其大臣，宗子

---

① 《论语·颜渊》。

② 《刘宗周全集》第 1 册，第 438 页。

③ 《刘宗周全集》第 6 册，第 61—62 页。

④ 《刘宗周全集》第 4 册，第 55 页。

⑤ 《刘宗周全集》第 4 册，第 464 页。

之家相也"影响，刘宗周有"陛下天之宗子，而辅臣则宗子之家相"①的言论。刘宗周在崇祯三年（1630）曾建言崇祯帝"日御便殿，延见群臣"之时，当"相对如家人父子"②。

刘宗周奏疏中多称皇帝为"君父"，这足以说明君臣有义之道已经深深植根于刘宗周这位儒学名臣的灵魂深处。门人祝渊问孝，刘宗周感叹道："吾辈时时将君父放在面前，便一毫苟且不得。"③这里，刘宗周基于家国同构而言君父同伦。

清代学者朱兆殷曾以刘宗周最后一次辞官（指辞崇祯朝左都御史一事）为例，以说明刘宗周对崇祯帝这位君父的至诚忠笃以及崇祯、刘宗周这对君臣之间知己般的关系："惓惓不忍去国之意，千载发人歌泣。思陵（崇祯帝）虽迂阔，（刘）先生每饭不忘。北变时流传有蒙尘之说，先生恸哭曰：'上必殉社稷。'不幸末造！君臣之间，固称知己。"④至闻北变（"甲申之变"），刘宗周徒跣恸哭，谓诸生曰："既不能戮力图君，以至于此，又不能身先讨贼，可斩我头谢先帝。君等各守所学，无交臂事贼也。"⑤

福王弘光元年（清顺治二年，1645）六月丙寅十五日，刘宗周闻监国降清。方食，推案恸哭曰："此余正命之时也。"又

---

① 《刘宗周全集》第3册，第88页。
② 《刘宗周全集》第6册，第10页。
③ 《刘宗周全集》第2册，第537页。
④ 《刘宗周全集》第6册，第540页。
⑤ 《刘宗周全集》第6册，第29页。

曰："在余之自处，惟有一死：先帝之变宜死，今上蒙尘宜死，监国纳降又宜死，不死尚俟何日？世岂有偷生御史大夫乎？"①癸酉日，门人王毓蓍自沉于柳桥。刘宗周闻之，曰："王生死，吾尚何濡滞哉！"又曰："北都之变，可以死，可以无死，以身在削籍也，而事尚有望于中兴。南都之变，主上自弃其社稷而逃。仆在悬车，尚曰可以死，可以无死，以俟继起者有君也。监国降矣，犹曰俟吾越为一成一旅乎！而吾越又降矣，区区老臣，尚何之乎？若曰身不在位，不当与城为存亡，独不当与土为存亡乎？……王玄趾（毓蓍）赴水而死，所谓士死义也。玄趾真可以不死，我又非玄趾比也。以玄趾之死决我之死，万万无逃矣。"②"丙子，（刘宗周）辞墓。舟过西洋港，再拜叩头曰：'老臣力不能报国，聊以一死明臣谊。'投洋中，顾久不得溺，舟子入水扶之而出。"③庚辰，刘宗周留"胸中有万斛泪，半洒之二亲，半洒之君上"④之语。

　　刘宗周卒前一日"不能言"之时，犹惦念着南明王朝。黄宗羲《子刘子行状》记载："丁亥（即闰六月七日），祁忠敏彪佳投水死。王毓芝以告。先生已不能言，张口举目者再，指几上笔砚，至则书一'鲁'字，毓芝曰：'先生问鲁王监国事

---

① 《刘宗周全集》第 6 册，第 35 页。

② 《刘宗周全集》第 6 册，第 36 页。

③ 《刘宗周全集》第 6 册，第 36 页。

④ 《刘宗周全集》第 6 册，第 37—38 页。

乎?'颔之。"①刘宗周对朱明王朝的忠诚，于此可见一斑。丁亥日，即闰六月戊子初八，刘宗周"前后绝食二十日，勺水不入口十三日"而卒，然"卒犹不瞑"。

总之，通过对刘宗周绝食而亡过程的文字记载，可以发现刘宗周生死观之中所蕴含的君父同伦的君臣伦理——"君臣之谊无所逃于天地之间"。

三、得君行道

本书第三、四章关于刘宗周君道、臣道观的解读，足以说明刘宗周的政治理念与实践路径仍未能突破传统儒学得君行道的臣道范式。得君行道之语，出自朱自清《论不满现状》一文："真能得君行道，当然要多多少少改变那自己不满、别人也不满的现状。"详而言之，刘宗周作为儒学名臣，只有其政治理念与施政策略得到"开明君主的信任"，才有推行其政治主张和制度设计的可能与机会。

反观明季的万历、天启、崇祯三朝，尽管明思宗（崇祯帝）欣赏刘宗周的耿直、清望，然而在国难当头之际，其更多考虑的是眼下如何平定内乱（农民起义）、抵御外寇入侵（清兵入关）等诸如此类的问题。在廷杖、诏狱的高压专制之下，"手无寸铁"的儒臣刘宗周所能提供的仅仅是"格君心"，即道德说教式内圣外王的治国理念，且以"致君尧舜"为目标，这与崇祯

---

① 《刘宗周全集》第 6 册，第 38 页。

帝的内心想法是不大符合的。这也是刘宗周前后数次被罢官、革职的根源之所在。正如论者所言："刘宗周是真操守真才望的政治家，崇祯是只论才望不必论操守的政客，政治家与政客因理念不同，很难相互赏识，这才是刘宗周挫折的原因。"①

亚圣孟子有云："天下有道，以道殉身。天下无道，以身殉道。"②刘宗周在家国覆亡之际，以身殉道即树立了一座古代儒家知识分子典范的丰碑。对此，日本近代阳明学家桑原忱《刘蕺山文钞序》对刘宗周的道德文章予以高度认可："蕺山刘子以道学为明季之大儒，其事君忠敢诚切，知焉无不言，百折不少屈，卒之首阳一饿以为报国之死。呜呼烈哉！"③

清代四库馆臣撰《四库全书总目提要·刘蕺山集》有论："（刘宗周）一厄于魏忠贤，再厄于温体仁，终厄于马士英。而姜桂之性，介然不改，卒以首阳一饿，日月争光。在有明末叶，可称皭皭完人，非依草附木之流所可同日语矣。"④清廷对刘宗周著作的刊刻、谥号、从祀孔庙的贞定，即与其"一代完人"的道德人格息息相关。

其实，刘宗周高足黄宗羲对于明代君尊臣卑政治格局压抑

---

① 詹海云：《刘宗周的实学》，载《刘蕺山学术思想论集》，台湾"中研院"中国文哲研究所筹备处1998年版，第456页。

② 《孟子·尽心上》。

③ 《刘宗周全集》第6册，第718页。

④ 四库全书研究所整理：《钦定四库全书总目》（整理本），中华书局1997年版，第2334页。

人才之事有着清醒的认识。其《明名臣言行录序》文有云："明之为治，未尝逊于汉、唐也，则明之人物，其不逊于汉、唐明矣。其不及三代之英者，君亢臣卑，动以法制束缚其手足，盖有才而不能尽也。"①可见，"家国同构，孝忠一体"的儒家价值理念，亦是刘宗周"临难一死报君王"悲剧的一大原因。

---

① 《黄宗羲全集》第10册，第53页。

第五章

刘宗周思想的时代价值

刘宗周作为浙江籍历史文化名人，其学术思想的时代价值主要体现在三个方面。一是刘宗周哲学思想的核心范畴"主敬""诚意""慎独"理念，对现代社会理想人格培育的促进作用；二是"安民心，重民命"的传统民本思想，对新时代以人民为中心的发展思想的借鉴意义；三是刘宗周作为传统儒家士大夫所具有的"克勤于邦""忠直清正"的廉政品质，对新时代勤廉并重的廉洁文化建设的促进意义。

第一节 "主敬""慎独""诚意"与现代社会理想人格的养成

如本书第二章所述，刘宗周哲学思想的核心范畴有"主敬""慎独""诚意"，他还将毕生倡导的"做人之方"记录于《人谱》。《人谱》作为刘宗周的重要伦理学著述之一，也是重要的浙学文献，其在儒家学术思想史上的分量与地位，类似《论语》之于孟子、《离骚》之于屈原、《史记》之于司马迁、《四书章句集注》之于朱熹、《传习录》之于王阳明。《人谱》一书主要论述了人的本性以及"主敬""慎独""诚意"的儒家道德修养方法。受阳明心学"良知即天理"的影响，刘宗周认为"心即性"，具有至善的道德价值。"无善而至善，心之体也。继之者善也，成之者性也。"①通过"慎独"尤其是"诚意"的功夫实修，人可达到至善的境界，这就是人与其他动物的本质区别，人之所以为人的意义也由此彰显。"积善积不善，人禽之路也。知其不善以致于善，始于有善，终于无不善。"刘宗周以他的

①《刘宗周全集》第 2 册，第 3 页。

"慎独"学说，指出"心"体是一种"独"体，是一切道德情感意念尚未萌发时的精神状态，故"心即性"作为一种无善而至善的道德本体，具有至善的道德价值，亦是人之所以为人的本质所在。毫无疑问，刘宗周绝对是一位标杆性质的"道德完人"。

刘宗周本人及其毕生倡导并努力践行的以"主敬""慎独""诚意"为核心的修身哲学，突出了儒家道德的正义性与民族气节的崇高性，这对于现代社会理想人格的养成以及社会主义核心价值观的培育具有积极的借鉴意义。

一、"主敬"与心存敬畏

主敬，又称"持敬""居敬"，是孔孟儒家以及宋明时期理学家提倡与践行的道德修养方法。"主敬"的思想起源较早，《诗经·商颂》有言："圣敬日跻。"①《论语·卫灵公》中记载孔子"行笃敬"的语句。②《论语·宪问》则有孔子"修己以敬"的记载。③《周易》曰："君子敬以直内，义以方外。敬义立而德不孤。"④

"主敬"也是佛教禅宗主张的一种修炼心法，主要是以"守真心""除妄念"来"顺佛性"。北宋理学家程颢、程颐借鉴了

①周振甫译注：《诗经译注》，中华书局2019年版，第514页。
②杨伯峻译注：《论语译注》，中华书局1980年版，第162页。
③杨伯峻译注：《论语译注》，中华书局1980年版，第159页。
④朱熹撰，廖名春点校：《周易本义》，中华书局2009年版，第48页。

这种修炼方法，进而提出了"识得此理，以诚、敬存之"[1]的儒学命题，并有"学者莫若且先理会得敬"[2]的论断。二程又论"敬"之工夫："莫若主一"[3]和"主一之谓敬"[4]。南宋理学家朱熹更加明确指出："'敬'字工夫，乃圣门第一义，彻头彻尾，不可顷刻间断。""'敬'之一字，真圣门之纲领，存养之要法。一主乎此，更无内外精粗之间。""敬则万理具在。""只敬，则心便一。""敬，只是此心自做主宰处。"[5]

在程朱理学家看来，"主敬"就是未发之"中"，要用紧张敬畏的心理来警惕人欲，故而有"涵养须用敬，进学则在致知"[6]的经典提法。其后，王阳明从"心即理""良知即天理"的心性本体论出发，指出主敬为"只是主一"，"主一是专主一个天理"。[7]王阳明不讲"格物穷理"，对"敬"不予过多关注，只讲"诚意""致知"，这是阳明学与程朱理学最大的不同。

刘宗周把"主敬"作为儒者的修身功夫，终身提倡并奉行之。黄宗羲《子刘子学言》录有刘宗周以"主敬"为"千圣相

---

①程颢、程颐著，张旭辉整理：《二程全集》，崇文书局2021年版，第14页。

②程颢、程颐著，张旭辉整理：《二程全集》，崇文书局2021年版，第162页。

③程颢、程颐著，张旭辉整理：《二程全集》，崇文书局2021年版，第162页。

④程颢、程颐著，张旭辉整理：《二程全集》，崇文书局2021年版，第135页。

⑤黎靖德编，王星贤点校：《朱子语类》，中华书局1986年版，第210页。

⑥程颢、程颐著，张旭辉整理：《二程全集》，崇文书局2021年版，第151页。

⑦王阳明撰，邓艾民注：《传习录注疏》，上海古籍出版社2015年版，第24页。

传心法"的语录："吾人有生以后，此心随物而逐，一向放失在外，不知主人翁在何处。一旦反求，欲从腔子内觅归根，又是将心觅心，惟有一敬为操存之法，随处流行，随处静定，无有动静显微前后巨细之歧，是千圣相传心法也。学者由洒扫应对而入，至于无众寡、无大小，只是一个工夫。"①万历四十八年（1620）前，刘宗周的思想世界中，"主敬"是其为学之圭臬。福王弘光元年（1645）刘宗周绝食殉国前，仍以"主敬"工夫语门人，曰："为学之要，一诚尽之矣，而主敬其功也。敬则诚，诚则天。若良知之说，鲜有不流于禅者。"②

　　刘宗周等宋明理学家提倡的"主敬"修身功夫可加以创造性转化，进而与现代社会倡导的敬畏意识联系起来。"敬畏"一词出自《诗经·大雅》文中的"敬慎威仪"③，"敬慎威仪"即指敬畏。

　　总之，"主敬"乃至"敬畏"，其实就是人类对待世间万事万物的一种态度。"敬"为尊敬，"畏"为畏惧，合在一起是既尊敬又畏惧。一个人只有心存敬畏，才会走得远，走得稳。《论语》言"君子有三畏"："畏天命，畏大人，畏圣人言。"④朱熹在《中庸注》中说："君子之心，常存敬畏。"⑤《菜根谭》亦

---

①《黄宗羲全集》第1册，第264页。

②《刘宗周全集》第6册，第37页。

③周振甫译注：《诗经译注》，中华书局2019年版，第424页。

④杨伯峻译注：《论语译注》，中华书局1980年版，第177页。

⑤朱熹：《四书章句集注》，中华书局1983年版，第17页。

言:"自天子以至于庶人,未有无所畏惧而不亡者也。上畏天,下畏民,畏言官于一时,畏史官于后世。"一个人的心中没有诚敬畏惧之心,便没有规则和底线,就不会约束自己的行为。为所欲为的结果,只能是自取灭亡。总之,知道敬畏,懂得敬畏,既是传统君子的处世之道,也是当代人应有的一种宝贵品质。

心存敬畏,才会有慎独自律,有底线,有规矩。心存敬畏,才会清清白白做人,干干净净做事;心存敬畏,人方能行之高远。2017年2月13日,习近平总书记在省部级主要领导干部学习贯彻党的十八届六中全会精神专题研讨班开班式上指出:"对领导干部特别是高级干部来说,加强自律关键是在私底下、无人时、细微处能否做到慎独慎微,始终心存敬畏、手握戒尺,增强政治定力、纪律定力、道德定力、抵腐定力,始终不放纵、不越轨、不逾矩。"[1]总之,敬畏是一种从政态度,也是一种为人境界。一个人也只有心存敬畏,才能有内心的庄严与自知。

二、"慎独"与个人修养

说起共产党员的修养,便不能不提起刘少奇同志在革命战争年代专门论述共产党员党性锻炼和修养的经典著作——《论共产党员的修养》。在该书中,刘少奇同志就将"慎独"作为共

---

[1]《以解决突出问题为突破口和主抓手 推动党的十八届六中全会精神落到实处》,载《人民日报》2017年2月14日。

产党员党性修养的有效培养形式和最高境界加以提倡。他说：
"即使在他个人独立工作、无人监督、有做各种坏事的可能的时
候，他能够'慎独'，不做任何坏事。他的工作经得起检查，绝
不害怕别人去检查。"①

"慎独"一词出自《礼记》中的"故君子必慎其独也"②。
"慎独"即"谨慎于独处"，现今一般把"慎独"理解为"在独
处无人注意时，自己的行为也要谨慎不苟"或"在独处时能谨
慎不苟"。也就是说，"慎独"是指个人在独自居处的时候，能
自觉地严于律己、谨慎地对待自己的所思所行，"非礼勿视、
非礼勿听、非礼勿言、非礼勿动"，时时刻刻注意自我、防备
有悖道德的欲念和行为发生，以求切实做到表里如一、言行
一致。

作为宋明理学殿军的刘宗周便是中国历史上慎独的典范，
其中年学说宗旨即是"慎独"。他在《大学古记约义》中更是明
确地指出："《大学》言'慎独'，《中庸》亦言'慎独'，慎独
之外，别无学矣。"他还指出："《大学》之道，一言以蔽之，
曰慎独而已矣。"③又说："《大学》之道，诚意而已矣。诚意之
功，慎独而已矣。"对于刘宗周的"慎独"之说，黄宗羲指出：
"先生之学，以慎独为宗。儒者人人言慎独，唯先生始得其

---

①刘少奇：《论共产党员的修养》，人民出版社2018年版，第63页。

②杨天宇撰：《礼记译注》，上海古籍出版社2004年版，第801—802、691页。

③《刘宗周全集》第1册，第650页。

真……慎之工夫，只在主宰上。"①

2005年5月，时任浙江省委书记习近平同志在为"廉政镜鉴丛书"所作的序文中明确指出："我们的传统文化是十分注重官员的道德修养的，非常强调自省、自警、自律、自励，并视此为立身行事的根本和安邦定国的基础。"②自省、自警、自律、自励，无疑是"慎独"修身的具体要求。2007年3月25日，《浙江日报》"之江新语"栏目发表《追求"慎独"的高境界》一文，对党员干部如何努力做到"慎独"提出建议："首先，要坚定理想信念，树立明确的政治方向，遵守鲜明的政治原则，珍惜个人的政治生命，以形成内在的'定力'。其次，要时刻反躬自省，就像古人讲的'吾日三省吾身'，自重、自省、自警、自励，洁身自好，存正祛邪，注重修身养德，增强防腐拒变的'免疫力'。同时，还要办事公开透明。"③2019年3月1日，习近平总书记在2019年春季学期中央党校（国家行政学院）中青年干部培训班开班式上指出："干部要想行得端、走得正，就必须涵养道德操守，明礼诚信，怀德自重，保持严肃的生活作风、培养健康的生活情趣，特别是要增强自制力，做到慎独

---

① 《黄宗羲全集》第8册，第890页。

② 习近平：《序》，载杨晓光主编：《廉政文化新探》，浙江人民出版社2005年版，第2页。

③ 习近平：《之江新语》，浙江人民出版社2007年版，第272页。

慎微。"①

共产党人要实现自己的"初心""使命"，无疑需要加强慎独慎微的自我修炼。从《论共产党员的修养》到《之江新语》，再到2015年"三严三实"专题教育、2019年"不忘初心、牢记使命"主题教育，再到2021年党史学习教育、2023年学习贯彻习近平新时代中国特色社会主义思想主题教育和2025年中央八项规定精神学习教育，都足以说明广大党员干部在加强党性修养过程中，需要充分重视并学习、借鉴中华优秀传统文化所提倡的慎独慎微修身哲学。只有坚持慎独慎微，才能保持正确方向、避免"误入歧途"！

三、"诚意"与全心全意

"诚意"是儒家的道德修养方法，主要是指使意念发于精诚，不欺他人，也不自欺。"诚意"是《大学》"八条目"之一。"欲正其心者，先诚其意；欲诚其意者，先致其知……知至而后意诚，意诚而后心正。"②"所谓诚其意者，毋自欺也。如恶恶臭，如好好色。此之谓自谦……富润屋，德润身，心广体胖，故君子必诚其意。"③不难发现，"诚"，指真实无妄；"意"，指心之所发。

---

① 《在常学常新中加强理论修养　在知行合一中主动担当作为》，载《人民日报》2019年3月2日。

② 朱熹：《四书章句集注》，中华书局1983年版，第3页。

③ 朱熹：《四书章句集注》，中华书局1983年版，第7页。

朱熹《大学章句》云：“诚，实也。意者，心之所发也。实其心之所发，欲其一于善而无自欺也。”①与此同时，朱熹还把“诚意”作为“自修之首”②。王阳明“致良知”的心学体系，也格外强调“诚意”是“正心”的前提，比如《大学问》中就有“意无不诚，而心可正矣”的阐释。《传习录》亦云：“欲诚意，则随意所在某事而格之，去其人欲而归于天理，则良知之在此事者无蔽而得致矣，此便是诚意工夫。”③在王阳明这里，“诚意”也是“致良知”的路径工夫。

“《大学》之道，诚意而已矣。”④如同前文所言，刘宗周与王阳明一样特别重视《大学》。以“诚意”为《大学》的主要宗旨与修身工夫，也是刘宗周学术思想的终极指向。刘宗周不认可朱熹、王阳明对“诚意”的疏解，“诚意”之于刘宗周，如同“主敬”之于朱熹、“致良知”之于王阳明。在对《大学》主旨的判定上，刘宗周以“格物、致知”为“诚意”的工夫，并且“格”“致”的工夫实践只有落实到“诚意”上才称得上真工夫：“《大学》之教，只要人知本。天下国家之本递在身，身之本在心，心之本在意。到意处已无可推矣，而工夫则从格致始。谓致其知止之知，而格其物有本末之物，要归止至善云耳。格致者，诚意之功。功夫结在主意中，方为真功夫。如离却意根

---

① 朱熹：《四书章句集注》，中华书局1983年版，第3—4页。
② 朱熹：《四书章句集注》，中华书局1983年版，第7页。
③ 王阳明撰，邓艾民注：《传习录注疏》，上海古籍出版社2015年版，第180页。
④《黄宗羲全集》第8册，第982页。

一步，亦更无格致可言。故格致与诚意，二而一、一而二者也。"①"意为心之所存，非所发"，也是刘宗周读《大学》的立言与发明。黄宗羲称其"发先儒之所未发者"②。总之，刘宗周"诚意"之"意"的本体彰显，迥异于朱熹与王阳明。"诚意"统摄内外，"意为觉主"，刘宗周赋予"意"以本体的意义，称之为"天命之体"。

时至今日，挖掘"诚意"的现代价值，应对其进行创造性转化、创新性发展，即对"诚意"作一个延展解读，将其理解为"诚心诚意""全心全意"。这启示各级领导干部在处理公务、履职尽责过程中，摆正自己的位置，处理好同人民群众的关系，诚心诚意地为人民办实事、办好事。这也是全心全意为人民服务的本义。全心全意为人民服务是中国共产党始终坚持的根本宗旨。中国共产党从成立之初就担负起了为中国人民谋幸福、为中华民族谋复兴的历史使命。在此后的革命历程中，党始终坚持一切为了人民、一切依靠人民，在人民的帮助、支持下，一次次化险为夷、绝境逢生，从弱小走向壮大。抗日战争时期，毛泽东同志在总结中国革命经验教训的基础上，充分论述了人民对于革命战争的重要性，提出了"为人民服务"，并在党的七大上将其正式写入党章。

党的二十大报告也指出："全党要坚持全心全意为人民服务

---

① 《刘宗周全集》第6册，第117页。

② 《刘宗周全集》第1册，第40—41页。

的根本宗旨，树牢群众观点，贯彻群众路线，尊重人民首创精神，坚持一切为了人民、一切依靠人民，从群众中来、到群众中去，始终保持同人民群众的血肉联系，始终接受人民批评和监督，始终同人民同呼吸、共命运、心连心，不断巩固全国各族人民大团结，加强海内外中华儿女大团结，形成同心共圆中国梦的强大合力。"①

---

① 习近平：《高举中国特色社会主义伟大旗帜　为全面建设社会主义现代化国家而团结奋斗——在中国共产党第二十次全国代表大会上的报告》，载《人民日报》2022年10月26日。

2015 年 10 月，中共中央政治局召开会议，强调必须坚持以人民为中心的发展思想。党的十九大报告把"坚持以人民为中心的发展思想"作为新时代坚持和发展中国特色社会主义的重要内容①，党的二十大报告先后四次强调"以人民为中心"，并把"坚持以人民为中心的发展思想"作为前进道路上必须牢牢把握的重大原则。②

浙学中有一以贯之的民本主义传统。包括刘宗周在内的浙江籍思想家多是传统儒学的推崇者，提倡并践行"以民为本、安民富民乐民"的传统民本思想。传统浙学"以民为本、安民

---

① 参见习近平：《决胜全面建成小康社会　夺取新时代中国特色社会主义伟大胜利——在中国共产党第十九次全国代表大会上的报告》，人民出版社 2017 年版，第 19—21 页。

② 参见习近平：《高举中国特色社会主义伟大旗帜　为全面建设社会主义现代化国家而团结奋斗——在中国共产党第二十次全国代表大会上的报告》，载《人民日报》2022 年 10 月 26 日。

富民乐民""以人为本、注重民生"的民本民生思想①，与以人民为中心的发展思想之间是否存有历史逻辑、理论逻辑和实践逻辑的一致性，抑或说以人民为中心的发展思想是否有其浙学渊源，则是值得关注的话题。

浙江思想文化史上第一位真正意义上的思想家是东汉的王充。他在批判今文经学及谶纬学说的同时，传承了孔孟儒家的民本思想："知屋漏者在宇下，知政失者在草野。"这句话是说，知道房屋漏雨的人，在房屋下；知道政治有过失的人，在民间。可见，浙江大地上的民本思想由来已久。

唐代以及五代十国时期，浙学民本思想与施政理念集中体现为陆贽的"得众则得国，失众则失国"，钱镠及吴越国奉行的"保境安民，纳土归宋"国策。中唐贤相陆贽（浙江嘉兴人）作为传统中国"讲治道最出名的人，以今日之语言之，则是一个伟大的政论家也"②。其政治建言的出发点是"民为邦本，本固邦宁"的儒家民本主义，"夫欲治天下而不务得人心，则天下固不治"，"得众则得国，失众则失国"。对于统治者如何获得民

①有别于从事中国哲学史、传统儒学研究的专家学者，中国政治思想史领域的研究专家认为在中国传统社会中，"民本思想"与君主专制的"王权主义"始终联系在一起，其根本目的在于维护和肯定君主专制，是为统治者服务的（参见刘泽华：《中国的王权主义》，上海人民出版社2000年版）。笔者则认为，尽管传统民本与近现代民主不同，但是传统民本可以向现代民主创造性转化，而传统的君主制度也有创新性发展为现代民主制度的可能性。易言之，传统民本思想中统治者对民心（民意）的敬畏、对民生的关注，其中有"以人为本"的积极意义，不应一概否定。

②金耀基：《中国民本思想史》，法律出版社2008年版，第129页。

心，陆贽在《奉天论奏当今所切务状》中向唐德宗进言："臣谓当今急务，在于审查群情。若群情之所甚欲者，陛下先行之；群情之所甚恶者，陛下先去之。欲恶与天下同而天下不归者，自古及今，未之有也……陛下安可不审查群情，同其欲恶，使亿兆同趣以靖邦家乎？"[①]又说："舟即君道，水即人情，舟顺水之道乃浮，违则没，君得人情乃固，失则危。"贤明君主，必须懂得"民之所好好之，民之所恶恶之"这个道理："夫君天下者，必以天下之心为心，而不私其心；以天下之耳目为耳目，而不私其耳目。故能通天下之志，尽天下之情。夫以天下之心为心，则我之好恶，乃天下之好恶也……以天下之耳目为耳目，则天下之聪明，皆我之聪明也……"[②]在陆贽看来，君王治国之道的关键在于"与天下（百姓）同欲"，这也是传统儒家民本仁政思想的要义之所在。

钱镠在治理吴越国期间，实践"以民为本，民以食为天"的施政理念。其遗训有云："吴越境内绸绵，皆余教人广种桑麻。斗米十人，亦余教人开辟荒田。凡此一丝一粒，皆民人汗积辛勤，才得岁岁丰盈。汝等莫爱财无厌征收，毋图安乐逸豫，毋恃势力而作威。毋得罪于群臣百姓。""余理政钱唐，五十余年如一日，孜孜兀兀，视万姓三军并是一家之体。""要尔等心存忠孝，爱兵恤民。""圣人云'顺天者存'，又云'民为贵、

①刘泽民点校：《陆贽集》，浙江古籍出版社2013年版，第110页。

②刘泽民点校：《陆贽集》，浙江古籍出版社2013年版，第240页。

社稷次之'。免动干戈，即所以爱民。"①

由于金兵入侵，南宋时期浙东学派学者多主张北伐以恢复中原、收复失地，力荐南宋统治者实施富民强国的治国之策。尽管浙东学派认为一味空谈心性的"道德性命之学"无补于实际，但无论永康学派的陈亮、永嘉学派的叶适，还是金华学派的吕祖谦、唐仲友，也多是儒家民本主义的信奉者。基于官民一家的理念，陈亮重视发展农商经济，提出了"农商一事"的农商并举思想："国以农为本，民以农为重，教以农为先，堕农有罚，游手末作有禁。天下无浮食之民。故民力常裕。"②"商借农而立，农赖商而行，求以相补，而非求以相病，则良法美意何尝一日不行于天下哉……官民农商，各安其所而乐其生，夫是以为至治之极。"③陈亮意识到传统的重农抑商政策不利于社会经济的发展与物质财富的积累。只有发展农业生产、活跃商品贸易，使百姓生活富足，才可以最终实现富国强兵、收复中原的大业。2004年，时任浙江省委书记习近平同志在致陈亮国际学术研讨会的贺信中指出："陈亮是我国著名的爱国主义者，杰出的思想家、文学家。他创立的永嘉学派，强调务实经世，为'浙江精神'提供了重要的历史文化内涵。研究陈亮学说，就是要探究浙江优秀文化传统，在研究浙江现象、总结浙

---

① 关于以"武肃十训"为主体的钱氏家训的解读，读者可以参见《钱氏家训的力量》，载《钱江晚报》2019年1月25日。

② 邓广铭点校：《陈亮集》，河北教育出版社2003年版，第171页。

③ 邓广铭点校：《陈亮集》，河北教育出版社2003年版，第111页。

江经验、提炼'浙江精神'方面取得创造性成果，为我省经济发展、社会进步、文化繁荣，提供重要的精神动力。"[1]这也是对陈亮民本主义事功学时代价值的集中阐释。

永嘉学派集大成者叶适基于"事功""功利"之论，建言南宋朝廷以德治、仁政为治理国家的最高准则，实行养民、宽民之政。"先王之政，以养人为大。"[2]"为国之要，在于得民，民多则田垦而税增，役众而兵强。"[3]治理国家最重要的是得到民众的支持与拥戴，因为民众是君主建功立业的前提与保障，君主应该博施济众，爱民如子，推行仁政，以招徕百姓。基于"民与君为一"即"君民上下皆出于一本"的原则，叶适认为"君既养民，又教民，然后治民"[4]，这才是帝王的本分。

明代是浙学学术发展的黄金期，涌现出了一大批杰出的政治家、思想家，明初的刘基对明王朝的建立有重大功勋，明代中期的于谦在抗击异族入侵上贡献卓著，稍后的王阳明为平定宁王朱宸濠叛乱而鞠躬尽瘁。他们作为思想家，也身体力行地践行着传统儒家的民本主义思想。

刘基《郁离子》文称："先王之使民也，义而公，时而度，同其欲，不隐其情，故民之从之也，如手足之从心，而奚恃于

---

①习近平：《贺信》，载卢敦基、陈承镈主编：《陈亮研究：永康学派与浙江精神》，上海古籍出版社2005年版，第3页。

②刘公纯等点校：《叶适集》，中华书局1961年版，第182页。

③刘公纯等点校：《叶适集》，中华书局1961年版，第653页。

④刘公纯等点校：《叶适集》，中华书局1961年版，第651页。

术乎?"①所以，刘基在阐发养民、育民、爱民之道时，要求施政者加强自身的道德修养水平，"聚其所欲而勿施其所恶"，时时刻刻以老百姓的根本利益为为政之道的根本出发点。刘基《拟连珠》对民本思想有多处论述，"国不自富，民足则富；君不自强，士多则强"②，钟惺对刘基此语的评价是"千古富强之术，无以逾此"③。"国以民为本"，国家的物质财富不应聚敛于国君一人之手，唯有举国百姓富庶，"让利于民"，才是儒家民本仁政思想应有之义。与此同时，刘基反对一人一家之私利，主张"大公"。他认为"大器非一人之私"，"利不及众，所以起天下之争"④，利益分配不均是天下纷争不休的一大根源。《春秋明经》也反映了刘基的儒学民本思想，"夫国以民为本。君子之爱民也，如保赤民"⑤。刘基的《春秋明经》虽为举业而作，但也反映了刘基的儒学思想，比如儒家"修齐治平"的治国理念就得到了充分的诠释，"修德以仁"⑥"为国以礼"⑦"修

---

①林家骊点校：《刘基集》，浙江古籍出版社1999年版，第32页。

②林家骊点校：《刘基集》，浙江古籍出版社1999年版，第196页。

③钟惺辑评：《刘文成公全集》卷十一，明天启刻本。

④林家骊点校：《刘基集》，浙江古籍出版社1999年版，第198页。

⑤林家骊点校：《刘基集》，浙江古籍出版社1999年版，第620页。

⑥林家骊点校：《刘基集》，浙江古籍出版社1999年版，第590页。

⑦林家骊点校：《刘基集》，浙江古籍出版社1999年版，第590页。

明德政"①"明德修政"②"正心修身而行王道"③等。也就是说，"修身治德"不仅是"君道""臣道"的基本要义，也是维系国家政权长治久安的根本义理，"德不修而惧外患者为可鄙，身不正而外结交者为可危"。④

王阳明政治思想的核心理念是源于《古本大学》的明德亲民论："明明德必在于亲民，而亲民乃所以明其明德也。"⑤在王阳明这里，"'亲民'犹孟子'亲亲仁民'之谓。亲之即仁之也"⑥。王阳明晚年在越地居家讲学期间，时任绍兴郡守南大吉受王阳明政治哲学的影响，以"亲民堂"命名其政事堂，誓言"吾以亲民为职者也。吾务亲吾之民以求明吾之明德也夫"！王阳明赞赏其"亲民"的志向，特为之撰《亲民堂记》⑦。《阳明年谱》载，阳明晚年居越讲学，"只发《大学》'万物同体'之旨，使人各求本性，致极良知以至于至善，功夫有得，则因方设教"⑧。在《大学或问》中，王阳明用"万物同体""天地万物一体之仁"的核心理念来诠释《古本大学》"亲民"的纲领。由此可见，王阳明"天地万物一体之仁"的道德实践并不仅仅

①林家骊点校：《刘基集》，浙江古籍出版社1999年版，第591页。

②林家骊点校：《刘基集》，浙江古籍出版社1999年版，第593页。

③林家骊点校：《刘基集》，浙江古籍出版社1999年版，第623页。

④林家骊点校：《刘基集》，浙江古籍出版社1999年版，第593页。

⑤吴光等编校：《王阳明全集》，上海古籍出版社2015年版，第799页。

⑥吴光等编校：《王阳明全集》，上海古籍出版社2015年版，第2页。

⑦参见吴光等编校：《王阳明全集》，上海古籍出版社2015年版，第211—212页。

⑧吴光等编校：《王阳明全集》，上海古籍出版社2015年版，第1060页。

在于自己成为"圣人"，其重点是"博施济众""仁民爱物"的"明德亲民"。

在《大学或问》中，王阳明对"明德亲民"理念有具体的阐发："亲吾之父，以及人之父，以及天下人之父，而后吾之仁实与吾之父、人之父与天下人之父而为一体矣；实与之为一体，而后孝之明德始明矣！亲吾之兄，以及人之兄，以及天下人之兄，而后吾之仁实与吾之兄、人之兄与天下人之兄而为一体矣；实与之为一体，而后弟之明德始明矣！君臣也，夫妇也，朋友也，以至于山川鬼神鸟兽草木也，莫不实有以亲之，以达吾一体之仁，然后吾之明德始无不明，而真能以天地万物为一体矣。"①一言以蔽之，"明明德"的道德实践必须落实在"亲民"的政治实践上，如此才是真正实现了"天地万物一体之仁"的境界，这也是儒家内圣外王之道的奥秘之所在。

刘宗周信奉并践行孔孟儒学，是传统民本主义理念的践行者。其《论语学案》有云："立政凡以为民耳。食以养民，兵以卫民，信以教民，而先王治天下之道不外是矣。"②刘宗周认为，民众是国家的基础，圣王治理天下亦从三方面入手：第一，重民而使民生活富足；第二，建立强大的军事力量以保卫民众；第三，教化民众使其信任国家。刘宗周在《敬陈祈天永命之要以回厄运以巩皇图疏》中曾规劝国君崇祯帝"重民命""厚民

---

① 吴光等编校：《王阳明全集》，上海古籍出版社2015年版，第799页。
② 《刘宗周全集》第1册，第436页。

生"："法天之大者，莫过于重民命，则刑罚宜省宜平。""法天之大者，莫过于厚民生，则赋敛宜缓宜轻。"①就是要国君收拾民心，增强国家的凝聚力、社会的稳定性。

总之，"以民为本、安民富民乐民"的民本主义理念也是中华优秀传统文化的重要一环。2014年9月，习近平主席在纪念孔子诞辰2565周年国际学术研讨会暨国际儒学联合会第五届会员大会开幕会上的讲话中指出："包括儒家思想在内的中国优秀传统文化中蕴藏着解决当代人类面临的难题的重要启示。"其中有一条就是"关于以民为本、安民富民乐民的思想"②。我们知道，"以民为本、安民富民乐民"的民本思想，是以儒学为主体的中华优秀传统文化中一以贯之的价值观和政治理念。

党的二十大报告把"坚持人民至上"作为应坚持好、运用好的立场观点方法，还指出："江山就是人民，人民就是江山。中国共产党领导人民打江山、守江山，守的是人民的心。治国有常，利民为本。为民造福是立党为公、执政为民的本质要求。必须坚持在发展中保障和改善民生，鼓励共同奋斗创造美好生活，不断实现人民对美好生活的向往。"③人民性是马克思主义

---

① 《刘宗周全集》第3册，第87页。

② 习近平：《在纪念孔子诞辰2565周年国际学术研讨会上的讲话》，载新华网2014年9月24日。

③ 习近平：《高举中国特色社会主义伟大旗帜　为全面建设社会主义现代化国家而团结奋斗——在中国共产党第二十次全国代表大会上的报告》，载《人民日报》2022年10月26日。

的本质属性，党的理论是来自人民、为了人民、造福人民的理论，人民的创造性实践是理论创新的不竭源泉。新时代提倡坚持以人民为中心的发展思想，无疑也是传统民本思想的创造性转化与创新性发展，它已经超越了传统民本的思想主张，是民本、民生、民主的统一体，或者说，是一个从民本到民生再到民主的人民立场和人民性观点。

第三节 『克勤于邦』『忠直清正』与新时代的廉洁文化建设

作为中华优秀传统文化的重要组成部分，廉洁文化是在中国社会与中华文明不断发展的基础上产生的。"廉洁"一词，最早出现在战国时期伟大诗人屈原的《楚辞·招魂》中："朕幼清以廉洁兮，身服义而未沫。"东汉著名学者王逸在《楚辞·章句》中注释说："不受曰廉，不污曰洁。"就是说，不接受他人馈赠的钱财礼物，不让自己清白的人品受到玷污，即为廉洁。总之，廉是清廉，就是不贪取不应得的钱财；洁是洁白，就是人生光明磊落的态度。进而言之，廉洁就是说做人要有清清白白的行为、光明磊落的态度。

中国古代廉洁文化的基本内容，主要有修身治家、勤政爱民、仁政德治、公正廉洁、诚信守法、礼贤纳谏，这六方面内容相互交叉、各有侧重，构成了传统廉洁文化的主体。浙江历史上勤政廉政、名垂青史的清官廉吏，主要有北宋的胡则，明代的刘基、于谦、刘宗周，清代的陆陇其等。这些廉吏的楷模，多是孔孟儒家学说的信奉者与践行者，秉持"格物、致知、诚意、正心、修身、齐家、治国、平天下"即内圣外王的心性修养与政治实践，修身律己、秉公用权、勤勉从政、著书立说，从而创造性地提出并构建了体系完整、内涵丰富、脉络清晰的廉政、清廉、勤廉的廉洁文化理论。刘宗周作为一代廉吏，既有廉政事迹，也有清廉抑或勤廉思想。下面，笔者结合历史上浙学家的廉政事迹与廉政思想，探讨一代廉吏刘宗周对新时代廉洁文化建设的若干启示。

一、"清白廉洁"的人生观

传统儒家的为官之道，要求做官先做人、做人先修身，既重视"官能"，也重视以廉为大义的"官德"。儒家典籍《周礼》云："以听官府之六计弊群吏之治：一曰廉善，二曰廉能，三曰廉敬，四曰廉正，五曰廉法，六曰廉辨。"①意思是说，政府从善良、能干、敬业、公正、严格执法、明辨是非等六个方面对官员进行考察和考核，且在六种考核内容之前都加上了"廉"字，将"廉"从狭义的范畴抽象出来，赋予了廉洁文化更加丰富深刻的含义。

浙江历史上举凡有见地的思想家和有作为的政治家，皆视"清白廉洁""两袖清风"为崇高的人生追求。比如"浙学的开山祖"王充，在其不朽名著《论衡》中就有对"清廉"官德的渴慕与向往："案古篆畔之臣，希清白廉洁之人。""廉则约省

---

① 吕友仁、李正辉注译：《周礼》，中州古籍出版社2010年版，第40页。

无极，贪则奢泰不止。"①这里，王充用"清白廉洁"四字，对从政者的官德内涵予以表述。

浙江嘉兴人陆贽在唐德宗时期任宰相，他秉性贞刚，严于律己，自许"上不负天子，下不负所学"。为相期间，陆贽一直保持着清正廉洁的作风，跟下属和同僚交往的时候，坚决拒绝他们的馈赠。唐德宗专门向他讲清廉太过、拒绝他人馈赠的话，恐怕事情就办不成了。面对唐德宗的劝说，陆贽并没有"奉旨"受贿，而是在一份奏章里写道："贿道一开，展转滋甚。"大意是说，一旦开了受贿这个口子，必定胃口越来越大。除了对自己严格要求，陆贽还多次向唐德宗上各种奏章，劝谏唐德宗做贤明的君主。陆贽的故事，启示广大党员干部要慎微慎独，时刻绷紧严于律己这根弦，明大德、守公德、严私德，清清白白做人、干干净净做事、坦坦荡荡为官，做到克己奉公、以俭修身，永葆清正廉洁的政治本色。

明代浙江杭州人于谦作为英雄人物，廉洁奉公、忧国忘家，以"廉干"著称，被誉为"有铮铮不夺之节"，以敢于担当的实际行动诠释了何为"两袖清风"。在巡抚晋豫的十八年中，每次进京奏事，他从不带任何礼品馈赠朝中权贵，辄空囊示人。有人劝说："您不肯送金银财宝，难道不能带点儿土特产去吗？"于是，于谦甩了甩自己的两只袖子对劝者说："只有清风。"遂赋《入京诗》以明志："手帕蘑菇及线香，本资民用反为殃。清

---

① 王充撰，陈蒲清点校：《论衡》，岳麓书社2015年版，第124页。

风两袖朝天去，免得闾阎话短长。""两袖清风"这一成语即源于此。

刘宗周对为官的职业能力即"官能"有这样的要求："论人之要，心术为本，行谊次之。官人之要，职掌为主，流品合之。"而在"官德"方面，刘宗周颇为看重礼、义、廉、耻这四种德行。如前文所述，出仕之后的刘宗周囊中依旧羞涩，以至于连自己曾祖三世七丧，都无法体面地举行安葬仪式。他本有营立冢墓，使先祖入土为安的打算，然而财力有限，只好作罢。同籍御史徐缙芳得知此事，便资助百金以襄助此事。徐缙芳担心刘宗周不肯接受，就请刘的好友丁元荐事先说明。尽管如此，刘宗周还是婉言谢绝了同僚的一片好心："百金之馈，其所取义乎，不义乎？即使君有以处仆，仆则何以自处也？已矣，勿污我先人墓上石。仆所未了者……何至烦故人为念。"徐缙芳听闻这番话，内心惭服，便不复言此事。[1]可见，即便是好友、熟人的无偿馈赠，刘宗周亦一概谢绝。据笔者考证，刘宗周生平唯——次接受他人馈赠是在万历四十年（1612）任行人司行人之时，奉命以副使身份至江西建昌册封益藩。册封礼毕，照例，益王向前来行册封之礼的正、副使备报礼百金；刘宗周婉言谢绝，只是礼节性地接受赠言一轴、素琴一张、褉帖数幅、角带一围，余无所取。[2]于此亦可见刘宗周为官之"廉洁"。

---

[1] 参见《刘宗周全集》第6册，第46页。又见刘汋《蕺山刘子年谱》（《刘宗周全集》第6册，第73页）、姚名达《刘宗周年谱》（《刘宗周全集》第6册，第256页）。
[2] 参见《刘宗周全集》第6册，第67页。

以上所述就是浙学家所倡导的"清白廉洁"人生观。俗话讲，做官先做人，做人先立德；德乃官之本，为官先修德。"百行以德为首""修其心治其身，而后可以为政于天下"等等，也讲的都是做人与做官、修身与立德的道理。2007年2月7日，《浙江日报》"之江新语"专栏发表《做人与做官》一文，特别指出，古往今来，为官者"不患无位而患德之不修"，"不患位之不尊，而患德之不崇"。在历史的长河中，那些帝国的崩溃、王朝的覆灭、执政党的下台，无不与其当政者不立德、不修德、不践德有关，无不与其当权者作风不正、腐败盛行、丧失人心有关。领导干部也是一个普通的人，也是一个普通的百姓，要会做人，做好人，注意自己的言谈举止，珍惜自己的人格魅力，洁身自好，做一个有高尚品德的人。领导干部又不是一个普通的人，其一言一行对社会具有重要的导向作用。每一位领导干部都要清醒地认识到这一点，时刻以"君子检身，常若有过"的谦诚态度，常修为政之德，常思贪欲之害，常怀律己之心，在实践中把做人与做官统一起来，把学习与改造统一起来，把"立言"与"立行"统一起来，真正做到为民、务实、清廉，把做人的过程看作是完善自我人格、夯实从政基石的过程，把做官的过程看作是提升政德境界、践行为民宗旨的过程，就像毛主席当年号召共产党员的那样，把自己培养成"一个高尚的人，一个纯粹的人，一个有道德的人，一个脱离了低级趣味的人，一个有益于人民的人"。①

二、"持家以俭"的生活观

勤俭节约，是中华民族世代相传的优良传统与生活美德。"俭以助廉""俭以养廉"，更是传统儒家士大夫奉行的重要官箴。"细族孤门"出身的王充，"性恬淡，不贪富贵"，以"居贫苦而志不倦"自勉②，贫无供养、专意著述，在困境中完成《养性》《讥俗》《政务》《论衡》诸书的写作。刘基虽被誉为"大明第一谋臣"，但其死后的墓地仅为一抔黄土，昭示其"坦坦荡荡做人，清清白白做官"的一生。因仰慕刘基的道德人格，章太炎被袁世凯软禁时，曾作《终别》一文，表达了自己死后葬于刘基墓侧的愿望："故诚意伯刘公……中国之元勋也，平生慕之久矣……人寿几何，墓木将拱，欲速营葬也，与刘公冢墓相连。"③

于谦在土木堡之变后总督军务，身居要位，依旧自奉俭约，所居仅能避风雨。明景帝特赐第于西华门，于谦固辞曰："国家多难，臣子何敢自安？"上不允，乃取所赐玺书、袍、锭之属，悉加封识，岁时一省视而已，仍居旧宅。因性格耿直，于谦屡遭怨谤，有朝臣弹劾他权势过重、恃权蒙蔽。太监兴安实在看不下去，就为之鸣冤："日夜为国分忧，不要钱，不爱官爵，不

---

① 参见习近平：《之江新语》，浙江人民出版社2007年版，第258—259页。
② 参见王充撰，陈蒲清点校：《论衡》，岳麓书社2015年版，第356—363页。
③ 怀蔡：《马叙伦·章太炎与章太炎墓》，载《档案与史学》1994年第1期。

问家计，一子一女且不顾。朝廷正要用人，似此等一个来换于某。"①众大臣也心知肚明，皆默然无言。后于谦被诬以意欲谋逆罪而论斩，抄没家产时，毫无余财，仅有书籍；独正室上一锁，启视，乃景帝所赐之玺书，别无他物。其高风亮节，令人敬仰。②清乾隆帝南巡杭州，特凭吊于谦墓、祠，特书"丹心抗节"表彰之。

"克俭于家"也是一代儒臣刘宗周的生活习惯。《刘宗周年谱》记载了不少关于他勤俭持家的轶事。由于家境贫寒，他6岁时，冬无棉絮，只能借穿舅父的棉袄来御寒；穿在身上，犹如农夫的裋衣，刘宗周不以为意，每岁以之御寒，直到16岁才舍去。③刘宗周任顺天府府尹时，士民呼曰"刘顺天"。辞职离任，行李萧然，就连中官守门者都环顾相叹，曰"真清官也"。赶来为他送行者达千余人，送出十余里，仍不肯离去。刘宗周"在南京（供职）一月，日给不过四分。每日买菜腐一二十文，南京人谣曰：'刘豆腐。'出入都门，行李一肩，南京人又谣曰：'刘一担'"④。故而后世学人一说起刘宗周，就会想到"刘一担""刘豆腐"的绰号以及他的清廉与自律。黄宗羲作为刘宗周的门人，也是清贫乐道的典范。其《山居杂咏》诗有云：

①钱国莲：《风骨与高：于谦传》，浙江人民出版社2006年版，第287页。
②钱国莲：《风骨与高：于谦传》，浙江人民出版社2006年版，第288页。
③参见《刘宗周全集》第6册，第492—493页。
④《刘宗周全集》第6册，第495页。

— 270 —

"死犹未肯输心去，贫亦其能奈我何！"①由此可见，甘于清贫也是守住廉节、成就事业的必要条件。

三、"克勤于邦"的施政观

为官既廉又勤，才有可能造福百姓；有造福一方的本领，才能真正造福一方。中国民间有句俗语："当官不为民作主，不如回家卖红薯。"话虽简单，但却是为官者应铭刻在心的真理。为官者要全心全意为人民服务，为一方经济社会谋发展，为一方百姓造福，应该有政绩，也必须追求政绩。古往今来，许多有作为的"官"都以关心百姓疾苦为己任。从范仲淹的"先天下之忧而忧，后天下之乐而乐"到郑板桥的"些小吾曹州县吏，一枝一叶总关情"，从杜甫的"安得广厦千万间，大庇天下寒士俱欢颜"到于谦的"但愿苍生俱温饱，不辞辛苦出山林"，都充分说明心无百姓莫为"官"的基本道理。进而言之，浙江历史上的清官，没有一个是对国家、对事业、对人民不忠诚的。

古代儒家知识分子以学政合一为毕生的志业追求。刘宗周在为学之时，就表现出极强的进取心。他读前人的书，一字一句都经过认真的思索，其著述的字字句句都从千辛万苦中得来。他学以致用，将从儒家经典中学来的理论同明代后期的时政局势相结合，以奏疏的形式呈给国家的最高统治者以供采择。在"立朝仅四年"的有限时间里，刘宗周先后上疏百余道，其频率

---

① 《黄宗羲全集》第 11 册，第 234 页。

之高、数量之多，足以说明他克勤于邦、恪尽职守的为官操守。

刘宗周在任都察院左都御史时，先后提出了一系列惩治腐败、实施廉政的建言。刘宗周认为，都察院的职责"在于正己以正百僚"，澄清吏治，"吏治清则民生安，于以化成天下不难矣"。他曾以"明风纪"为题上书皇帝，提出了"建道揆（明确指导思想）、贞法守（依法断案）、崇国体（立法惩治大臣犯罪）、清伏奸（禁止官吏私自交接近侍）、惩官邪（惩治官员贿赂、跑官买官之罪）、饬吏治（加强监督、整顿吏治）"等六大廉政建言。其中在"惩官邪"条目下，主张以重典惩治贪腐。其云："官之失德，自宠赂始。""其途必自台省而上权贵人。""有辇金而入长安（指京师）者，臣衙门风闻，即单辞檄之，立致三尺！"①对刘宗周的反腐倡廉建言，崇祯帝颇为满意，有"卿力行以副朕命"云云。

四、"清正敢言"的权力观

"道尊于势""德尊于位"，是孔孟儒家面对王权时提出的保持士人君子独立人格的政治信条。孟子有云："天下有道，以道殉身。天下无道，以身殉道。"这就是传统儒家的处世之道。刘宗周任职官场，因仗义执言，先后三次被革职为民。他对自己的"直言""敢言"亦有清醒的认识："职（刘宗周自称）以言获罪，职复何言！"

---

① 参见《刘宗周全集》第3册，第183—189页。

　　刘宗周忠直清正的官德，还体现在敢于以拜疏方式与权臣误国误民之举作斗争。比如在从政时，他曾草拟奏疏弹劾把持朝政的首辅沈一贯。如果当时依附于沈，就可以在朝堂之上拥有一席之地，但是性格耿直的刘宗周恪守君子不党的圣人教诲，不亢不卑、特立独行，由此也深受士人君子的拥戴。刘宗周治京兆之时，更是风裁孤峻，遇豪贵，不啻利刃之齿腐朽。在权臣、宦官擅权干政时，如此这般公开的拒斥行为，并非人人可为、敢为，刘宗周却义无反顾地直道行之。

　　无怪乎，崇祯皇帝多次以清正敢言来称赞刘宗周的官德与人品，有"刘宗周素有清名，召来亦多直言"云云。崇祯十四年（1641），朝廷特起刘宗周为吏部左侍郎的原因就是："大臣如刘宗周清正敢言，廷臣莫能及也。"①刘宗周殉国后，南明朝赐谥号忠端、忠正。就连清朝的乾隆皇帝也尊称刘宗周为"一代完人，忠臣正士"，赐谥忠介，这足以彰显刘宗周道德人格的伟大。总之，刘宗周既是明朝最后一位儒学大家，也是一位廉洁自律的政治家。他曾在明崇祯朝及南明弘光朝两度出任都察院左都御史。从政期间，他始终保持慎独自律，恪尽职守、廉洁奉公、不畏权势。

　　对于今天的党员干部而言，树立正确的权力观，不慕虚荣，不务虚功，不图虚名，切实做到为官一任、造福一方，才能真正守住权力关。传统文化中，读书、修身、立德，不仅是立身

---

① 《黄宗羲全集》第1册，第229页。

之本，更是从政之基。按照今天的说法，就是要不断加强党员领导干部的思想道德修养和党性修养，常修为政之德，常思贪欲之害，常怀律己之心，自觉做到为政以德、为政以廉、为政以民。

"公生明，廉生威"，重温一代廉吏刘宗周的勤廉事迹与廉政思想，应当继承与弘扬刘宗周廉洁文化的基本精神。廉洁齐家，树立良好家风；勤政务实，恪尽职守；切实做到"把权力关进制度的笼子里"，努力营造风清气正、勤廉并重的政治生态。

参考文献

吴光主编：《刘宗周全集》，浙江古籍出版社2007年版。

沈善洪主编，吴光执行主编：《黄宗羲全集》，浙江古籍出版社2005年版。

吴光、钱明、董平、姚延福编校：《王阳明全集》，上海古籍出版社1992年版。

林胜彩点校：《刘子节要》附《恽日初集》，台湾"中研院"中国文哲研究所2015年版。

朱铸禹汇校集注：《全祖望集汇校集注》，上海古籍出版社2000年版。

金景芳、吕绍刚：《周易全解》，上海古籍出版社2005年版。

李民、王健：《尚书译注》，上海古籍出版社2000年版。

杨伯峻译注：《论语译注》，中华书局1980年版。

杨伯峻译注：《孟子译注》，中华书局1960年版。

朱熹：《四书章句集注》，中华书局1983年版。

谭松林、尹红整理：《周敦颐集》，岳麓书社2002年版。

程颢、程颐著，王孝鱼点校：《二程集》，中华书局1981年版。

章锡琛点校：《张载集》，中华书局1978年版。

钟哲点校：《陆九渊集》，中华书局1980年版。

朱熹：《朱子全书》，上海古籍出版社，安徽教育出版社2002年版。

张廷玉等：《明史》（简体字本），中华书局2000年版。

夏燮著，沈仲九标点：《明通鉴》，中华书局1959年版。

谷应泰：《明史纪事本末》，中华书局1977年版。

刘泽华主编：《中国政治思想史》，浙江人民出版社1996年版。

梁启超：《中国近三百年学术史》，天津古籍出版社2003年版。

侯外庐、邱汉生、张岂之主编：《宋明理学史》，人民出版社1984年版。

容肇祖：《明代思想史》，开明书店1941年版。

嵇文甫：《晚明思想史论》，商务印书馆1944年版。

衷尔钜：《蕺山学派哲学思想》，山东教育出版社1993年版。

李振纲：《证人之境——刘宗周哲学的宗旨》，人民出版社2000年版。

东方朔：《刘宗周评传》，南京大学出版社1998年版。

东方朔：《刘蕺山哲学研究》，上海人民出版社1997年版。

陈永革：《儒学名臣——刘宗周传》，浙江人民出版社2005年版。

黄敏浩：《刘宗周及其慎独哲学》，台湾学生书局 2001 年版。

廖俊裕：《道德实践与历史性：关于蕺山学的讨论》，花木兰文化出版社 2008 年版。

钟彩钧主编：《刘蕺山学术思想论集》，台湾“中研院”中国文哲研究所筹备处 1998 年版。

杜维明、东方朔：《杜维明学术专题访谈录：宗周哲学之精神与儒家文化之未来》，复旦大学出版社 2001 年版。

何俊、尹晓宁：《刘宗周与蕺山学派》，中国人民大学出版社 2009 年版。

胡元玲：《刘宗周慎独之学阐微》，台湾学生书局 2009 年版。

郑宗义：《明清儒学转型探析：从刘蕺山至戴东原》，香港中文大学出版社 2009 年版。

吴光：《黄宗羲与清代浙东学派》，中国人民大学出版社 2009 年版。

樊树志：《晚明史（1573—1644）》，复旦大学出版社 2015 年版。

陈畅：《自然与政教：刘宗周慎独哲学研究》，上海人民出版社 2016 年版。

陈畅：《理学道统的思想世界》，上海书店出版社 2017 年版。

张瑞涛：《心体与工夫：刘宗周〈人谱〉哲学思想研究》，

人民出版社 2014 年版。

张瑞涛：《蕺山后学研究》，人民出版社 2019 年版。

张慕良：《“虚位”之体：刘宗周“慎独”哲学研究》，中国社会科学出版社 2019 年版。

余群：《刘宗周思想研究》，上海人民出版社 2020 年版。

陈来、高海波主编：《刘宗周与明清儒学：纪念刘宗周诞辰 440 周年学术研讨会论文集》，天津人民出版社 2020 年版。

刘龙：《本体与工夫：刘蕺山理学思想研究》，中国社会科学院出版社 2023 年版。

张宏敏：《〈人谱〉与儒家道德主体性的构建》，《中国社会科学报》2025 年 4 月 7 日。

后　记

我最早听说刘宗周，是在 2000 年至 2004 年于河北大学哲学系读书期间。时任河北大学哲学系中国哲学学科带头人李振纲教授的博士论文那时已经出版，书名是《证人之境——刘宗周哲学的宗旨》（人民出版社 2000 年版）。那时候，我只知道刘宗周是黄宗羲的老师，对刘宗周的哲学思想并没有深度关注，因为通用的"中国哲学史"教材没有对刘宗周哲学思想的介绍。2004 年 3 月在学校图书馆李振纲教授的办公室里，看到他案头放着一本《刘子遗书》，应该是清刻本吧？现在已经记不清了。李振纲教授对我说："你留在河北大学哲学系念研究生吧，毕业了，我们再推荐你到中国人民大学继续读博士。"因为另一位老师段景莲教授希望我南下杭州师从浙江省社会科学院哲学所的吴光老师读硕士研究生，并已致信吴老师，我便婉拒了李振纲教授的提议。

尽管如此，"证人之境"的书名、"刘宗周"的人名，一直在我的脑海里闪烁。直到 2004 年 9 月在杭州攻读硕士学位，才知道吴光老师主编的《刘宗周全集》早已在台湾出版，并在吴老师的家里第一次看到了"台版"《刘宗周全集》的封面。不久，吴老师主编的《黄宗羲全集》"增订版"要在浙江古籍出版社出版。吴老师在给我们研究生同学上课时说："你们当中，谁可以研究一下黄宗羲的哲学思想？《黄宗羲全集》要再版了，有现成资料可以用。"一时没人应答，大家看向了我，因为我本科是读哲学的，我下意识地说了句"我可以试试"。此后，吴老师送给我一套《黄宗羲全集》，还送我一套上海古籍出版社上下两册本的《王阳明全集》。吴老师嘱咐说，你研究黄宗羲，先看黄宗羲的"传记""年谱"，再看"诗文集"，最后把黄宗羲的思想与王阳明的哲学思想进行一个比较研究；阳明心学的核心宗旨是"致良知"，黄宗羲哲学思想的主题是"力行"，因为他把王阳明的"致良知"发展为"行良知"，这就是"力行哲学"。有了吴老师的指点，我的硕士论文写得也顺利。因为《黄宗羲全集》已经过点校整理，像类似《子刘子行状》《子刘子学言》等有关刘宗周的文献便也收录于《黄宗羲全集》。

研究生毕业那年，浙江古籍出版社版本的《刘宗周全集》出版。我还清楚地记得，浙江古籍出版社编辑郎震邦先生把20套样书送给吴老师。吴老师拿到样书后，也送我一套，并告诉我"你以后有机会了，再研究一下刘宗周的哲学思想"。我拿到《刘宗周全集》，就按照吴老师先看"传记""年谱"，再看"诗文集"的方法来读《刘宗周全集》。这时候，我知道了刘宗周对"力行哲学"的论述，以及对《古本大学》的推崇、"慎独""诚意"儒家工夫论的实践；通读《人谱》《证人会约》《证人社语录》后，也对李振纲教授"证人之境"的提法，有了深层次的理解。后来一有机会到绍兴开会、调研，我就去实地考察刘宗周故居、刘宗周讲学的蕺山书院。

近年来，我的科研重心一直是"王阳明与阳明学派思想发展史"，对刘宗周并没有深入细致的研究。2021年，浙江省文史研究馆委托吴光老师组织编写"浙学十大家人物小传"（后更名为《浙学与治国理政》），其中由我负责撰写"蕺山学派的开创者刘宗周"。如今，"浙学十大家人物小传"扩容为"浙学大家系列丛书"，由我主撰《慎独为宗：刘宗周》。由于时间紧、任务重，同时承担着《王阳明著作选读》《黄宗羲著作选读》《阳明文化》的书稿编写工作，《慎独为宗：刘宗周》写作大纲由我设计，第一至第四章由李青云博士撰写，我撰写第五章，再予统稿。书稿完成后，请吴光老师、浙江金融职业技术学院郭延安副教授、台州临海文史学者杨新安先生审读。最后交由浙江省哲学社会科学工作办公室、浙江省文史研究馆、浙江人民出版社组织评审、编辑出版。感谢评委们提出的修改建议，感谢责任编辑王易天晓先生的悉心校对！

最后，衷心感谢吴光老师的信任，感谢浙江省文史研究馆、浙江人民出版社付出的辛苦努力！

本书作者

谨记于 2025 年 4 月 10 日

—